漢書

漢蘭臺令史 班固 撰
唐祕書少監 顏師古 注

第八册

卷四七至卷五七（傳二）

中華書局

漢書卷四十七

文三王傳第十七

孝文皇帝四男：竇皇后生孝景帝、梁孝王武，諸姬生代孝王參、梁懷王揖。〔一〕

〔一〕師古曰：「不得其姓氏，故曰諸姬，言在諸姬之列者也。解在高五王傳。」

梁孝王武以孝文二年與太原王參、梁王揖同日立。武爲代王，四年徙爲淮陽王，十二年徙梁，自初王通歷已十一年矣。〔一〕

〔一〕師古曰：「總數其爲王之年。」

孝王十四年，入朝。十七年，十八年，比年入朝，留。〔一〕其明年，乃之國。二十一年，入朝。二十二年，文帝崩。二十四年，入朝。二十五年，復入朝。是時，上未置太子，與孝王宴飲，從容言曰：〔二〕「千秋萬歲後傳於王。」王辭謝。雖知非至言，然心內喜。太后亦然。

〔一〕師古曰：「比，頻也。留謂留在京師。」

〔二〕師古曰：「從音千容反。」

其春，吳、楚、齊、趙七國反，先擊梁棘壁，〔一〕殺數萬人。梁王城守睢陽，〔二〕而使韓安國、張羽等爲將軍以距吳、楚。吳、楚以梁爲限，不敢過而西，與太尉亞夫等相距三月。吳、楚破，而梁所殺虜略與漢中分。〔三〕

〔一〕文穎曰：「地名。」

〔二〕師古曰：「據睢陽城而自守。」

〔三〕孟康曰：「梁所虜吳、楚之捷略與漢同。」

明年，漢立太子。梁最親，有功，又爲大國，居天下膏腴地，北界泰山，西至高陽，〔一〕四十餘城，多大縣。孝王，太后少子，愛之，賞賜不可勝道。〔二〕於是孝王築東苑，方三百餘里，廣睢陽城七十里，〔三〕大治宮室，爲復道，自宮連屬於平臺三十餘里。〔四〕得賜天子旌旗，從千乘萬騎，出稱警，入言趕，〔五〕儗於天子。〔六〕招延四方豪桀，自山東游士莫不至：齊人羊勝、公孫詭、鄒陽之屬。〔七〕公孫詭多奇邪計，初見日，王賜千金，官至中尉，號曰公孫將軍。多作兵弩弓數十萬，而府庫金錢且百鉅萬，〔八〕珠玉寶器多於京師。

〔一〕蘇林曰：「陳留北縣。」

〔二〕師古曰：「道謂言。」

〔三〕師古曰：「更廣大之也。晉太康地記云城方十三里，梁孝王築之。鼓倡節杵而後下和之者稱睢陽曲，今踵以爲故。今之樂家睢陽曲是其遺音。」

〔四〕如淳曰：「平臺在大梁東北，離宮所在也。」晉灼曰：「或說在城中東北角。」師古曰：「今其城東二十里所有故臺基，其處寬博，土俗云平臺也。復音方目反。」

〔五〕師古曰：「警者，戒肅也。蹕，止行人也。言出入者，互文耳。出亦有蹕。漢儀注皇帝輦動，左右侍帷幄者稱警，出殿則傳蹕，止人淸道也。」

〔六〕師古曰：「儗，比也，音擬。」

〔七〕師古曰：「言皆游梁。」

〔八〕師古曰：「鉅萬，百萬也。有百萬者，言凡百也。」

二十九年十月，孝王入朝。景帝使使持乘輿駟，迎梁王於關下。〔一〕既朝，上疏，因留。以太后故，入則侍帝同輦，出則同車遊獵上林中。梁之侍中、郎、謁者著引籍出入天子殿門，〔二〕與漢宦官亡異。

〔一〕鄧展曰：「但持駟馬往也。」臣瓚曰：「稱乘輿駟，則車馬皆往。言四，不駕六馬耳。天子副車駕四馬。」師古曰：「輿即車也。瓚說是。」

〔二〕師古曰：「著音竹略反。」

十一月，上廢栗太子，太后心欲以梁王爲嗣。大臣及爰盎等有所關說於帝，太后議格，〔一〕孝王不敢復言太后以嗣事。〔二〕事祕，世莫知，乃辭歸國。

〔一〕服虔曰：「格音格闘。」張晏曰：「止也。」蘇林曰：「音閣。」師古曰：「蘇音、張說是。」

〔三〕師古曰：「不敢更以此事言於太后。」

其夏，上立膠東王爲太子。梁王怨爰盎及議臣，乃與羊勝、公孫詭之屬謀，陰使人刺殺爰盎及他議臣十餘人。賊未得也。於是天子意梁，〔一〕逐賊，果梁使之。遣使冠蓋相望於道，覆案梁事。捕公孫詭、羊勝，皆匿王後宮。使者責二千石急，梁相軒丘豹〔二〕及內史安國〔三〕皆泣諫王，王乃令勝、詭皆自殺，出之。上由此怨望於梁王。〔四〕梁王恐，乃使韓安國因長公主謝罪太后，然後得釋。

〔一〕師古曰：「意，疑也。」
〔二〕師古曰：「姓軒丘，名豹。」
〔三〕師古曰：「卽韓安國。」
〔四〕師古曰：「望謂責而怨之。」

上怒稍解，因上書請朝。既至關，茅蘭說王，〔一〕使乘布車，〔二〕從兩騎入，匿於長公主園。漢使迎王，王已入關，車騎盡居外，外不知王處。太后泣曰：「帝殺吾子！」（弟）〔帝〕憂恐。於是梁王伏斧質，之闕下謝罪。然後太后、帝皆大喜，相與泣，復如故。悉召王從官入關。然帝益疏王，不與同車輦矣。

〔一〕服虔曰：「茅蘭，孝王大夫也。」
〔二〕張晏曰：「布車降服，自比喪人也。」

三十五年冬，復入朝。上疏欲留，上弗許。歸國，意忽忽不樂。北獵梁山，有獻牛，足上出背上，孝王惡之。六月中，病熱，六日薨。〔一〕

〔一〕張晏曰：「足當處下，所以輔身也。今出背上，象孝王背朝而干上也。北者，陰也，又在梁山，明爲梁也。牛者，丑之畜，衝在六月。北方數六，故六月六日王薨也。」

孝王慈孝，每聞太后病，口不能食，常欲留長安侍太后。太后亦愛之。及聞孝王死，竇太后泣極哀，不食，曰：「帝果殺吾子！」帝哀懼，不知所爲。與長公主計之，乃分梁爲五國，盡立孝王男五人爲王，女五人皆令食湯沐邑。奏之太后，太后乃說，爲帝壹餐。〔一〕

〔一〕師古曰：「說讀曰悅。餐，古飡字。」

孝王未死時，財以鉅萬計，不可勝數。及死，藏府餘黃金尚四十餘萬斤，他財物稱是。

代孝王參初立爲太原王。四年，代王武徙爲淮陽王，而參徙爲代王，復並得太原，都晉陽如故。〔一〕五年一朝，凡三朝。十七年薨，子共王登嗣。〔二〕二十九年薨，子義嗣。元鼎中，漢廣關，以常山爲阻，〔三〕徙代王於淸河，是爲剛王。並前在代凡立四十年薨，子頃王湯嗣。二十四年薨，子年嗣。

〔一〕師古曰：「如文帝在代時。」

〔二〕師古曰：「共讀曰恭。」

〔三〕師古曰：「依山以爲闕。」

地節中，冀州刺史林奏年爲太子時與女弟則私通。及年立爲王後，則懷年子，其壻使勿舉。〔一〕則曰：「自來殺之。」壻怒曰：「爲王生子，自令王家養之。」則送兒頃太后所。〔二〕相聞知，禁止則，令不得入宮。〔三〕年使從季父往來送迎則，〔四〕連年不絕。有司奏年淫亂，年坐廢爲庶人，徙房陵，與湯沐邑百戶。立三年，國除。

〔一〕師古曰：「不養也。」

〔二〕師古曰：「頃王之后，年之太后，故曰頃太后。」

〔三〕師古曰：「相者，王之相。」

〔四〕師古曰：「宗室諸從也。」

元始二年，新都侯王莽興滅繼絕，白太皇太后，立年弟子如意爲廣宗王，奉代孝王後。莽篡位，國絕。

梁懷王揖，文帝少子也。好詩書，帝愛之，異於他子。五年一朝，凡再入朝。因墮馬死，立十年薨。無子，國除。明年，梁孝王武徙王梁。

梁孝王子五人爲王。太子買爲梁共王，〔一〕次子明爲濟川王，彭離爲濟東王，定爲山陽王，不識爲濟陰王，皆以孝景中六年同日立。

〔一〕師古曰：「共讀曰恭。」

梁共王買立十年薨，子平王襄嗣。〔一〕

濟川王明以垣邑侯立。七年，坐射殺其中尉，有司請誅，武帝弗忍，廢爲庶人，徙房陵，國除。

濟東王彭離立二十九年。彭離驕悍，〔一〕昏莫私與其奴亡命少年數十人行剽，〔二〕殺人取財物以爲好。〔三〕所殺發覺者百餘人，國皆知之，莫敢夜行。所殺者子上書告言，有司請誅，武帝弗忍，廢爲庶人，徙上庸，國除，爲大河郡。

〔一〕師古曰：「悍，勇也。」

〔二〕師古曰：「剽，劫也，音頻妙反。」

〔三〕如淳曰：「以是爲好喜之事也。」師古曰：「好音呼到反。」

山陽哀王定立九年薨。亡子，國除。

濟陰哀王不識立一年薨。亡子，國除。

孝王支子四王，皆絕於身。〔一〕

〔一〕師古曰：「支子，謂非正嫡也。」

梁平王襄，母曰陳太后。共王母曰李太后。李太后，親平王之大母也。〔一〕而平王之后曰任后，任后甚有寵於襄。

〔一〕師古曰：「大母，祖母也。共王即李太后所生，故云親祖母也。」

初，孝王有罍尊，〔一〕直千金，戒後世善寶之，毋得以與人。〔二〕任后聞而欲得之。李太后曰：「先王有命，毋得以尊與人。他物雖百鉅萬，猶自恣。」任后絕欲得之。王襄直使人開府取尊賜任后，又王及母陳太后事李太后多不順。有漢使者來，李太后欲自言，王使謁者中郎胡等遮止，閉門。李太后與爭門，措指，〔三〕太后啼謼，〔四〕不得見漢使者。李太后亦私與食官長及郎尹霸等姦亂，王與任后以此使人風止李太后。〔五〕李太后亦已，〔六〕後病薨。病時，任后未嘗請疾；〔七〕薨，又不侍喪。

〔一〕應劭曰：「詩云『酌彼金罍』。罍，畫雲雷之象，以金飾之也。」鄭氏曰：「上蓋刻為山雲雷之象。」師古曰：「鄭說是也。罍，古雷字。」

〔二〕師古曰：「寶謂愛守也。」

〔三〕晉灼曰：「許慎云『措，置』。字借以為笮耳。」師古曰：「音壯客反，謂為門扉所笮。」

〔四〕師古曰：「謼音火故反。」

〔五〕師古曰：「風讀曰諷。止者，止其自言也。」

〔六〕師古曰：「已，止也。」

〔七〕張晏曰：「請，問也。」

元朔中，睢陽人犴反，〔一〕人辱其父，而與睢陽太守客俱出同車。犴反殺其仇車上，亡去。睢陽太守怒，以讓梁二千石。二千石以下求反急，執反親戚。反知國陰事，乃上變告梁王與大母爭尊狀。時相以下具知之，欲以傷梁長吏，書聞。天子下吏驗問，有之。公卿治，奏以爲不孝，請誅王及太后。〔二〕天子曰：「首惡失道，任后也。朕置相吏不逮，〔三〕無以輔王，故陷不誼，不忍致法。」削梁王五縣，奪王太后湯沐成陽邑，梟任后首于市，中郎胡等皆伏誅。梁餘尚有八城。

〔一〕師古曰：「犴姓，反名也。犴音岸。」

〔二〕師古曰：「陳太后。」

〔三〕師古曰：「逮，及也，言其材知不及。」

襄立四十年薨，子頃王無傷嗣。十一年薨，子敬王定國嗣。四十年薨，子夷王遂嗣。六年薨，子荒王嘉嗣。十五年薨，子立嗣。

鴻嘉中，太傅輔奏：「立一日至十一犯法，臣下愁苦，莫敢親近，不可諫止。願令王，非耕、祠，法駕毋得出宮，盡出馬置外苑，收兵杖藏私府，毋得以金錢財物假賜人。」事下丞相、御史，請許。〔一〕奏可。後數復毆傷郎，〔二〕夜私出宮。傅相連奏，坐削或千戶或五百戶，如是者數焉。

〔一〕師古曰：「許太傅所奏。」

〔二〕師古曰：「毆，棰擊，音一口反。」

荒王女弟園子爲立舅任寶妻，寶兄子昭爲立后。數過寶飲食，報寶曰：「我好翁主，〔一〕欲得之。」寶曰：「翁主，姑也，法重。」立曰：「何能爲！」〔二〕遂與園子姦。

〔一〕師古曰：「諸王女皆稱翁主，言其父自主婚也。」

〔二〕師古曰：「言罪不能至重也。」

積數歲，永始中，相禹奏立對外家怨望，有惡言。有司案驗，因發淫亂事，奏立禽獸行，請誅。太中大夫谷永上疏曰：「臣聞『禮，天子外屏，不欲見外』也。〔一〕是故帝王之意，不窺人閨門之私，聽聞中冓之言。〔二〕春秋爲親者諱。詩云『戚戚兄弟，莫遠具爾』。〔三〕今梁王年少，頗有狂病，始以惡言按驗，既亡事實，而發閨門之私，非本章所指。王辭又不服，猥强劾立，傳致難明之事，〔四〕獨以偏辭成辠斷獄，亡益於治道。汙蔑宗室，〔五〕以內亂之惡披布宣揚於天下，非所以爲公族隱諱，增朝廷之榮華，昭聖德之風化也。臣愚以爲王少，而父同產長，年齒不倫；梁國之富，足以厚聘美女，招致妖麗；父同產亦有恥辱之心。〔六〕案事者乃驗問惡言，〔七〕何故猥自發舒？〔八〕以三者揆之，殆非人情，疑有所迫切，過誤失言，文吏躡尋，不得轉移。萌牙之時，加恩勿治，上也。〔九〕既已案驗舉憲，宜及王辭不服，詔廷尉選上德通理之吏，更審考清問，著不然之效，定失誤之法，〔一〇〕而反命於下吏，〔一一〕以廣公族附疏之德，爲宗室刷汙亂之恥，〔一二〕甚得治親之誼。」天子由是寖而不治。

〔一〕師古曰：「屏謂當門之牆，以屏蔽者也。外屏，於門外爲之。」

〔二〕應劭曰：「中冓，材構在堂之中也。」晉灼曰：「魯詩以爲夜也。」師古曰：「冓謂舍之交積材木也。應說近之。冓音工豆反。」

〔三〕師古曰：「小雅行葦之詩也。戚戚，內相親也。爾，近也。言王之族親，情無疏遠，皆昵近也。」

〔四〕師古曰：「傅讀曰附。」

〔五〕孟康曰：「蟃音漫。」師古曰：「蟃音秣，謂汙染也。」

〔六〕師古曰：「言其姑亦當自恥，必不與姦。」

〔七〕師古曰：「本所問者，怨望朝廷之言耳。」

〔八〕師古曰：「猥，曲也。」

〔九〕如淳曰：「覆蓋之，則計之上。」

〔一〇〕師古曰：「著，明也。」

〔一一〕師古曰：「使者還反，以清白之狀付有司也。」

〔一二〕師古曰：「刷謂拭刷除之也，音所劣反。」

居數歲，元延中，立復以公事怨相掾及睢陽丞，使奴殺之，殺奴以滅口。凡殺三人，傷五人，手毆郎吏二十餘人。上書不拜奏。謀篡死罪囚。〔一〕有司請誅，上不忍，削立五縣。

〔一〕師古曰：「逆取曰篡。」

哀帝建平中，立復殺人。天子遣廷尉賞、大鴻臚由持節即訊。〔一〕至，移書傅、相、中尉曰：「王背策戒，〔二〕誖暴妄行，〔三〕連犯大辟，毒流吏民。比比蒙恩，不伏重誅，〔四〕不思改過，復賊殺人。幸得蒙恩，丞相長史、大鴻臚丞即問。王陽病抵讕，置辭驕嫚，〔五〕不首主令，與背畔亡異。〔六〕丞相、御史請收王璽綬，送陳留獄。明詔加恩，復遣廷尉、大鴻臚雜問。今王當受詔置辭，恐復不首實對。書曰：『至于再三，有不用，我降爾命。』〔七〕傅、相、中尉皆以輔正為職，『虎兕出於匣，龜玉毀於匵中，是誰之過也？』〔八〕書到，明以誼曉王。敢復懷詐，罪過益深。傅、相以下，不能輔導，有正法。」

〔一〕師古曰：「就問也。」

〔二〕師古曰：「初封時，策書有戒勑之言。」

〔三〕師古曰：「誖，乖也，音布內反。」

〔四〕師古曰：「比猶頻也。」

〔五〕師古曰：「抵，距也。讕，誣諱也。抵音丁禮反。讕音來亶反。」

〔六〕師古曰：「不首謂不伏其罪也。主令者，於法令之條與背畔無異也。首音失救反。次下亦同。」

〔七〕師古曰：「此周書多方篇之辭也。言我教汝，至于再三，汝不能用，則我下罰黜汝命也。」

〔八〕師古曰：「此論語孔子責冉有、季路之辭也。言虎兕出於檻，龜玉毀於櫝匵，豈非典守者之過邪？喻輔相人者，當能持危扶顛也。」

立惶恐，免冠對曰：「立少失父母，孤弱處深宮中，獨與宦者婢妾居，漸漬小國之俗，加以質性下愚，有不可移之姿。〔一〕往者傅相亦不純以仁誼輔翼立，大臣皆尙苛刻，刺求微密。讒臣在其間，左右弄口，積使上下不和，更相眄伺。〔二〕宮殿之裏，毛氂過失，亡不暴陳。當伏重誅，以視海內，〔三〕數蒙聖恩，得見貰赦。〔四〕今立自知賊殺中郎曹將，冬月迫促，貪生畏死，卽詐僵仆陽病，〔五〕徼幸得踰於須臾。〔六〕謹以實對，伏須重誅。」〔七〕時冬月盡，其春大赦，不治。

〔一〕師古曰：「言不從化也。論語稱孔子曰『唯上智與下愚不移』。」
〔二〕師古曰：「更音工衡反。」
〔三〕師古曰：「視讀曰示。」
〔四〕師古曰：「貰謂寬其罪。」
〔五〕師古曰：「僵仆，倒地也。僵音薑。仆音赴。」
〔六〕師古曰：「冀得踰冬月而減罪也。」
〔七〕師古曰：「須，待也。」

元始中，立坐與平帝外家中山衞氏交通，新都侯王莽奏廢立爲庶人，徙漢中。立自殺。

二十七年，國除。後二歲，莽白太皇太后立孝王玄孫之曾孫沛郡卒史音爲梁王，奉孝王後。莽篡，國絕。

贊曰：梁孝王雖以愛親故王膏腴之地，〔一〕然會漢家隆盛，百姓殷富，故能殖其貨財，廣其宮室車服。然亦僭矣。怙親亡厭，牛禍告罰，卒用憂死，悲夫！

〔一〕師古曰：「太后愛子，而帝親弟，故曰愛親。」

校勘記

二二一〇頁一三行　（弟）〔帝〕憂恐。景祐、殿、局本都作「帝」。王先謙說作「帝」是。

二二一八頁五行　王陽病抵讕，置辭驕嫚，〔五〕注〔五〕原在「置辭」下。劉攽說「驕嫚」當屬上句。王先謙亦說當讀「置辭驕嫚」爲句。

漢書卷四十八

賈誼傳第十八

賈誼，雒陽人也，年十八，以能誦詩書屬文稱於郡中。〔一〕河南守吳公聞其秀材，召置門下，〔二〕甚幸愛。文帝初立，聞河南守吳公治平為天下第一，〔三〕故與李斯同邑，而嘗學事焉，〔四〕徵以為廷尉。廷尉乃言誼年少，頗通諸家之書。文帝召以為博士。

〔一〕師古曰：「屬謂綴輯之也，言其能為文也。屬音之欲反。」

〔二〕師古曰：「秀，美也。」

〔三〕師古曰：「治平，言其政治和平也。」

〔四〕師古曰：「事之而從其學也。」

是時，誼年二十餘，最為少。每詔令議下，〔一〕諸老先生未能言，誼盡為之對，人人各如其意所出。諸生於是以為能。文帝說之，〔二〕超遷，歲中至太中大夫。

〔一〕師古曰：「謂有詔令出下及遣議事。」

〔二〕師古曰：「說讀曰悅。」

誼以爲漢興二十餘年，天下和洽，宜當改正朔，易服色制度，定官名，興禮樂。乃草具其儀法，〔一〕色上黃，數用五，爲官名悉更，奏之。〔二〕文帝謙讓未皇也。〔三〕然諸法令所更定，及列侯就國，其說皆誼發之。於是天子議以誼任公卿之位。絳、灌、東陽侯、馮敬之屬盡害之，〔四〕乃毁誼曰：「雒陽之人年少初學，專欲擅權，紛亂諸事。」於是天子後亦疏之，不用其議，以誼爲長沙王太傅。

〔一〕師古曰：「草謂創造之。」
〔二〕師古曰：「更，改也。」
〔三〕師古曰：「皇，暇也。自以爲不當改制。」
〔四〕師古曰：「絳，絳侯周勃也。灌，灌嬰也。東陽侯，張相如也。馮敬，時爲御史大夫。」

誼既以適去，〔一〕意不自得，及度湘水，〔二〕爲賦以弔屈原。屈原，楚賢臣也，被讒放逐，作離騷賦，〔三〕其終篇曰：「已矣！國亡人，莫我知也。」遂自投江而死。誼追傷之，因以自諭。〔四〕其辭曰：

〔一〕師古曰：「適讀曰謫。其下亦同。」
〔二〕師古曰：「湘水出零陵陽海山，北流入江也。」
〔三〕師古曰：「離，遭也。憂動曰騷。遭憂而作此辭。」
〔四〕師古曰：「諭，礕也。」

恭承嘉惠兮，〔一〕竢罪長沙。〔二〕仄聞屈原兮，自湛汨羅。〔三〕造託湘流兮，敬弔先生。〔四〕遭世罔極兮，迺隕厥身。〔五〕烏虖哀哉兮，逢時不祥！〔六〕鸞鳳伏竄兮，鴟鴞翺翔。〔七〕闒茸尊顯兮，讒諛得志；〔八〕賢聖逆曳兮，方正倒植。〔九〕謂隨、夷溷兮，〔一〇〕謂跖、蹻廉；〔一一〕莫邪爲鈍兮，〔一二〕鉛刀爲銛。〔一三〕于嗟默默，生之亡故兮！〔一四〕斡棄周鼎，〔一五〕寶康瓠兮。〔一六〕騰駕罷牛，驂蹇驢兮；〔一七〕驥垂兩耳，服鹽車兮。〔一八〕章父薦屨，漸不可久兮；〔一九〕嗟（若）〔苦〕先生，獨離此咎兮！〔二〇〕

〔一〕師古曰：「恭，敬也。嘉惠，謂詔命也。」

〔二〕師古曰：「竢，古俟字。俟，待也。」

〔三〕師古曰：「仄，古側字。汨，水名，在長沙羅縣，故曰汨羅。湛讀曰沉。汨音莫歷反。」

〔四〕師古曰：「造，至也。言至湘水而因託其流也。造音千到反。」

〔五〕張晏曰：「讒言罔極。」師古曰：「罔，無也。極，中也，無中正之道。一曰極，止也。」

〔六〕師古曰：「虖讀曰呼。」

〔七〕師古曰：「鴟，鴟鵂，怪鳥也。鴞，惡聲之鳥也。鴟音尺夷反。鴞音于驕反。鵂音休。」

〔八〕師古曰：「闒茸，下材不肖之人也。闒音吐盍反。茸音人勇反。」

〔九〕師古曰：「植，立也，音值。」

〔一〇〕應劭曰：「隨，卞隨，湯時廉士，湯以天下讓而不受。夷，伯夷也，不食周粟，餓于首陽之下。」師古曰：「溷，濁也，晉胡困反。」

〔一〕李奇曰：「跖，秦大盜也。楚之大盜爲莊蹻。」師古曰：「跖音之石反。蹻音居略反。莊周云，盜跖，柳下惠之弟，蓋寓言也。」

〔二〕應劭曰：「莫邪，吳大夫也，作寶劍，因以冠名。」

〔三〕晉灼曰：「世俗爲利爲銛徹。」師古曰：「音弋占反。」

〔四〕應劭曰：「默默，不得意也。」鄧展曰：「言屈原無故遇此禍也。」師古曰：「生，先生也。」

〔五〕師古曰：「斡，轉也，音管。」

〔六〕鄭氏曰：「康瓠，瓦盆底也。爾雅曰：『康瓠謂之甈。』」師古曰：「甈音五列反。」

〔七〕師古曰：「罷讀曰疲。蹇，跛也。」

〔八〕師古曰：「駕鹽車也。」

〔九〕師古曰：「章父，殷冠名也。言冠乃居下，履反在上也。父讀曰甫。」

〔一〇〕應劭曰：「嗟，咨嗟也。勞苦屈原遇此難也。」師古曰：「離，遭也。」

誶曰：〔一〕已矣！國其莫吾知兮，〔二〕子獨壹鬱其誰語？〔三〕鳳縹縹其高逝兮，夫固自引而遠去。〔四〕襲九淵之神龍兮，〔五〕沕淵潛以自珍；〔六〕偭蟂獺以隱處兮，〔七〕夫豈從蝦與蛭螾？〔八〕所貴聖之神德兮，遠濁世而自臧。使騏驥可係而羈兮，豈云異夫犬羊？般紛紛其離此郵兮，〔九〕亦夫子之故也！〔一〇〕歷九州而相其君兮，何必懷此都也？〔一一〕鳳皇翔于千仞兮，覽德煇而下之；〔一二〕見細德之險(微)〔徵〕兮，遙增擊而去

之。〔一三〕彼尋常之汙瀆兮，豈容吞舟之魚！〔一四〕橫江湖之鱣鯨兮，固將制於螻蟻。〔一五〕

〔一〕李奇曰：「誶，告也。」張晏曰：「誶，離騷下章亂也。」師古曰：「誶音碎。」

〔二〕師古曰：「一國之人不知我也。」

〔三〕師古曰：「壹鬱猶怫鬱也。」

〔四〕師古曰：「縹縹，輕舉貌，音匹遙反。」

〔五〕鄧展曰：「襲，重也。」師古曰：「九淵，九旋之川，言至深也。」

〔六〕鄧展曰：「沕音昧。」張晏曰：「潛，藏也。」

〔七〕服虔曰：「蟂音梟。」應劭曰：「蟂獺，水蟲害魚者也。偭，背也。欲舍蟂獺，從神龍遊也。」師古曰：「偭音面。」

〔八〕服虔曰：「蛭，水蟲。螾，今之螼螾也。」孟康曰：「言龍自絕於蟂獺，況從蝦與蛭螾也。」師古曰：「蝦亦水蟲也，音遐。蛭音質。螾字與蚓同，音引，今合韻，當音弋人反。螼音丘謹反。」

〔九〕蘇林曰：「般音槃。」孟康曰：「般音班。般，反也。紛紛，搆讒意也。」師古曰：「般，孟音是也。字從丹青之丹。離，遭也。郵，過也。」

〔一〇〕李奇曰：「亦夫子不如麟鳳之故，離此咎也。」師古曰：「此說非也。賈誼自言今之離郵，亦猶屈原耳。」

〔一一〕師古曰：「言往長沙爲傅，不足哀傷，何用苟懷此之都邑，蓋亦誼自寬廣之言。」

〔一二〕師古曰：「八尺曰仞。千仞，言其極高。」

〔一三〕師古曰：「增，重也。言見苛細之人，險阸之證，故重擊其羽而高去。」

〔一四〕應劭曰：「八尺曰尋，倍尋曰常。」師古曰：「水不泄爲汙，音一胡反，又音一故反。」

〔三〕如淳曰：「鱣、鯨，皆大魚也。」臣瓚曰：「鱣魚無鱗，口在腹下。鯨魚長者長數里。」晉灼曰：「小水不容大魚，而橫鱣鯨於汙瀆，必爲螻螘所制。以況小朝主闇，不容受忠逆之言，亦爲讒賊小臣所害。」師古曰：「鱣音竹連反，字或作鱏。鱏亦大魚也，音淫，又音尋。螻音樓，謂螻蛄也。」

誼爲長沙傅三年，有服飛入誼舍，止於坐隅。〔一〕服似鴞，〔二〕不祥鳥也。誼既以適居長沙，長沙卑濕，誼自傷悼，以爲壽不得長，乃爲賦以自廣。其辭曰：

〔一〕師古曰：「坐音才臥反。」

〔二〕晉灼曰：「異物志曰『有鳥小雞，體有文色，土俗因形名之曰服，不能遠飛，行不出域』也。」

單閼之歲，四月孟夏，〔一〕庚子日斜，服集余舍，〔二〕止于坐隅，貌甚閒暇。〔三〕異物來崪，私怪其故，〔四〕發書占之，讖言其度。〔五〕曰「野鳥入室，主人將去。」問于子服：「余去何之？〔六〕吉虖告我，凶言其災。淹速之度，語余其期。」〔七〕

〔一〕應劭曰：「太歲在卯爲單閼。」師古曰：「閼音一葛反。」

〔二〕孟康曰：「日斜，日昳時。」

〔三〕師古曰：「閒讀曰閑。」

〔四〕孟康曰：「崪音萃。萃，聚集也。」

〔五〕師古曰：「讖，驗也，有徵驗之書也。讖音初禁反。」

〔六〕師古曰：「子服者，言加其美稱也。」

〔七〕師古曰：「淹，遲也。」

服乃太息，舉首奮翼，口不能言，請對以意。〔一〕萬物變化，固亡休息。斡流而遷，或推而還。〔二〕形氣轉續，變化而嬗。〔三〕沕穆亡間，胡可勝言！〔四〕禍兮福所倚，福兮禍所伏；〔五〕憂喜聚門，吉凶同域。〔六〕彼吳彊大，夫差以敗；粵棲會稽，句踐伯世。〔七〕斯遊遂成，卒被五刑；〔八〕傅說胥靡，乃相武丁。〔九〕夫禍之與福，何異糾纆！〔一〇〕命不可說，孰知其極？〔一一〕水激則旱，矢激則遠。〔一二〕萬物回薄，震蕩相轉。雲烝雨降，糾錯相紛。大鈞播物，坱圠無垠。〔一三〕天不可與慮，道不可與謀。遲速有命，烏識其時？〔一四〕

〔一〕師古曰：「意字合韻，宜音億。」

〔二〕師古曰：「斡音管。斡，轉也。還讀曰旋。」

〔三〕服虔曰：「嬗音如蟬，謂變蛻也。」蘇林曰：「相傳與也。」師古曰：「此即禪代字，合韻故音嬋耳。蘇說是也。」

〔四〕師古曰：「沕穆，深微貌。胡，何也。言其理深微，不可盡言。沕音勿。」

〔五〕師古曰：「此老子德經之言也。倚音於綺反。」

〔六〕師古曰：「言禍福相因，吉凶不定。」

〔七〕師古曰：「會稽，山名也。句踐避吳之難，保於茲山，故曰棲也。句音鉤。伯讀曰霸。」

〔八〕應劭曰：「李斯西遊於秦，身登相位，二世時爲趙高所讒，身伏五刑。」

〔九〕張晏曰：「胥靡，刑名也。傅說被刑，築於傅巖，武丁以爲己相。」師古曰：「胥靡，相隨之刑也，解在楚元王傳。」

〔一〇〕應劭曰：「禍福相爲表裏，如糾纆索相附會也。」臣瓚曰：「糾，絞也。纆，索也。」師古曰：「纆音墨。」

〔一一〕師古曰：「極，止也。」

〔一二〕師古曰：「言水之激疾，則去盡，不能浸潤。矢之激發，則去遠。」

〔一三〕如淳曰：「陶者作器於鈞上，此以造化爲大鈞也。」應劭曰：「其氣坱圠，非有限齊也。」師古曰：「今造瓦者謂所轉者爲鈞，言造化爲人，亦猶陶之造瓦耳。坱音烏朗反。圠音於黠反。」

〔一四〕師古曰：「烏猶何也。」

且夫天地爲鑪，造化爲工；陰陽爲炭，萬物爲銅，〔一〕合散消息，安有常則？千變萬化，未始有極。忽然爲人，何足控揣；〔二〕化爲異物，又何足患！〔三〕小智自私，賤彼貴我；達人大觀，物亡不可。貪夫徇財，列士徇名；〔四〕夸者死權，品庶每生。〔五〕怵迫之徒，或趨西東；〔六〕大人不曲，意變齊同。〔七〕至人遺物，獨與道俱。衆人惑惑，好惡積意；〔八〕眞人恬漠，獨與道息。〔九〕釋智遺形，超然自喪；〔一〇〕寥廓忽荒，與道翺翔。〔一一〕乘流則逝，得坎則止；〔一二〕縱軀委命，不私與己。其生兮若浮，其死兮若休。〔一三〕澹虖若深淵之靚，氾虖若不繫之舟。〔一四〕不以生故自保，養空而浮。〔一五〕德人無累，知命不憂。細故蔕芥，何足以疑！〔一六〕

〔一〕師古曰：「以冶鑄爲喻。」

〔二〕孟康曰：「控，引也。揣，持也。言人生忽然，何足引持自貴(借)〔惜〕也。」如淳曰：「控，引也。揣音團。控摶，玩弄愛生之意也。」師古曰：「如說是。」

〔三〕師古曰：「患合韻音環。」

〔四〕臣瓚曰：「以身從物曰徇。」

〔五〕臣瓚曰：「謂夸泰也。莊子曰『權勢不〔充〕〔尤〕，則夸者悲』。」孟康曰：「每，貪也。」師古曰：「品庶猶庶品也。」

〔六〕孟康曰：「怵，爲利所誘訹也。迫，迫貧賤，東西趨利也。」師古曰：「誘訹之訹則音戌。或曰，怵，怵惕也，音丑出反，其義兩通。而說者欲改字爲鉥，蓋穿鑿耳。」

〔七〕李奇曰：「儽音塊。」蘇林曰：「音人肩傴儽爾。音欵全反。」師古曰：「蘇音是。」

〔八〕李奇曰：「惑惑，東西也。所好所惡，積之萬億也。」臣瓚曰：「冒眾懷好惡，積之心意也。」師古曰：「瓚說是也。意合韻音於力反。」

〔九〕師古曰：「恬，安也。漠，靜也。」

〔一〇〕服虔曰：「絕聖棄智，而亡其身也。」師古曰：「喪合韻音先郎反。」

〔一一〕師古曰：「荒音呼廣反。」

〔一二〕孟康曰：「易『坎爲險』，遇險難而止也。」張晏曰：「謂夷易則仕，險難則隱也。」

〔一三〕師古曰：「休，息也。」

〔一四〕師古曰：「澹，安也，音徒濫反。靚與靜同。氾音敷劍反。」

〔一五〕服虔曰：「道家養空虛，若浮舟也。」

〔一六〕師古曰：「蔕芥，小鯁也。蔕音丑芥反。」

後歲餘，文帝思誼，徵之。至，入見，上方受釐，坐宣室。〔一〕上因感鬼神事，而問鬼神之本。誼具道所以然之故。至夜半，文帝前席。〔二〕既罷，曰：「吾久不見賈生，自以爲過之，今不及也。」乃拜誼爲梁懷王太傅。懷王，上少子，愛，而好書，故令誼傅之，數問以得失。〔三〕

〔一〕蘇林曰：「宣室，未央前正室也。」應劭曰：「釐，祭餘肉也。漢儀注祭天地五時，皇帝不自行，祠還致福。釐音禧。」師古曰：「禧，福也。借釐字爲之耳，言受神之福也。」

〔二〕師古曰：「漸迫近誼，聽說其言也。」

〔三〕師古曰：「漢朝問以國家之事。」

是時，匈奴彊，侵邊。天下初定，制度疏闊。諸侯王僭儗，地過古制，〔一〕淮南、濟北王皆爲逆誅。誼數上疏陳政事，多所欲匡建，〔二〕其大略曰：

〔一〕師古曰：「儗，比也，上比於天子。儗音擬。」

〔二〕師古曰：「匡，正也，正其失也。建，立也，立制節也。」

臣竊惟事勢，可爲痛哭者一，可爲流涕者二，可爲長太息者六，若其它背理而傷道者，難徧以疏舉。〔一〕進言者皆曰天下已安已治矣，〔二〕臣獨以爲未也。曰安且治者，非愚則諛，〔三〕皆非事實知治亂之體者也。夫抱火厝之積薪之下而寢其上，〔四〕火未及燃，因謂之安，方今之勢，何以異此！本末舛逆，首尾衡決，國制搶攘，〔五〕非甚有紀，〔六〕胡可謂治！陛下何不壹令臣得孰數之於前，因陳治安之策，試詳擇焉！

〔一〕師古曰：「言不可盡條記也。」
〔二〕師古曰：「進言者，謂陳說於天子前者也。治音直吏反。此下並同。」
〔三〕師古曰：「實謂治安，則是愚也；知其不爾而假言之，是諂諛也。」
〔四〕師古曰：「厝，置也，音千故反。」
〔五〕蘇林曰：「搶音濟濟蹌蹌，不安貌也。」晉灼曰：「搶音傖。吳人罵楚人曰傖。傖攘，亂貌也。」師古曰：「晉音是。傖音仕庚反。攘音女庚反。」
〔六〕師古曰：「紀，理也。」

夫射獵之娛，與安危之機孰急？〔一〕使爲治勞智慮，苦身體，乏鐘鼓之樂，勿爲可也。樂與今同，而加之諸侯軌道，兵革不動，〔二〕民保首領，匈奴賓服，四荒鄉風，〔三〕百姓素朴，獄訟衰息。大數既得，則天下順治，海內之氣，清和咸理，生爲明帝，沒爲明神，名譽之美，垂於無窮。禮祖有功而宗有德，使顧成之廟稱爲太宗，上配太祖，與漢亡極。建久安之勢，成長治之業，以承祖廟，以奉六親，至孝也；〔四〕以幸天下，以育羣生，至仁也；立經陳紀，輕重同得，後可以爲萬世法程，〔五〕雖有愚幼不肖之嗣，猶得蒙業而安，至明也。以陛下之明達，因使少知治體者得佐下風，致此非難也。〔六〕其具可素陳於前，願幸無忽。〔七〕臣謹稽之天地，〔八〕驗之往古，按之當今之務，日夜念此至孰也，雖使禹舜復生，爲陛下計，亡以易此。〔九〕

〔一〕師古曰：「言二事之中，何者爲急。」
〔二〕師古曰：「軌道，言遵法制也。」
〔三〕師古曰：「鄕讀曰嚮。」
〔四〕應劭曰：「六親，父母兄弟妻子也。」
〔五〕師古曰：「程，式也。」
〔六〕師古曰：「少知治體者，誼自謂也。」
〔七〕師古曰：「忽，怠忘也。」
〔八〕師古曰：「稽，考也。」
〔九〕師古曰：「易，改也。」

夫樹國固必相疑之勢，〔一〕下數被其殃，上數爽其憂，〔二〕甚非所以安上而全下也。今或親弟謀爲東帝，〔三〕親兄之子西鄉而擊，〔四〕今吳又見告矣。〔五〕天子春秋鼎盛，〔六〕行義未過，〔七〕德澤有加焉，猶尚如是，況莫大諸侯，〔八〕權力且十此者虖！〔九〕

〔一〕鄭氏曰：「今建立國泰大，其勢必固相疑也。」臣瓚曰：「樹國於險固，諸侯强大，則必與天子有相疑之勢也。」師古曰：「鄭說是也。」
〔二〕如淳曰：「爽，忒也。」
〔三〕應劭曰：「淮南厲王長。」

〔四〕如淳曰：「謂齊悼惠王子興居而爲濟北王反，欲擊取滎陽也。」師古曰：「鄉讀曰嚮。」

〔五〕如淳曰：「時吳王又不循漢法，有告之者。」

〔六〕應劭曰：「鼎，方也。」

〔七〕師古曰：「行音下更反。」

〔八〕師古曰：「莫大，謂無有大於其國者，言最大也。」

〔九〕師古曰：「十倍於此。」

然而天下少安，何也？大國之王幼弱未壯，漢之所置傅相方握其事。數年之後，諸侯之王大抵皆冠，〔一〕血氣方剛，漢之傅相稱病而賜罷，彼自丞尉以上偏置私人，如此，有異淮南、濟北之爲邪！此時而欲爲治安，雖堯舜不治。

〔一〕師古曰：「大抵，猶言大略也，音丁禮反。其下亦同。」

黃帝曰：「日中必熭，操刀必割。」〔一〕今令此道順而全安，甚易，不肯早爲，已乃墮骨肉之屬而抗剄之，〔二〕豈有異秦之季世虖！夫以天子之位，乘今之時，因天之助，尚憚以危爲安，以亂爲治，假設陛下居齊桓之處，將不合諸侯而匡天下乎？臣又以知陛下有所必不能矣。假設天下如曩時，〔三〕淮陰侯尚王楚，黥布王淮南，彭越王梁，韓信王韓，張敖王趙，貫高爲相，盧綰王燕，陳豨在代，令此六七公者皆亡恙，〔四〕當是時而陛下即天子位，能自安乎？臣有以知陛下之不能也。天下殽亂，高皇帝與諸公併起，〔五〕

非有仄室之勢以豫席之也。〔六〕諸公幸者，乃爲中涓，其次廑得舍人，〔七〕材之不逮至遠也。高皇帝以明聖威武即天子位，割膏腴之地以王諸公，多者百餘城，少者乃三四十縣，悳至渥也，〔八〕然其後十年之間，反者九起。陛下之與諸公，非親角材而臣之也，〔九〕又非身封王之也，自高皇帝不能以是一歲爲安，故臣知陛下之不能也。然尙有可諉者，曰疏，〔一〇〕臣請試言其親者。假令悼惠王王齊，元王王楚，中子王趙，幽王王淮陽，共王王梁，〔一一〕靈王王燕，厲王王淮南，六七貴人皆亡恙，當是時陛下即位，能爲治虖？臣又知陛下之不能也。若此諸王，雖名爲臣，實皆有布衣昆弟之心，〔一二〕慮亡不帝制而天子自爲者。〔一三〕擅爵人，赦死罪，〔一四〕甚者或戴黃屋，〔一五〕漢法令非行也。雖行不軌如厲王者，令之不肯聽，召之安可致乎！〔一六〕幸而來至，法安可得加！動一親戚，天下圜視而起，〔一七〕陛下之臣雖有悍如馮敬者，〔一八〕適啓其口，匕首已陷其匈矣。〔一九〕陛下雖賢，誰與領此？〔二〇〕故疏者必危，親者必亂，已然之效也。其異姓負彊而動者，漢已幸勝之矣，又不易其所以然。同姓襲是跡而動，〔二一〕既有徵矣，〔二二〕其勢盡又復然。殃旤之變，未知所移，〔二三〕明帝處之尙不能以安，後世將如之何！

〔一〕孟康曰：「熭音衞。日中盛者，必暴熭也。」臣瓚曰：「太公曰『日中不熭，是謂失時；操刀不割，失利之期』。言當及時也。」師古曰：「此語見六韜。熭謂暴曬之也。曬音所智反，又音所懈反。」

〔二〕應劭曰：「抗其頭而剄之也。」師古曰：「墮，毀也。抗，舉也。剄，割頸也。墮音火規反。剄音工鼎反。」

〔三〕師古曰：「曩，久也。謂昔時。」

〔四〕師古曰：「無恙，言無憂病。」

〔五〕師古曰：「殽，雜也。併音步鼎反。」

〔六〕應劭曰：「禮，卿大夫之支子爲側室。席，大也。」臣瓚曰：「席，藉也。言非有側室之勢爲之資藉也。」師古曰：「瓚說是也。」

〔七〕師古曰：「廑與僅同。廑，劣也，言纔得舍人。」

〔八〕師古曰：「悳，古德字。渥，厚也，音握。」

〔九〕師古曰：「角，校也，競也。」

〔一〇〕孟康曰：「諉，累也。以疏爲累，言不以國也。」蔡謨曰：「諉者，託也。倘可託言信、越等以疏故反，故其下句曰『臣請試言其親者』。親者亦恃彊爲亂，明信等不以疏也。」師古曰：「蔡說是矣。諉音女瑞反。」

〔一一〕師古曰：「共讀曰恭。」

〔一二〕師古曰：「自以爲於天子爲昆弟，而不論君臣之義。」

〔一三〕師古曰：「慮，大計也，言諸侯皆欲同皇帝之制度，而爲天子之事。」

〔一四〕師古曰：「擅，專也。」

〔一五〕師古曰：「天子車蓋之制。」

〔一六〕師古曰：「不軌，謂不修法制也。致，至也。」

〔七〕應劭曰：「圜，精正視也。」師古曰：「言驚愕也。」
〔八〕如淳曰：「馮無擇子，名忠直，爲御史大夫，奏淮南厲王誅之。」師古曰：「悍，勇也。」
〔九〕師古曰：「始欲發言節制諸侯王，則爲刺客所殺。」
〔10〕師古曰：「領，理也。」
〔二〕師古曰：「易其所以然，謂改其法制使不然。」
〔三〕師古曰：「徵，證驗也。」
〔三〕師古曰：「𩨷，古禍字。」

屠牛坦一朝解十二牛，〔一〕而芒刃不頓者，〔二〕所排擊剝割，皆衆理解也。〔三〕至於髖髀之所，非斤則斧。〔四〕夫仁義恩厚，人主之芒刃也；權勢法制，人主之斤斧也。今諸侯王皆衆髖髀也，釋斤斧之用，而欲嬰以芒刃，〔五〕臣以爲不缺則折。胡不用之淮南、濟北？勢不可也。〔六〕

〔一〕蘇林曰：「孔子時人也。」師古曰：「坦，屠牛者之名也。事見管子。」
〔二〕師古曰：「芒刃，謂刃之利如豪芒也。頓讀曰鈍。」
〔三〕師古曰：「解，支節也，音胡懈反。」
〔四〕師古曰：「髀，股骨也。髖，髀上也。言其骨大，故須斤斧也。髖音寬。髀音陛，又音必爾反。」
〔五〕師古曰：「嬰，繞也。」

〔六〕晉灼曰：「〔一〕〔二〕國皆反誅。何不施之仁恩？勢不可故也。」

臣竊跡前事，〔一〕大抵彊者先反。淮陰王楚最彊，則最先反；韓信倚胡，則又反；〔二〕貫高因趙資，則又反；陳豨兵精，則又反；彭越用梁，則又反；〔三〕黥布用淮南，則又反；盧綰最弱，最後反。長沙乃在二萬五千戶耳，功少而最完，勢疏而最忠，非獨性異人也，亦形勢然也。曩令樊、酈、絳、灌據數十城而王，今雖以殘亡可也；〔四〕令信、越之倫列爲徹侯而居，雖至今存可也。〔五〕然則天下之大計可知已。〔六〕欲諸王之皆忠附，則莫若令如長沙王；欲臣子之勿菹醢，則莫若令如樊、酈等；欲天下之治安，莫若衆建諸侯而少其力。力少則易使以義，國小則亡邪心。〔七〕令海內之勢如身之使臂，臂之使指，莫不制從，諸侯之君不敢有異心，輻湊並進而歸命天子，雖在細民，且知其安，故天下咸知陛下之明。割地定制，令齊、趙、楚各爲若干國，〔八〕使悼惠王、幽王、元王之子孫畢以次各受祖之分地，〔九〕地盡而止，及燕、梁它國皆然。其分地衆而子孫少者，建以爲國，空而置之，須其子孫生者，舉使君之。〔一〇〕諸侯之地其削頗入漢者，爲徙其侯國及封其子孫也，〔一一〕所以數償之；一寸之地，一人之衆，天子亡所利焉，〔一二〕誠以定治而已，故天下咸知陛下之廉。地制壹定，宗室子孫莫慮不王，〔一三〕下無倍畔之心，上無誅伐之志，〔一四〕故天下咸知陛下之仁。法立而不犯，令行而不逆，貫高、利幾之謀不生，柴奇、開章之計不萌，〔二五〕細民鄉善，大臣致順，〔二六〕故天下咸知陛下之義。臥赤子天下之上而安，植遺腹，朝委裘，而天下不亂，〔二七〕當時大治，後世誦聖。〔二八〕壹動而五業附，陛下誰憚而久不爲此？〔二九〕

〔一〕師古曰：「尋前事之蹤跡。」

〔二〕師古曰：「倚，依也，音於綺反。」

〔三〕晉灼曰：「用，役用之也。」

〔四〕晉灼曰：「事勢可亡也。」師古曰：「曩亦謂昔時也。」

〔五〕晉灼曰：「事勢可存。」

〔六〕師古曰：「已，語終辭。」

〔七〕師古曰：「使以義，使之遵禮義也。」

〔八〕師古曰：「若干，豫設數也。解在食貨志。」

〔九〕師古曰：「分音扶問反，次下亦同。」

〔一〇〕師古曰：「須，待也。」

〔一一〕師古曰：「徙其侯國，列侯國邑在諸侯王封內而犬牙相入者，則正其疆界，令其隔絕也。封其子孫者，分諸侯王之國邑，各自封其子孫，而受封之人若有罪黜，其地皆入於漢，故云頗入也。」

〔一二〕師古曰：「償者，謂所正列侯疆界，有侵諸侯王者，則漢償之。」

〔一三〕師古曰：「慮，計也。」

〔四〕師古曰：「倍讀曰偝。」
〔五〕應劭曰：「柴奇、開章，皆與淮南王謀反者也。」
〔六〕師古曰：「鄉讀曰嚮。」
〔七〕服虔曰：「言天下安，雖赤子遺腹在位，猶不危也。」應劭曰：「置遺腹，朝委裘，皆未有所知也。」孟康曰：「委裘，若容衣，天子未坐朝，事先帝裘衣也。」師古曰：「應、孟二說皆是。」
〔八〕師古曰：「稱誦其聖明。」
〔九〕師古曰：「憚，畏難也，音徒旦反。」

天下之勢方病大瘇。〔一〕一脛之大幾如要，一指之大幾如股，〔二〕平居不可屈信，〔三〕一二指搐，身慮亡聊。〔四〕失今不治，必為錮疾，〔五〕後雖有扁鵲，不能為已。〔六〕病非徒瘇也，又苦𨂂盭。〔七〕元王之子，帝之從弟也；〔八〕今之王者，從弟之子也。惠王，親兄子也；今之王者，兄子之子也。〔九〕親者或亡分地以安天下，〔一〇〕疏者或制大權以偪天子，〔一一〕臣故曰非徒病瘇也，又苦𨂂盭。可痛哭者，此病是也。

〔一〕如淳曰：「腫足曰瘇。」師古曰：「音上勇反。」
〔二〕師古曰：「幾，並音巨依反。」
〔三〕師古曰：「信讀曰伸。」
〔四〕師古曰：「搐謂動而痛也。聊，賴也。搐音丑六反。」

〔五〕師古曰：「錮疾，堅久之疾。」
〔六〕師古曰：「扁鵲，良醫也。爲，治也。已，語終辭。」
〔七〕師古曰：「䟡，古蹠字也，音之石反。足下曰蹠，今所呼脚掌是也。盭，古戾字，言足蹠反戾，不可行也。」
〔八〕師古曰：「楚元王，高帝之弟，其子於文帝爲從弟。」
〔九〕師古曰：「惠王，齊悼惠王。」
〔一〇〕師古曰：「廣立蕃屏，則天下安，故曰以安天下。」
〔一一〕師古曰：「偪，古逼字。」

天下之勢方倒縣。凡天子者，天下之首，何也？上也。蠻夷者，天下之足，何也？下也。今匈奴嫚娒侵掠，至不敬也，〔一〕爲天下患，至亡已也，〔二〕而漢歲致金絮采繒以奉之。夷狄徵令，是主上之操也；〔三〕天子共貢，是臣下之禮也。〔四〕足反居上，首顧居下，〔五〕倒縣如此，莫之能解，猶爲國有人乎？〔六〕非亶倒縣而已，〔七〕又類辟，且病痱。〔八〕夫辟者一面病，痱者一方痛。今西邊北邊之郡，雖有長爵不輕得復，〔九〕五尺以上不輕得息，〔一〇〕斥候望烽燧不得臥，〔一一〕將吏被介冑而睡，〔一二〕臣故曰一方病矣。醫能治之，而上不使，〔一三〕可爲流涕者此也。

〔一〕師古曰：「娒，古侮字。」
〔二〕師古曰：「亡已，言不可止也。」

〔三〕師古曰：「徵，召也。令，號令也。操謂主上之所操持也。操音千高反。」

〔四〕師古曰：「共讀曰恭。」

〔五〕師古曰：「顧亦反也，言如人反顧然。」

〔六〕師古曰：「顚倒如此，而不能解救，豈謂國有明智之人乎？」

〔七〕師古曰：「亶讀曰但。」

〔八〕服虔曰：「病（癖）〔辟〕，不能行也。」師古曰：「辟，足病。痱，風。辟音壁。痱音肥。」

〔九〕張晏曰：「長爵，高爵也。雖受高爵之賞，猶將禦寇，不得復除逸豫也。」蘇林曰：「輕，易也。不易得復除，言難也。」師古曰：「復音方目反。」

〔一〇〕如淳曰：「五尺謂小兒也。言無大小皆當自爲戰備。」

〔一一〕文穎曰：「邊方備胡寇，作高土櫓，櫓上作桔皋，桔皋頭兜零，以薪草置其中，常低之，有寇卽火然舉之以相告，曰烽。又多積薪，寇至卽燃之，以望其煙，曰燧。」張晏曰：「晝舉烽，夜燔燧也。」師古曰：「張說誤也。晝則燔燧，夜則舉烽。」

〔一二〕師古曰：「被音皮義反。」

〔一三〕師古曰：「醫者，誼自謂。」

陛下何忍以帝皇之號爲戎人諸侯，勢旣卑辱，而旤不息，長此安窮！〔一〕進謀者率以爲是，固不可解也，亡具甚矣。〔二〕臣竊料匈奴之衆〔三〕不過漢一大縣，以天下之大困於一縣之衆，甚爲執事者羞之。陛下何不試以臣爲屬國之官以主匈奴？行臣之計，請必係單于之頸而制其命，伏中行說而笞其背，〔四〕舉匈奴之衆唯上之令。〔五〕今不獵猛敵而獵田彘，不搏反寇而搏畜菟，翫細娛而不圖大患，非所以爲安也。德可遠施，威可遠加，而直數百里外威令不信，〔六〕可爲流涕者此也。

〔一〕師古曰：「言長養此患，將何所窮極也。」
〔二〕師古曰：「無治安之具。」
〔三〕師古曰：「料，量也，音聊。」
〔四〕鄭氏曰：「說，奄人也，漢使送公主妻匈奴，說不肯行，强之，因以漢事告匈奴也。」師古曰：「中行，姓也。說，名也。行音胡剛反。說讀曰悅。中行說事具在匈奴傳。」
〔五〕師古曰：「聽天子之命。」
〔六〕師古曰：「信讀曰伸。」

今民賣僮者，〔一〕爲之繡衣絲履偏諸緣，〔二〕內之閑中，〔三〕是古天子后服，所以廟而不宴者也，〔四〕而庶人得以衣婢妾。白縠之表，薄紈之裏，緁以偏諸，〔五〕美者黼繡，〔六〕是古天子之服，今富人大賈嘉會召客者以被牆。〔七〕古者以奉一帝一后而節適，〔八〕今庶人屋壁得爲帝服，倡優下賤得爲后飾，然而天下不屈者，殆未有也。〔九〕且帝之身自衣皁綈，〔一〇〕而富民牆屋被文繡；天子之后以緣其領，庶人孽妾緣其履：〔一一〕

此臣所謂舛也。夫百人作之不能衣一人，〔一二〕欲天下亡寒，胡可得也？一人耕之，十人聚而食之，欲天下亡飢，不可得也。飢寒切於民之肌膚，欲其亡爲姦邪，不可得也。國已屈矣，〔一三〕盜賊直須時耳，〔一四〕然而獻計者曰「毋動」，〔一五〕爲大耳。〔一六〕夫俗至大不敬也，至亡等也，〔一七〕至冒上也，〔一八〕進計者猶曰「毋爲」，可爲長太息者此也。

〔一〕如淳曰：「僮謂隸妾也。」
〔二〕服虔曰：「如牙條以作履緣。」師古曰：「偏諸，若今之織成以爲要襻及褾領者也。古謂之車馬裠，其上爲乘車及騎從之象也。」
〔三〕服虔曰：「閑，賣奴婢闌。」
〔四〕師古曰：「入廟則服之，宴處則不著，蓋貴之也。」
〔五〕晉灼曰：「以偏諸緁著衣也。」師古曰：「緁音妾，謂以偏諸緶著之也。緶音步千反。」
〔六〕師古曰：「黼者，織爲斧形。繡者，刺爲衆文。」
〔七〕師古曰：「被音皮義反。」
〔八〕師古曰：「得其節而合宜。」
〔九〕師古曰：「屈謂財力盡也，音其勿反。」
〔一〇〕師古曰：「綈，厚繒也，音徒奚反。」
〔一一〕師古曰：「孽，庶賤者。」
〔一二〕師古曰：「衣音於既反。」

〔三〕師古曰：「屈音其勿反。」
〔四〕師古曰：「言待時而發。」
〔五〕師古曰：「言天下安，不可動搖。」
〔六〕如淳曰：「好爲大語者。」
〔七〕師古曰：「無尊卑之差。」
〔八〕師古曰：「冒，犯也。」

商君遺禮義，棄仁恩，〔一〕并心於進取，行之二歲，秦俗日敗。故秦人家富子壯則出分，家貧子壯則出贅。〔二〕借父耰鉏，慮有德色；〔三〕母取箕帚，立而誶語。〔四〕抱哺其子，與公併倨；〔五〕婦姑不相說，則反脣而相稽。〔六〕其慈子耆利，不同禽獸者亡幾耳。〔七〕然并心而赴時，猶曰蹷六國，兼天下。〔八〕功成求得矣，〔九〕終不知反廉愧之節，仁義之厚。〔一〇〕信并兼之法，遂進取之業，〔一一〕天下大敗；衆掩寡，智欺愚，勇威怯，壯陵衰，其亂至矣。是以大賢起之，威震海內，德從天下。〔一二〕曩之爲秦者，今轉而爲漢矣。然其遺風餘俗，猶尚未改。今世以侈靡相競，而上亡制度，棄禮誼，捐廉恥，日甚，可謂月異而歲不同矣。逐利不耳，慮非顧行也，〔一三〕今其甚者殺父兄矣。盜者剟寢戶之簾，〔一四〕搴兩廟之器，〔一五〕白晝大都之中剽吏而奪之金。〔一六〕矯僞者出幾十萬石粟，〔一七〕賦六百餘萬錢，乘傳而行郡國，〔一八〕此其亡行義之（先）〔尤〕至者也。而大臣特以簿書不報，期會之間，以爲大故。〔九〕至於俗流失，世壞敗，因恬而不知怪，〔一〇〕慮不動於耳目，以爲是適然耳。〔一一〕夫移風易俗，使天下回心而鄉道，類非俗吏之所能爲也。〔一二〕俗吏之所務，在於刀筆筐篋，〔一三〕而不知大（禮）〔體〕。陛下又不自憂，竊爲陛下惜之。

〔一〕師古曰：「謂商鞅。」

〔二〕應劭曰：「出作贅壻也。」師古曰：「謂之贅壻者，言其不當出在妻家，亦猶人身體之有肬贅，非應所有也。一說，贅，質也，家貧無有聘財，以身爲質也。贅音之銳反。分音扶問反。」

〔三〕師古曰：「耰，摩田器也，言以耰及鉏借與其父，而容色自矜爲恩德也。耰音憂。」

〔四〕服虔曰：「誶猶罵也。」張晏曰：「誶，責讓也。」師古曰：「張說是也。誶音碎。」

〔五〕師古曰：「哺，飤也。言婦抱子而哺之，乃與其舅併倨，無禮之甚也。哺音步。併音步鼎反。」

〔六〕應劭曰：「稽，計也，相與計校也。」師古曰：「說音悅。稽音工奚反。」

〔七〕師古曰：「唯有慈愛其子而貪嗜財利，小異於禽獸也。無幾，言不多也。幾音居豈反。」

〔八〕蘇林曰：「蹷音厥。」師古曰：「蹷謂拔而取之。」

〔九〕師古曰：「求得，所求者得也。」

〔一〇〕師古曰：「反，還也。」

〔一一〕師古曰：「信讀曰伸，一曰信任。」

〔一二〕師古曰：「大賢謂高祖也。德從天下，天下從其德。」

〔三〕師古曰：「言其所追赴，唯計利與不耳。念慮之中，非顧行之善惡也。」

〔四〕師古曰：「剟謂割取之也。室有東西箱曰廟，無東西箱曰寢，蓋謂陵上之寢。剟音輟。」

〔五〕如淳曰：「搴，取也。兩廟，高祖、惠帝廟也。」師古曰：「搴，拔也，音騫，又音蹇。」

〔六〕師古曰：「白晝，晝日也。言白者，謂不陰晦也。剽，劫也，音頻妙反。」

〔七〕服虔曰：「吏矯僞徵發，盈出十萬石粟。」師古曰：「服說非也。幾，近也。言詐爲文書，以出倉粟近十萬石耳。非謂徵發於下也。幾音鉅依反。」

〔八〕如淳曰：「此言富者出錢穀，得高爵，或乃爲使者，乘傳車循行郡國，以爲榮也。」師古曰：「如說亦非也。此又言矯僞之人詐爲詔令，妄作賦斂，其數甚多，又詐乘傳而行郡國也。行音下更反。」

〔九〕師古曰：「特，徒也。言公卿大臣特以簿書期會爲急，不知正風俗、厲行義也。」

〔一〇〕師古曰：「恬，安也，音徒兼反。」

〔一一〕師古曰：「適，當也，謂事理當然。」

〔一二〕師古曰：「鄉讀曰嚮。」

〔一三〕師古曰：「刀所以削書札。筐篋所以盛書。」

夫立君臣，等上下，使父子有禮，六親有紀，〔一〕此非天之所爲，人之所設也。夫人之所設，不爲不立，不植則僵，不修則壞。〔二〕筦子曰：〔三〕「禮義廉恥，是謂四維；四維不張，國乃滅亡。」使筦子愚人也則可，筦子而少知治體，則是豈可不爲寒心哉！〔四〕秦滅四維而不張，故君臣乖亂，六親殃戮，姦人並起，萬民離叛，凡十三歲，〔而〕社稷爲虛。〔五〕今四維猶未備也，故姦人幾幸，而衆心疑惑。〔六〕豈如今定經制，〔七〕令君君臣臣，〔八〕上下有差，父子六親各得其宜，姦人亡所幾幸，而羣臣衆信，上不疑惑！〔九〕此業壹定，世世常安，而後有所持循矣。〔一〇〕若夫經制不定，是猶度江河亡維楫，〔一一〕中流而遇風波，舩必覆矣。〔一二〕可爲長太息者此也。

〔一〕師古曰：「紀，（禮）〔理〕也。」

〔二〕師古曰：「植，建也。僵，偃也，音疆。」

〔三〕師古曰：「筦與管同。管子，管仲也。」

〔四〕師古曰：「若以管子爲愚人，其言不實，則無禮義廉恥可也。若以管子爲微識治體，則當寒心而憂之。」

〔五〕師古曰：「虛讀曰墟，謂丘墟。」

〔六〕師古曰：「幾讀曰冀。次下亦同。」

〔七〕師古曰：「經，常也。」

〔八〕師古曰：「君爲君德，臣爲臣道。」

〔九〕師古曰：「衆信謂共爲忠信也。」

〔一〇〕師古曰：「執持而順行之。」

〔一一〕師古曰：「維所以繫舩，楫所以刺舩也。詩曰『紼纚維之』。楫音集，又音接。」

〔一二〕師古曰：「覆音芳目反。」

夏爲天子，十有餘世，而殷受之。殷爲天子，二十餘世，而周受之。周爲天子，三十餘世，而秦受之。秦爲天子，二世而亡。人性不甚相遠也，〔一〕何三代之君有道之長，而秦無道之暴也？其故可知也。古之王者，太子乃生，固舉以禮，〔二〕使士負之，有司齊肅端冕，〔三〕見之南郊，見于天也。〔四〕過闕則下，過廟則趨，孝子之道也。故自爲赤子而教固已行矣。〔五〕昔者成王幼在繦抱之中，召公爲太保，周公爲太傅，太公爲太師。保，保其身體；傅，傅之德（意）〔義〕；師，道之教訓：〔六〕此三公之職也。於是爲置三少，皆上大夫也，曰少保、少傅、少師，是與太子宴者也。〔七〕故乃孩提有識，三公、三少固明孝仁禮義以道習之，〔八〕逐去邪人，不使見惡行。於是皆選天下之端士〔九〕孝悌博聞有道術者以衞翼之，〔一〇〕使與太子居處出入。故太子乃生而見正事，聞正言，行正道，左右前後皆正人也。夫習與正人居之，不能毋正，猶生長於齊不能不齊言也；習與不正人居之，不能毋不正，猶生長於楚之地不能不楚言也。故擇其所耆，必先受業，乃得嘗之；〔一一〕擇其所樂，必先有習，乃得爲之。孔子曰：「少成若天性，習貫如自然。」〔一二〕及太子少長，知妃色，〔一三〕則入于學。學者，所學之官也。〔一四〕學禮曰：「帝入東學，上親而貴仁，則親疏有序而恩相及矣；帝入南學，上齒而貴信，則長幼有差而民不誣矣；帝入西學，上賢而貴德，則聖智在位而功不遺矣；帝入北學，上貴而尊爵，則貴賤有等而下不險矣；〔一五〕帝入太學，承師問道，退習而考於太傅，太傅罰其不則而匡其不及，〔一六〕則德智長而治道得矣。此五學者既成於上，則百姓黎民化輯於下矣。」〔一七〕及太子既冠成人，免於保傅之嚴，則有記過之史，〔一八〕徹膳之宰，〔一九〕進善之旌，〔二〇〕誹謗之木，〔二一〕敢諫之鼓。〔二二〕瞽史誦詩，工誦箴諫，〔二三〕大夫進謀，士傳民語。習與智長，故切而不媿；〔二四〕化與心成，故中道若性。三代之禮：春朝朝日，秋暮夕月，所以明有敬也；〔二五〕春秋入學，坐國老，執醬而親餽之，〔二六〕所以明有孝也；行以鸞和，〔二七〕步中采齊，〔二八〕趣中肆夏，〔二九〕所以明有度也；其於禽獸，見其生不食其死，聞其聲不食其肉，故遠庖廚，所以長恩，且明有仁也。〔三〇〕

〔一〕師古曰：「遠音于萬反。」

〔二〕師古曰：「乃，始也。」

〔三〕師古曰：「齊讀曰齋。」

〔四〕師古曰：「見音胡電反。」

〔五〕師古曰：「赤子，言其新生未有眉髮，其色赤。」

〔六〕師古曰：「保，安也。傅，輔也。道讀曰導。其下亦同。」

〔七〕師古曰：「宴謂安居。」

〔八〕師古曰：「孩，小兒也。提謂提撕之。」

〔九〕師古曰：「端，正也，直也。」

〔一〇〕師古曰：「悌音徒繼反。」

〔一一〕師古曰：「耆讀曰嗜。」

〔一二〕師古曰：「貫亦習也，音工宦反。」

〔一三〕師古曰：「妃色，妃匹之色。」

〔一四〕師古曰：「官謂官舍。」

〔一五〕師古曰：「隃與踰同，謂越制。」

〔一六〕師古曰：「則，法也。匡，正也。」

〔一七〕師古曰：「輯與集同。輯，和也。」

〔一八〕師古曰：「有過則記。」

〔一九〕師古曰：「有闕則諫。」

〔二〇〕師古曰：「進善言者，立於旌下。」

〔二一〕師古曰：「譏惡事者，書之於木。」

〔二二〕師古曰：「欲顯諫者則擊鼓。」

〔二三〕師古曰：「瞽，無目者也。工，習樂者也。」

〔二四〕師古曰：「每被切磋，故無大過可恥媿之事。」

〔二五〕師古曰：「朝日以朝，夕月以暮，皆迎其初出也。下朝音直遙反。」

〔二六〕師古曰：「餽字與饋同。」

〔二七〕師古曰：「鸞和，車上鈴也，解在禮樂志。」

〔二八〕師古曰：「樂詩名也。字或作薺，又作茨，並音〔律〕〔才〕私反。」

〔二九〕師古曰：「亦樂詩名。趣讀曰趨。趨，疾步也。凡此中者，謂與其節相應也，並音竹仲反。」

〔三〇〕師古曰：「遠音于萬反。長音竹兩反。」

夫三代之所以長久者，以其輔翼太子有此具也。及秦而不然。其俗固非貴辭讓也，所上者告訐也；〔一〕固非貴禮義也，所上者刑罰也。使趙高傅胡亥而教之獄，所習者非斬劓人，則夷人之三族也。故胡亥今日即位而明日射人，忠諫者謂之誹謗，深計者謂之妖言，其視殺人若艾草菅然。〔二〕豈惟胡亥之性惡哉？彼其所以道之者非其理故也。〔三〕

〔一〕師古曰：「訐謂面相斥罪也，音居謁反。」

〔二〕師古曰：「艾讀曰刈。菅，茅也，音姦。」

〔三〕師古曰：「道讀曰導。」

鄙諺曰：「不習爲吏，視已成事。」又曰：「前車覆，後車誡。」夫三代之所以長久者，其已事可知也；〔一〕然而不能從者，是不法聖智也。〔二〕秦世之所以亟絕者，其轍跡可見也；〔三〕然而不避，是後車又將覆也。夫存亡之變，治亂之機，其要在是矣。天下之命，縣於太子；太子之善，在於早諭教與選左右。〔四〕夫心未濫而先諭教，則化易成也；開於道術智誼之指，則教之力也。若其服習積貫，則左右而已。〔五〕夫胡、粵之人生而同聲，耆欲不異，〔六〕及其長而成俗，累數譯而不能相通，行者〔有〕雖死而不相爲者，〔七〕則教習然也。臣故曰選左右早諭教最急。夫教得而左右正，則太子正矣，太子正而天下定矣。書曰：「一人有慶，兆民賴之。」〔八〕此時務也。

〔一〕師古曰：「已事，已往之事。」
〔二〕師古曰：「法謂則而效之。」
〔三〕師古曰：「亟，急也，音居力反。車跡曰轍。」
〔四〕師古曰：「諭，曉告也。與猶及也。」
〔五〕師古曰：「貫音工宦反。」
〔六〕師古曰：「耆讀曰嗜。」
〔七〕蘇林曰：「言其人之行，不能易事相爲處。」
〔八〕師古曰：「周書呂刑之辭也。一人，天子也。言天子有善，則兆庶獲其利。」

凡人之智，能見已然，不能見將然。〔一〕夫禮者禁於將然之前，而法者禁於已然之後，是故法之所用易見，而禮之所爲生難知也。若夫慶賞以勸善，刑罰以懲惡，先王執此之政，堅如金石，行此之令，信如四時，據此之公，無私如天地耳，豈顧不用哉？〔二〕然而曰禮云禮云者，貴絕惡於未萌，而起教於微眇，〔三〕使民日遷善遠辠而不自知也。〔四〕孔子曰：「聽訟，吾猶人也，必也使毋訟乎！」〔五〕爲人主計者，莫如先審取舍；〔六〕取舍之極定於內，而安危之萌應於外矣。〔七〕安者非一日而安也，危者非一日而危也，皆以積漸然，不可不察也。人主之所積，在其取舍。以禮義治之者，積禮義；以刑罰治之者，積刑罰。刑罰積而民怨背，禮義積而民和親。故世主欲民之善同，而所以使民善者或異。或道之以德教，或歐之以法令。〔八〕道之以德教者，德教洽而民氣樂；歐之以法令者，法令極而民風哀。哀樂之感，禍福之應也。秦王之欲尊宗廟而安子孫，與湯武同，然而湯武廣大其德行，六七百歲而弗失，秦王治天下，十餘歲則大敗。此亡它故矣，湯武之定取舍審而秦王之定取舍不審矣。夫天下，大器也。今人之置器，置諸安處則安，置諸危處則危。天下之情與器亡以異，在天子之所置之。湯武置天下於仁義禮樂，而德澤洽，禽獸草木廣裕，〔九〕德被蠻貊四夷，累子孫數十世，此天下所共聞也。秦王置天下於法令刑罰，德澤亡一有，而怨毒盈於世，下憎惡之如仇讎，既幾及身，子孫誅絕，〔一〇〕此天下之所共見也。是非其明效大驗邪！人之言曰：「聽言之道，必以其事觀之，則言者莫敢妄言。」今或言禮誼之不如法令，教化之不如刑罰，人主胡不引殷、周、秦事以觀之也？〔一一〕

〔一〕師古曰：「將然，謂欲有其事。」

〔二〕師古曰：「顧猶反也。」
〔三〕師古曰：「眇，細小也。」
〔四〕師古曰：「見善則遷，畏辠而離。」
〔五〕師古曰：「論語載孔子之言也。言使吾聽訟，與衆人齊等，然能先以德義化之，使其無訟。」
〔六〕師古曰：「取謂所擇用也。舍謂所棄置也。」
〔七〕師古曰：「極，中也。萌，始生也。」
〔八〕師古曰：「道讀曰導。敺與驅同。下皆類此。」
〔九〕師古曰：「裕，饒也。」
〔一〇〕師古曰：「幾音鉅依反。」
〔一一〕師古曰：「胡，何也。」

人主之尊譬如堂，羣臣如陛，衆庶如地。故陛九級上，廉遠地，則堂高；〔一〕陛亡級，廉近地，則堂卑。高者難攀，卑者易陵，〔二〕理勢然也。故古者聖王制爲等列，內有公卿大夫士，外有公侯伯子男，然後有官師小吏，〔三〕延及庶人，等級分明，而天子加焉，故其尊不可及也。里諺曰：「欲投鼠而忌器。」此善諭也。鼠近於器，尚憚不投，恐傷其器，況於貴臣之近主乎！〔四〕廉恥節禮以治君子，故有賜死而亡戮辱。是以黥劓之辠不及大夫，以其離主上不遠也。禮不敢齒君之路馬，蹴其芻者有罰；〔五〕見君之几杖則起，遭君之乘車則下，入正門則趨；君之寵臣雖或有過，刑戮之辠不加其身者，尊君之故也。此所以爲主上豫遠不敬也，〔六〕所以體貌大臣而厲其節也。〔七〕今自王侯三公之貴，皆天子之所改容而禮之也，古天子之所謂伯父、伯舅也，〔八〕而令與衆庶同黥劓髡刖笞傌棄市之法，〔九〕然則堂不亡陛虖？被戮辱者不泰迫虖？〔一〇〕廉恥不行，大臣無乃握重權、大官而有徒隸亡恥之心虖？夫望夷之事，二世見當以重法者，〔一一〕投鼠而不忌器之習也。

〔一〕師古曰：「級，等也。廉，側隅也。」

〔二〕師古曰：「陵，乘也。」

〔三〕師古曰：「官師，一官之長。」

〔四〕師古曰：「近音其靳反。」

〔五〕師古曰：「齒謂審其齒歲也。芻，所食之草也。蹵音千六反。」

〔六〕師古曰：「遠，離也。」

〔七〕師古曰：「體貌，謂加禮容而敬之。」

〔八〕師古曰：「天子呼諸侯長者，同姓則曰伯父，異姓則曰伯舅。伯，長也。」

〔九〕蘇林曰：「傌音罵。」

〔一〇〕師古曰：「迫，迫天子也。」

〔一〕如淳曰：「決罪曰當。閻樂殺二世於望夷宮，本由秦制無忌上之風也。」

臣聞之，履雖鮮不加於枕，冠雖敝不以苴履。〔一〕夫嘗已在貴寵之位，天子改容而體貌之矣，吏民嘗俯伏以敬畏之矣，今而有過，帝令廢之可也，退之可也，賜之死可也，滅之可也；若夫束縛之，係緤之，〔二〕輸之司寇，編之徒官，〔三〕司寇小吏詈罵而榜笞之，〔四〕殆非所以令衆庶見也。夫卑賤者習知尊貴者之一旦吾亦乃可以加此也，〔五〕非所以習天下也，非尊尊貴貴之化也。夫天子之所嘗敬，衆庶之所嘗寵，死而死耳，賤人安宜得如此而頓辱之哉！

〔一〕師古曰：「苴者，履中之藉也，音子余反。」
〔二〕師古曰：「緤謂以長繩係之也。緤音先列反。」
〔三〕師古曰：「司寇，主刑罰之官。編，次列也。」
〔四〕師古曰：「榜音彭。」
〔五〕蘇林曰：「知其有一旦之刑。」

豫讓事中行之君，智伯伐而滅之，〔一〕移事智伯。及趙滅智伯，豫讓釁面吞炭，〔二〕必報襄子，五起而不中。人問豫子，豫子曰：「中行衆人畜我，我故衆人事之；智伯國士遇我，我故國士報之。」故此一豫讓也，反君事讎，行若狗彘，已而抗節致忠，行出虖列士，人主使然也。故主上遇其大臣如遇犬馬，彼將犬馬自爲也；如遇官徒，彼將官徒自爲也。頑頓亡恥，〔三〕奊詬亡節，〔四〕廉恥不立，且不自好，〔五〕苟若而可，〔六〕故見利則逝，見便則奪。〔七〕主上有敗，則因而挻之矣；〔八〕主上有患，則吾苟免而已，立而觀之耳；有便吾身者，則欺賣而利之耳。人主將何便於此？〔九〕羣下至衆，而主上至少也，所託財器職業者粹於羣下也。〔一〇〕俱亡恥，俱苟妄，則主上最病。故古者禮不及庶人，刑不至大夫，所以厲寵臣之節也。古者大臣有坐不廉而廢者，不謂不廉，曰「簠簋不飾」；〔一一〕坐汙穢淫亂男女亡別者，不曰汙穢，曰「帷薄不修」；坐罷軟不勝任者，不謂罷軟，曰「下官不職」。〔一二〕故貴大臣定有其辠矣，猶未斥然正以謼之也，〔一三〕尚遷就而爲之諱也。故其在大譴大何之域者，〔一四〕聞譴何則白冠氂纓，〔一五〕盤水加劍，造請室而請辠耳，〔一六〕上不執縛係引而行也。其有中罪者，聞命而自弛，〔一七〕上不使人頸盭而加也。〔一八〕其有大辠者，聞命則北面再拜，跪而自裁，〔一九〕上不使捽抑而刑之也，〔二〇〕曰：「子大夫自有過耳！〔二一〕吾遇子有禮矣。」遇之有禮，故羣臣自憙；〔二二〕嬰以廉恥，故人矜節行。〔二三〕上設廉恥禮義以遇其臣，而臣不以節行報其上者，則非人類也。故化成俗定，則爲人臣者主耳忘身，〔二四〕國耳忘家，公耳忘私，利不苟就，害不苟去，唯義所在。上之化也，故父兄之臣誠死宗廟，法度之臣誠死社稷，輔翼之臣誠死君上，守圄扞敵之臣誠死城郭封疆。故曰聖人有金城者，比物此志也。〔二五〕彼且爲我死，故吾得與之俱生；

彼且爲我亡，故吾得與之俱存；夫將爲我危，故吾得與之皆安。〔二六〕顧行而忘利，守節而仗義，故可以託不御之權，可以寄六尺之孤。〔二七〕此厲廉恥行禮誼之所致也，主上何喪焉！〔二八〕此之不爲，而顧彼之久行，〔二九〕故曰可爲長太息者此也。〔三〇〕

〔一〕師古曰：「行音胡剛反。」

〔二〕鄭氏曰：「釁，漆面以易貌。吞炭，以變聲也。」師古曰：「釁，熏也，以毒藥熏之。」

〔三〕師古曰：「頓讀曰鈍。」

〔四〕師古曰：「奊詬，謂無志分也。奊音胡結反。詬音后。」

〔五〕師古曰：「自好猶言自喜也。好音呼倒反。」

〔六〕師古曰：「若猶然。」

〔七〕師古曰：「逝，往也。」

〔八〕服虔曰：「音挻起。」師古曰：「挻音式延反。」

〔九〕師古曰：「此於人主爲不便也。便音頻面反。」

〔一〇〕蘇林曰：「粹，純也。言其勢悉在羣下。」

〔一一〕師古曰：「簠簋，所以盛飯也。方曰簠，圓曰簋。簠音甫，又音扶。簋音軌。」

〔一二〕師古曰：「罷，廢於事也。軟，弱也。罷讀曰疲。軟音人兗反。」

〔一三〕師古曰：「謼，古呼字。」

〔一四〕師古曰：「譴，責也。何，問也。域，界局也。」

〔一五〕鄭氏曰：「以毛作纓。白冠，喪服也。」

〔一六〕應劭曰：「請室，請罪之室。」蘇林曰：「音絜清。胡公漢官車駕出有請室令在前先驅，此官有別獄也。」如淳曰：「水性平，若已有正罪，君以平法治之也。加劍，當以自刎也。或曰，殺牲者以盤水取頸血，故示若此也。」師古曰：「應、如二說皆是。」

〔一七〕師古曰：「中罪，非大非小也。弛，廢也，自廢而死。弛音式爾反。」

〔一八〕蘇林曰：「不戾其頸而親加刀鋸也。」師古曰：「盭，古戾字，音盧結反。」

〔一九〕師古曰：「裁，謂自刑殺也。」

〔二〇〕師古曰：「捽，持頭髮也。抑謂按之也。捽音才兀反。」

〔二一〕服虔曰：「子者，男子美號。」

〔二二〕師古曰：「憙讀曰喜，音許吏反。憙，好也，好爲志氣也。」

〔二三〕師古曰：「嬰，加也。矜，尙也。」

〔二四〕孟康曰：「唯爲主耳，不念其身。」

〔二五〕李奇曰：「志，記也。凡此上陳廉恥之事，皆古記也。」如淳曰：「比謂比方也。使忠臣以死社稷之志，比於金城也。」師古曰：「二家之說皆非也。此言聖人厲此節行以御羣下，則人皆懷德，勠力同心，國家安固不可毀，狀若金城也。尋其下文，義可曉矣。」

〔二六〕師古曰：「夫，夫人也，亦猶彼人耳。夫音扶。」

〔二七〕應劭曰：「言念主忘身，憂國忘家，如此，可託權柄，不須復制御也。六尺之孤，未能自立者也。」

〔二八〕師古曰：「如此則於主上無所失。」

〔二九〕服虔曰：「彼謂亡國也。」師古曰：「顧，反也。久謂久行之也。言何不爲投鼠忌器之法，而反久行無陛級之事。」

〔三〇〕師古曰：「誼上疏言可爲長太息者六，今此至三而止，蓋史家直取其要切者耳。故下贊云掇其切於世事者著於傳。」

是時丞相絳侯周勃免就國，人有告勃謀反，逮繫長安獄治，卒亡事，復爵邑，故賈誼以此譏上。上深納其言，養臣下有節。是後大臣有罪，皆自殺，不受刑。至武帝時，稍復入獄，自甯成始。

初，文帝以代王入即位，後分代爲兩國，立皇子武爲代王，參爲太原王，小子勝則梁王矣。後又徙代王武爲淮陽王，而太原王參爲代王，盡得故地。居數年，梁王勝死，亡子。誼復上疏曰：

陛下即不定制，如今之勢，不過一傳再傳，〔一〕諸侯猶且人恣而不制，豪植而大强，〔二〕漢法不得行矣。陛下所以爲蕃扞及皇太子之所恃者，唯淮陽、代二國耳。〔三〕代北邊匈奴，與强敵爲鄰，能自完則足矣。而淮陽之比大諸侯，厪如黑子之著面，〔四〕適足以餌大國耳，〔五〕不足以有所禁禦。方今制在陛下，制國而令子適足以爲餌，豈可謂工哉！人主之行異布衣。布衣者，飾小行，競小廉，以自託於鄉黨，人主唯天下安社稷固不耳。高皇帝瓜分天下以王功臣，反者如蝟毛而起，〔六〕以爲不可，故蔪去不義諸侯而虛其國。〔七〕擇良日，立諸子雒陽上東門之外，〔八〕畢以爲王，〔九〕而天下安。故大人者，不幸小行，以成大功。

〔一〕服虔曰：「一二傳世也。」
〔二〕師古曰：「植，立也。」
〔三〕師古曰：「蕃（翰）〔扞〕得宜，則嗣王安固，故云皇太子之所恃也。」
〔四〕師古曰：「黑子，今所謂黶子也。著音直略反。」
〔五〕師古曰：「餌謂為其所吞食。」
〔六〕師古曰：「蝟，蟲名也，其毛為刺，音謂。」
〔七〕如淳曰：「不義諸侯，彭越、黥布等。」師古曰：「蘄讀與芟同，謂芟刈之。」
〔八〕師古曰：「諸侯國皆在關東，故於東門外立之也。東面最北出門曰上東門。」
〔九〕師古曰：「畢猶盡。」

今淮南地遠者或數千里，越兩諸侯，〔一〕而縣屬於漢。〔二〕其吏民繇役往來長安者，自悉而補，中道衣敝，〔三〕錢用諸費稱此，〔四〕其苦屬漢而欲得王至甚，逋逃而歸諸侯者已不少矣。其勢不可久。臣之愚計，願舉淮南地以益淮陽，而為梁王立後，割淮陽北邊二三列城〔五〕與東郡以益梁；不可者，可徙代王而都睢陽。梁起於新郪以北著之河，〔六〕淮陽包陳以南揵之江，〔七〕則大諸侯之有異心者，破膽而不敢謀。梁足以扞齊、趙，淮陽足以禁吳、楚，陛下高枕，終亡山東之憂矣，此二世之利也。〔八〕當今恬然，適遇諸侯之皆少，〔九〕數歲之後，陛下且見之矣。夫秦日夜苦心勞力以除六國之旤，今陛下力制天下，頤指如意，〔一〇〕高拱以成六國之旤，難以言智。苟身亡事，畜亂宿旤，孰視而不定，〔一一〕萬年之後，傳之老母弱子，將使不寧，不可謂仁。臣聞聖主言問其臣而不自造事，〔一二〕故使人臣得畢其愚忠。唯陛下財幸！〔一三〕

〔一〕師古曰：「越，過也。兩諸侯，梁及淮陽。」
〔二〕師古曰：「爲縣而屬漢。」
〔三〕應劭曰：「自悉其家資財，補縫作衣。」師古曰：「悉，盡也。」
〔四〕師古曰：「稱音尺孕反。」
〔五〕孟康曰：「列城，縣。」
〔六〕師古曰：「新郪，潁川縣也。郪音千移反。著音直略反。」
〔七〕晉灼曰：「包，取也。」如淳曰：「揵謂立封界也。或曰，揵，接也。」師古曰：「揵音鉅偃反。」
〔八〕如淳曰：「從誼言可二世安耳。」師古曰：「言帝身及太子嗣位之時。」
〔九〕師古曰：「恬，安也。少謂年少。」
〔一〇〕如淳曰：「但動頤指麾，則所欲皆如意。」
〔一一〕師古曰：「畜讀曰蓄。」
〔一二〕師古曰：「欲發言則問其臣。」

〔三〕師古曰：「財與裁同。裁擇而幸從其言。」

文帝於是從誼計，乃徙淮陽王武爲梁王，北界泰山，西至高陽，得大縣四十餘城；徙城陽王喜爲淮南王，撫其民。

時又封淮南厲王四子皆爲列侯。誼知上必將復王之也，上疏諫曰：「竊恐陛下接王淮南諸子，〔一〕曾不與如臣者孰計之也。淮南王之悖逆亡道，天下孰不知其辠？〔二〕陛下幸而赦遷之，自疾而死，天下孰以王死之不當？今奉尊罪人之子，適足以負謗於天下耳。〔三〕此人少壯，豈能忘其父哉？〔四〕白公勝所爲父報仇者，大父與伯父、叔父也。〔五〕白公爲亂，非欲取國代主也，發憤快志，剡手以衝仇人之匈，〔六〕固爲俱靡而已。〔七〕淮南雖小，黥布嘗用之矣，漢存特幸耳。〔八〕夫擅仇人足以危漢之資，於策不便。〔九〕雖割而爲四，四子一心也。予之衆，積之財，此非有子胥、白公報於廣都之中，卽疑有剸諸、荆軻起於兩柱之間，〔一〇〕所謂假賊兵爲虎翼者也。〔一一〕願陛下少留計！」

〔一〕孟康曰：「接音挾，挾持欲王淮南諸子也。」臣瓚曰：「謂以恩接待而王之。」師古曰：「二說皆非也。謂接今時當卽王之，言不久也。接猶續也，猶今人言續復也。」

〔二〕師古曰：「悖，惑也，音布內反。」

〔三〕師古曰：「言若尊王其子，則是厲王無罪，漢枉殺之。」

〔四〕師古曰：「少壯，猶言稍長大。」

〔五〕師古曰：「白公，楚平王之孫，太子建之子也。大父卽祖，謂平王也。伯父、叔父，平王(之)〔諸〕子也。事見春秋傳。」

〔六〕師古曰：「剡，利也，音弋(再)〔冉〕反。」

〔七〕師古曰：「言與仇人俱滅斃也。靡，碎也，音武皮反。」

〔八〕師古曰：「言漢之勝布得存，此直天幸耳。」

〔九〕師古曰：「言假四子以資權，則當危漢。」

〔一〇〕師古曰：「專諸刺吳王，荆軻刺秦皇。事見春秋傳及燕丹子也。」

〔一一〕應劭曰：「周書云『無爲虎傅翼，將飛入邑，擇人而食之』。」

梁王勝墜馬死，〔一〕誼自傷爲傅無狀，〔二〕常哭泣，後歲餘，亦死。賈生之死，年三十三矣。

〔一〕李奇曰：「文三王傳言揖，此言勝，爲有兩名。」

〔二〕師古曰：「無善狀。」

後四歲，齊文王薨，亡子。文帝思賈生之言，乃分齊爲六國，盡立悼惠王子六人爲王；又遷淮南王喜於城陽，而分淮南爲三國，盡立厲王三子以王之。後十年，文帝崩，景帝立，三年而吳、楚、趙與四齊王合從舉兵，〔一〕西鄉京師，〔二〕梁王扞之，卒破七國。至武帝時，淮南厲王子爲王者兩國亦反誅。

〔一〕韋昭曰：「四齊王，膠東、膠西、菑川、濟南也。」師古曰：「從音子容反。」

〔二〕師古曰：「鄉讀曰嚮。」

孝武初立，舉賈生之孫二人至郡守。賈嘉最好學，世其家。〔一〕

〔一〕師古曰：「言繼其家業。」

贊曰：劉向稱「賈誼言三代與秦治亂之意，其論甚美，通達國體，雖古之伊、管未能遠過也。〔一〕使時見用，功化必盛。爲庸臣所害，甚可悼痛。」追觀孝文玄默躬行以移風俗，〔二〕誼之所陳略施行矣。及欲改定制度，以漢爲土德，色上黃，數用五，及欲試屬國，施五餌三表以係單于，〔三〕其術固以疏矣。誼（以夭）〔亦天〕年早終，雖不至公卿，未爲不遇也。凡所著述五十八篇，掇其切於世事者著于傳云。〔四〕

〔一〕師古曰：「伊，伊尹。管，管仲。」

〔二〕師古曰：「躬行，謂身親儉約之行也。」自追觀以下，並史家之詞。

〔三〕師古曰：「賈誼書謂愛人之狀，好人之技，仁道也；信爲大操，常義也；愛好有實，已諾可期，十死一生，彼將必至：此三表也。賜之盛服車乘以壞其目；賜之盛食珍味以壞其口；賜之音樂婦人以壞其耳；賜之高堂邃宇府庫奴婢以壞其腹；於來降者，上以召幸之，相娛樂，親酌而手食之，以壞其心：此五餌也。」

〔四〕師古曰：「掇，拾也，音丁活反。」

校勘記

二三三頁六行　嗟（若）〔苦〕先生，　王先謙說史記、文選「若」都作「苦」，據注文亦當作「苦」。

二三二四頁一七行　見細德之險(微)〔徵〕兮，宋祁說浙本「微」作「徵」，作「微」者非是。

二三二八頁一六行　何足引持自貴(借)〔惜〕也。宋祁說姚本「貴借」作「貴惜」。按景祐本作「貴惜」。

二三二九頁四行　權勢不(充)〔尤〕，則夸者悲。景祐本作「尤」。史記集解引莊子亦作「尤」。

二三三七頁一行　(一)〔二〕國皆反誅。景祐、殿本都作「二」。王先謙說作「二」是。

二三四二頁六行　病(癖)〔辟〕，不能行也。王先謙說「癖」爲「辟」之誤。

二三四四頁一六行　此其亡行義之(先)〔尤〕至者也。殿本作「尤」，景祐本亦作「先」。

二三四五頁三行　而不知大(禮)〔體〕。景祐、殿本都作「體」。王先謙說作「體」是。

二三四六頁一七行　凡十三歲，〔而〕社稷爲虛。景祐、殿本都有「而」字。

二三四七頁五行　紀，(禮)〔理〕也。景祐、殿本都作「理」。

二三四八頁六行　傅，傅之德(意)〔義〕；景祐、殿本都作「義」。王先謙說作「義」是。

二三五一頁三行　並音(律)〔才〕私反。景祐本作「才」。

二三五二頁二行　行者〔有〕雖死而不相爲者，按景祐本作「行者有」，殿本作「行有」。

二三六一頁四行　蕃(翰)〔扞〕得宜，則嗣王安固，王先謙說「翰」當爲「扞」之誤。

二三六四頁一行　伯父、叔父，平王(之)〔諸〕子也。景祐、殿本都作「諸」。

二三六四頁二行　音弋(再)〔冉〕反。景祐、殿本都作「冉」，此誤。

二三六五頁六行　誼(以夭)〔亦天〕年早終，景祐、殿本都作「亦天」。

漢書卷四十九

爰盎鼂錯傳第十九

師古曰：「鼂，古朝字，其下作朝，蓋通用耳。」

爰盎字絲。其父楚人也，〔一〕故爲羣盜，徙安陵。〔二〕高后時，盎爲呂祿舍人。孝文即位，盎兄噲任盎爲郎中。〔三〕

〔一〕師古曰：「盎音一浪反。」

〔二〕師古曰：「羣盜者，羣衆相隨而爲盜也。」

〔三〕（師古）〔如淳〕曰：「盎爲兄所保任，故得爲郎中也。」

絳侯爲丞相，朝罷趨出，意得甚。〔一〕上禮之恭，常目送之。盎進曰：「丞相何如人也？」上曰：「社稷臣。」盎曰：「絳侯所謂功臣，非社稷臣。社稷臣主在與在，主亡與亡。〔二〕方呂后時，諸呂用事，擅相王，劉氏不絕如帶。〔三〕是時絳侯爲太尉，本兵柄，〔四〕弗能正。呂后崩，大臣相與共誅諸呂，太尉主兵，適會其成功，所謂功臣，非社稷臣。丞相如有驕主色，陛下謙讓，〔五〕臣主失禮，竊爲陛下弗取也。」後朝，上益莊，丞相益畏。〔六〕已而絳侯望盎曰：「吾與汝兄善，今兒乃毀我！」〔七〕盎遂不謝。

〔一〕師古曰：「意甚自得也。」

〔二〕如淳曰：「人主在時，與共治在時之事；人主雖亡，其法度存，當奉行之。高祖誓非劉氏不王，而勃等聽王諸呂，是從生主之欲，不與亡者也。」

〔三〕師古曰：「言微細也。」

〔四〕師古曰：「執兵權之本。」

〔五〕師古曰：「如，似也。」

〔六〕師古曰：「莊，嚴也。」

〔七〕師古曰：「望，責怨之也。」

及絳侯就國，人上書告以爲反，徵繫請室，〔一〕諸公莫敢爲言，唯盎明絳侯無罪。絳侯得釋，盎頗有力。絳侯乃大與盎結交。

〔一〕師古曰：「請室，獄也，解在賈誼傳。」

淮南厲王朝，殺辟陽侯，〔一〕居處驕甚。盎諫曰：「諸侯太驕必生患，可適削地。」〔二〕上弗許。淮南王益橫。〔三〕謀反發覺，上徵淮南王，遷之蜀，檻車傳送。盎時爲中郎將，諫曰：「陛下素驕之，弗稍禁，以至此，今又暴摧折之。淮南王爲人剛，有如遇霜露行道死，陛下竟爲以天下大弗能容，有殺弟名，柰何？」上不聽，遂行之。

〔一〕師古曰：「自國入朝而殺之。」

〔二〕師古曰：「適讀曰謫。」

〔三〕師古曰：「橫音胡孟反。」

淮南王至雍，病死，聞，〔一〕上輟食，哭甚哀。〔二〕盎入，頓首請辠。〔三〕上曰：「以不用公言至此。」盎曰：「上自寬，此往事，豈可悔哉！且陛下有高世行三，此不足以毁名。」上曰：「吾高世三者何事？」盎曰：「陛下居代時，太后嘗病，三年，陛下不交睫解衣，〔四〕湯藥非陛下口所嘗弗進。夫曾參以布衣猶難之，今陛下親以王者修之，過曾參遠矣。諸呂用事，大臣顓制，〔五〕然陛下從代乘六乘傳，馳不測淵，〔六〕雖賁育之勇不及陛下。〔七〕陛下至代邸，西鄉讓天子者三，南鄉讓天子者再。〔八〕夫許由一讓，〔九〕陛下五以天下讓，過許由四矣。且陛下遷淮南王，欲以苦其志，使改過，有司宿衞不謹，故病死。」於是上乃解，盎繇此名重朝廷。〔一〇〕

〔一〕師古曰：「雍是扶風雍縣也。聞，聞於天子也。」

〔二〕師古曰：「輟，止也。」

〔三〕師古曰：「自責以不强諫也。」

〔四〕師古曰：「睫，目旁毛也。交睫，謂睡寐也。睫音接。」

〔五〕師古曰：「顓與專同。」

〔六〕鄭氏曰：「大臣亂，乘傳而赴之，故曰不測淵。」

〔七〕孟康曰：「孟賁、夏育，皆古勇士也。」

〔八〕師古曰：「鄉讀曰嚮。」

〔九〕師古曰：「許由，古高士也。堯讓天下於由，由不受也。」

〔一〇〕師古曰：「繇讀與由同。」

盎常引大體忼慨。宦者趙談以數幸，常害盎，盎患之。盎兄子種爲常侍騎，諫盎曰：「君衆辱之，後雖惡君，上不復信。」〔一〕於是上朝東宮，趙談驂乘，盎伏車前曰：「臣聞天子所與共六尺輿者，皆天下豪英。今漢雖乏人，陛下獨奈何與刀鋸之餘共載！」於是上笑，下趙談。談泣下車。

〔一〕師古曰：「惡謂譖毀之，言其過惡。」

上從霸陵上，欲西馳下峻阪，盎攬轡。〔一〕上曰：「將軍怯邪？」盎言曰：「臣聞千金之子不垂堂，〔二〕百金之子不騎衡，〔三〕聖主不乘危，不徼幸。今陛下騁六飛，〔四〕馳不測山，有如馬驚車敗，陛下縱自輕，奈高廟、太后何？」上乃止。

〔一〕師古曰：「攬與擥同。」

〔二〕師古曰：「言富人之子則自愛也。垂堂，謂坐堂外邊，恐墜墮也。」

〔三〕如淳曰：「騎，倚也。衡，樓殿邊欄楯也。」師古曰：「騎謂跨之耳，非倚也。」

〔四〕如淳曰：「六馬之疾若飛也。」

上幸上林，皇后、愼夫人從。其在禁中，常同坐。〔一〕及坐，郎署長布席，盎引卻愼夫人坐。〔二〕愼夫人怒，不肯坐。上亦怒，起。盎因前說曰：「臣聞尊卑有序則上下和。今陛下既以立后，愼夫人乃妾，妾主豈可以同坐哉！且陛下幸之，則厚賜之。陛下所以爲愼夫人，適所以禍之也。獨不見『人彘』乎？」〔三〕於是上乃說，〔四〕入語愼夫人。愼夫人賜盎金五十斤。

〔一〕師古曰：「同坐，謂所坐之處高下齊同，無差等也。」

〔二〕蘇林曰：「郎署，上林中直衞之署也。」如淳曰：「盎時爲中郎將，天子幸署，豫設供帳待之，故得卻愼夫人坐也。」師古曰：「卻謂退而卑之也。坐音材臥反。」

〔三〕張晏曰：「戚夫人也。」

〔四〕師古曰：「說讀曰悅。」

然盎亦以數直諫，不得久居中。調爲隴西都尉，〔一〕仁愛士卒，士卒皆爭爲死。遷齊相，徙爲吳相。辭行，種謂盎曰：「吳王驕日久，國多姦，今絲欲刻治，〔二〕彼不上書告君，則利劍刺君矣。南方卑溼，絲能日飲，亡何，說王毋反而已。〔三〕如此幸得脫。」盎用種之計，吳王厚遇盎。

〔一〕師古曰：「調，選也，音徒釣反。」
〔二〕如淳曰：「種稱叔父字曰絲。」
〔三〕師古曰：「無何，言更無餘事。」

盎告歸，道逢丞相申屠嘉，下車拜謁，丞相從車上謝。盎還，媿其吏，〔一〕乃之丞相舍上謁，〔二〕求見丞相。丞相良久乃見。因跪曰：「願請間。」〔三〕丞相曰：「使君所言公事，之曹與長史掾議之，吾且奏之；則私，吾不受私語。」盎即起說曰：「君爲相，自度孰與陳平、絳侯？」〔四〕丞相曰：「不如。」盎曰：「善，君自謂弗如。夫陳平、絳侯輔翼高帝，定天下，爲將相，而誅諸呂，存劉氏；君乃爲材官蹶張，遷爲隊帥，〔五〕積功至淮陽守，非有奇計攻城野戰之功。且陛下從代來，每朝，郎官者上書疏，未嘗不止輦受。其言不可用，置之；言可采，未嘗不稱善。何也？欲以致天下賢英士大夫，日聞所不聞，以益聖。〔六〕而君自閉箝天下之口，〔七〕而日益愚。夫以聖主責愚相，君受禍不久矣。」丞相乃再拜曰：「嘉鄙人，乃不知，將軍幸教。」引與入坐，爲上客。

〔一〕師古曰：「慙不見禮也。」
〔二〕師古曰：「上謁，若今通名也。」
〔三〕師古曰：「欲因間隙，私有所白也。」

〔四〕師古曰：「度，計量也。與猶如也。」

〔五〕如淳曰：「隊帥，軍中小官。」師古曰：「帥音所類反。」

〔六〕師古曰：「日日得聞異言也。」

〔七〕師古曰：「箝，籥也，音其炎反。」

盎素不好鼂錯，錯所居坐，盎輒避；盎所居坐，錯亦避：兩人未嘗同堂語。及孝景即位，鼂錯爲御史大夫，使吏案盎受吳王財物，抵罪，詔赦以爲庶人。吳楚反聞，〔一〕錯謂丞史曰：〔二〕「爰盎多受吳王金錢，專爲蔽匿，言不反。今果反，欲請治盎，宜知其計謀。」丞史曰：「事未發，治之有絕。〔三〕今兵西向，治之何益！且盎不宜有謀。」〔四〕錯猶與未決。〔五〕人有告盎，盎恐，夜見竇嬰，爲言吳所以反，願（致）〔至〕前，口對狀。〔六〕嬰入言，上乃召盎。盎入見，竟言吳所以反，獨急斬錯以謝吳，吳可罷。上拜盎爲泰常，竇嬰爲大將軍。兩人素相善。是時，諸陵長安中賢大夫爭附兩人，車騎隨者日數百乘。

〔一〕師古曰：「聞，聞於天子。」

〔二〕如淳曰：「百官表御史大夫有兩丞。丞史，丞及史也。」

〔三〕如淳曰：「事未發之時，治之乃有所絕也。」

〔四〕如淳曰：「盎大臣，不宜有姦謀。」

〔五〕師古曰：「與讀曰豫。」

〔六〕師古曰：「至天子之前也。」

及鼂錯已誅，盎以泰常使吳。吳王欲使將，不肯。欲殺之，使一都尉以五百人圍守盎軍中。初，盎爲吳相時，從史盜私盎侍兒。〔一〕盎知之，弗泄，遇之如故。人有告從史，「君知女與侍者通」，乃亡去。盎驅自追之，〔二〕遂以侍者賜之，復爲從史。及盎使吳見守，從史適在守盎校爲司馬，〔三〕乃悉以其裝齎買二石醇醪。〔四〕會天寒，士卒飢渴，飲醉西南陬卒，卒皆臥。〔五〕司馬夜引盎起，曰：「君可以去矣，吳王期旦日斬君。」盎弗信，曰：「何爲者？」司馬曰：「臣故爲君從史盜侍兒者也。」盎乃驚，謝曰：「公幸有親，〔六〕吾不足絫公。」〔七〕司馬曰：「君弟去，〔八〕臣亦且亡，辟吾親，〔九〕君何患！」乃以刀決帳，道從醉卒直出。〔一〇〕司馬與分背，〔一一〕盎解節旄懷之，〔一二〕屐步行七十里，〔一三〕明，見梁騎，馳去，遂歸報。〔一四〕

〔一〕文穎曰：「婢也。」
〔二〕師古曰：「驅馳而追，言疾速。」
〔三〕師古曰：「爲校中之司馬，所領士卒，正當守盎。」
〔四〕師古曰：「裝齎，謂所齎衣物自隨者也。醇者不雜，言其醲也。醪，汁滓合之酒也，音牢。」
〔五〕師古曰：「陬，隅也。飲音於禁反。陬音子侯反，又音鄒。」
〔六〕文穎曰：「言汝有親老。」
〔七〕師古曰：「絫，古累字也，音力瑞反。」

〔八〕師古曰：「弟，但也。」
〔九〕如淳曰：「藏匿吾親，不使遇害也。」晉灼曰：「辟音避。」
〔一〇〕師古曰：「於醉卒之處決帳而開，令通道得亡也。」
〔一一〕師古曰：「一時各去也。」
〔一二〕如淳曰：「不欲令人見。」
〔一三〕如淳曰：「著屐步行而逃亡。」
〔一四〕文穎曰：「梁騎將擊吳楚者也。」師古曰：「遇梁軍之騎，遂因得脫，歸報天子。」

吳楚已破，上更以元王子平陸侯禮爲楚王，以盎爲楚相。嘗上書，不用。盎病免家居，與閭里浮湛，相隨行鬭雞走狗。〔一〕雒陽劇孟嘗過盎，盎善待之。安陵富人有謂盎曰：「吾聞劇孟博徒，〔二〕將軍何自通之？」盎曰：「劇孟雖博徒，然母死，客送喪車千餘乘，此亦有過人者。且緩急人所有。〔三〕夫一旦叩門，不以親爲解，〔四〕不以在亡爲辭，〔五〕天下所望者，獨季心、劇孟。〔六〕今公陽從數騎，〔七〕一旦有緩急，寧足恃乎！」遂罵富人，弗與通。諸公聞之，皆多盎。〔八〕

〔一〕師古曰：「湛讀曰沉。」
〔二〕服虔曰：「博戲之徒也。」
〔三〕師古曰：「凡人在生，不能無緩急之事。」

〔四〕張晏曰：「不語云親不聽也。」臣瓚曰：「凡人之於赴難濟厄，多以有父母爲解，而盎兼行之。」師古曰：「瓚說是也。解者，若今言分疏矣。」

〔五〕師古曰：「或實在家，而辭云不在。」

〔六〕文穎曰：「心，季布弟也。」

〔七〕鄧展曰：「陽，外也。」晉灼曰：「陽猶常也。」師古曰：「鄧說是也。」

〔八〕師古曰：「多猶重。」

盎雖居家，景帝時時使人問籌策。梁王欲求爲嗣，盎進說，其後語塞。〔一〕梁王以此怨盎，使人刺盎。刺者至關中，問盎，稱之皆不容口。〔二〕乃見盎曰：「臣受梁王金刺君，君長者，不忍刺君。然後刺者十餘曹，〔三〕備之！」盎心不樂，家多怪，乃之棓生所問占。〔四〕還，梁刺客後曹果遮刺殺盎安陵郭門外。

〔一〕師古曰：「塞，不行也。」

〔二〕師古曰：「稱美其德，口不能容也。」

〔三〕如淳曰：「曹，輩也。」

〔四〕蘇林曰：「音棓。」文穎曰：「音陪，秦時賢士善術者也。」師古曰：「蘇音文說是。」

鼂錯，潁川人也。〔一〕學申商刑名於軹張恢生所，〔二〕與雒陽宋孟及劉帶同師。以文學爲

太常掌故。〔三〕

〔一〕晉灼曰：「音厝置之厝。」師古曰：「據申屠嘉傳序云『責通請錯，匪躬之故』，以韻而言，晉音是也。潘岳西征賦乃讀爲錯雜之錯，不可依也。」

〔二〕師古曰：「軹縣之儒生姓張名恢，錯從之受申商法也。」

〔三〕應劭曰：「掌故，六百石吏，主故事。」

錯爲人陗直刻深。〔一〕孝文時，天下亡治尚書者，獨聞齊有伏生，故秦博士，治尚書，年九十餘，老不可徵。乃詔太常，使人受之。太常遣錯受尚書伏生所，還，因上書稱說。〔二〕詔以爲太子舍人，門大夫，〔三〕遷博士。又上書言：「人主所以尊顯功名揚於萬世之後者，以知術數也。〔四〕故人主知所以臨制臣下而治其衆，則羣臣畏服矣；知所以聽言受事，則不欺蔽矣；知所以安利萬民，則海內必從矣；知所以忠孝事上，則臣子之行備矣：此四者，臣竊爲皇太子急之。人臣之議或曰皇太子亡以知事爲也，〔五〕臣之愚，誠以爲不然。竊觀上世之君，不能奉其宗廟而劫殺於其臣者，皆不知術數者也。（皇太子所讀書多矣，而未深知術數者也。）皇太子所讀書多矣，而未深知術數者，不問書說也。〔六〕夫多誦而不知其說，所謂勞苦而不爲功。臣竊觀皇太子材智高奇，馭射伎藝過人絕遠，然於術數未有所守者，以陛下爲心也。〔七〕竊願陛下幸擇聖人之術可用今世者，以賜皇太子，因時使太子陳明於前。唯陛下裁察。」上

善之，於是拜錯爲太子家令。〔八〕以其辯得幸太子，太子家號曰「智囊」。〔九〕

〔一〕師古曰：「陗字與峭同。峭謂峻陿也，音千笑反。」
〔二〕師古曰：「稱師法而說其義。」
〔三〕師古曰：「初爲舍人，又爲門大夫。」
〔四〕張晏曰：「術數，刑名之書也。」臣瓚曰：「術數謂法制，治國之術也。」師古曰：「瓚說是也。公孫弘云『擅生殺之力，通壅塞之途，權輕重之數，論得失之道，使遠近情僞必見於上，謂之術』。此與錯所言同耳。」
〔五〕師古曰：「言何用知事。」
〔六〕師古曰：「說謂所說之義也。」
〔七〕張晏曰：「若伯魚須仲尼教，乃讀詩書也。」
〔八〕臣瓚曰：「茂陵中書太子家令秩八百石。」
〔九〕師古曰：「言其一身所有皆是智算，若囊槖之盛物也。」

是時匈奴彊，數寇邊，上發兵以禦之。錯上言兵事，曰：

臣聞漢興以來，胡虜數入邊地，小入則小利，大入則大利；高后時再入隴西，攻城屠邑，敺略畜產；〔一〕其後復入隴西，殺吏卒，大寇盜。竊聞戰勝之威，民氣百倍；〔二〕敗兵之卒，沒世不復。〔三〕自高后以來，隴西三困於匈奴矣，民氣破傷，亡有勝意。今茲隴西之吏，賴社稷之神靈，奉陛下之明詔，和輯士卒，底厲其節，〔四〕起破傷之民以當乘勝之匈奴，用少擊衆，殺一王，敗其衆而(法曰)大有利。非隴西之民有勇怯，乃將吏之制巧拙異也。故兵法曰：「有必勝之將，無必勝之民。」繇此觀之，〔五〕安邊境，立功名，在於良將，不可不擇也。

〔一〕師古曰：「毆與驅同。」
〔二〕師古曰：「益奮厲也。」
〔三〕師古曰：「永挫折也。」
〔四〕師古曰：「輯與集同。底與砥同。」
〔五〕師古曰：「繇讀與由同。」

臣又聞用兵，臨戰合刃之急者三：〔一〕一曰得地形，二曰卒服習，三曰器用利。兵法曰：丈五之溝，漸車之水，〔二〕山林積石，經川丘阜，〔三〕屮木所在，〔四〕此步兵之地也，車騎二不當一。土山丘陵，曼衍相屬，〔五〕平原廣野，此車騎之地，步兵十不當一。平陵相遠，川谷居間，〔六〕仰高臨下，此弓弩之地也，短兵百不當一。兩陳相近，平地淺(草)〔屮〕，可前可後，此長戟之地也，劍楯三不當一。(雚)〔萑〕葦竹蕭，〔七〕屮木蒙蘢，支葉茂接，〔八〕此矛鋋之地也，〔九〕長戟二不當一。曲道相伏，險阸相薄，此劍楯之地也，弓弩三不當一。士不選練，卒不服習，起居不精，動靜不集，〔一〇〕趨利弗及，避難不畢，前擊後解，與金鼓之〔音〕〔指〕相失，〔一〕此不習勒卒之過也，百不當十。兵不完利，與空手同；甲不堅密，與袒裼同；〔二〕弩不可以及遠，與短兵同；射不能中，與亡矢同；中不能入，與亡鏃同：〔三〕此將不省兵之禍也，〔四〕五不當一。故兵法曰：器械不利，以其卒予敵也；卒不可用，以其將予敵也；將不知兵，以其主予敵也；君不擇將，以其國予敵也。四者，〔國〕〔兵〕之至要也。

〔一〕師古曰：「合刃，謂交兵。」
〔二〕師古曰：「漸讀曰瀸，謂浸也，音子廉反。」
〔三〕師古曰：「經川，常流之水也。大陸曰阜。」
〔四〕師古曰：「屮，古草字。」
〔五〕師古曰：「曼衍，猶聯延也。屬，續也。衍音弋戰反。屬音之欲反。」
〔六〕師古曰：「遠，離也。」
〔七〕師古曰：「〔雚〕〔亂〕〔萑，葦〕也。葦，葭也。葦，蒿也。萑音完。」
〔八〕師古曰：「蒙蘢，覆蔽之貌也。蘢音來東反。」
〔九〕師古曰：「鋋，鐵把短矛也，音上延反。」
〔10〕師古曰：「集，齊也。」
〔11〕師古曰：「金，金鉦也。鼓所以進衆，金所以止衆也。」

〔一二〕應劭曰：「袒裼，肉袒也。」師古曰：「裼音錫。」

〔一三〕師古曰：「鏃，矢鋒也，音子木反。」

〔一四〕師古曰：「省，視也。」

臣又聞小大異形，彊弱異勢，險易異備。〔一〕夫卑身以事彊，小國之形也；合小以攻大，敵國之形也；〔二〕以蠻夷攻蠻夷，中國之形也。〔三〕今匈奴地形技藝與中國異。上下山阪，出入溪澗，中國之馬弗與也；〔四〕險道傾仄，且馳且射，〔五〕中國之騎弗與也；風雨罷勞，飢渴不困，〔六〕中國之人弗與也：此匈奴之長技也。若夫平原易地，輕車突騎，〔七〕則匈奴之衆易撓亂也；〔八〕勁弩長戟，射疏及遠，〔九〕則匈奴之弓弗能格也；堅甲利刃，長短相雜，遊弩往來，什伍俱前，〔一〇〕則匈奴之兵弗能當也；材官騶發，矢道同的，〔一一〕則匈奴之革笥木薦弗能支也；〔一二〕下馬地鬬，劍戟相接，去就相薄，〔一三〕則匈奴之足弗能給也：〔一四〕此中國之長技也。以此觀之，匈奴之長技三，中國之長技五。陛下又興數十萬之衆，以誅數萬之匈奴，衆寡之計，以一擊十之術也。

〔一〕師古曰：「易，平也，音弋豉反。」

〔二〕師古曰：「彼我力均，不能相勝，則須連結外援共制之也。」

〔三〕師古曰：「不煩華夏之兵，使其同類自相攻擊也。」

〔四〕師古曰：「與猶如。」

〔五〕師古曰：「仄，古側字。」
〔六〕師古曰：「罷讀曰疲。」
〔七〕師古曰：「易亦平也。突騎，言其驍銳可用衝突敵人也。」
〔八〕師古曰：「撓，攪也，音火高反，其字從手。一曰，橈，曲也，弱也，音女教反，其字從木。」
〔九〕師古曰：「疏亦闊遠也。」
〔10〕師古曰：「五人爲伍，二伍爲什。」
〔一〕蘇林曰：「𩥩音馬騣之騣。」如淳曰：「𩥩，矢也。處平易之地可以矢相射也。」臣瓚曰：「材官，騎射之官也。射者𩥩發，其用矢者同中一的，言其工妙也。」師古曰：「𩥩謂矢之善者也。春秋左氏傳作菆字，其音同耳。材官，有材力者。𩥩發，發𩥩矢以射也。手工矢善，故中則同的。的謂所射之準臬也。蘇音失之矣。臬音牛列反，即謂槷也。」
〔二〕孟康曰：「革笥，以皮作如鎧者被之。木薦，以木板作如楯。一曰，革笥若楯，木薦之以當人心也。」師古曰：「一說非也。笥音息嗣反。」
〔三〕師古曰：「薄，迫也。」
〔四〕師古曰：「給謂相連及。」

雖然，兵，凶器；戰，危事也。以大爲小，以彊爲弱，在俛卬之間耳。〔一〕夫以人之死爭勝，跌而不振，〔二〕則悔之亡及也。帝王之道，出於萬全。今降胡義渠蠻夷之屬來歸誼者，其衆數千，飲食長技與匈奴同，可賜之堅甲絮衣，勁弓利矢，益以邊郡之良騎。令明將能知其習俗和輯其心者，〔三〕以陛下之明約將之。卽有險阻，以此當之；平地通道，則以輕車材官制之。兩軍相爲表裏，各用其長技，衡加之以衆，〔四〕此萬全之術也。

〔一〕師古曰：「言不知其術，則雖大必小，雖強必弱也。俛亦俯字。卬讀曰仰。」

〔二〕服虔曰：「蹉跌不可復起也。」師古曰：「跌，足失據也。跌音徒結反。」

〔三〕師古曰：「輯與集同也。」

〔四〕張晏曰：「衡音橫。」師古曰：「衡卽橫耳，無勞借音。」

傳曰：「狂夫之言，而明主擇焉。」臣錯愚陋，昧死上狂言，唯陛下財擇。〔一〕

〔一〕師古曰：「財與裁同也。」

文帝嘉之，乃賜錯璽書寵答焉，曰：「皇帝問太子家令：上書言兵體三章，聞之。〔一〕書言『狂夫之言，而明主擇焉』。今則不然。言者不狂，而擇者不明，國之大患，故在於此。使夫不明擇於不狂，是以萬聽而萬不當也。」

〔一〕李奇曰：「三者，得地形，卒服習，器用利。」

錯復言守邊備塞，勸農力本，當世急務二事，曰：

臣聞秦時北攻胡貉，築塞河上，〔一〕南攻楊粵，〔二〕置戍卒焉。其起兵而攻胡、粵者，非以衞邊地而救民死也，貪戾而欲廣大也，故功未立而天下亂。且夫起兵而不知其勢，戰則爲人禽，屯則卒積死。夫胡貉之地，積陰之處也，木皮三寸，冰厚六尺，〔一〕食肉而飲酪，其人密理，鳥獸毳毛，〔二〕其性能寒。〔三〕楊粤之地少陰多陽，其人疏理，鳥獸希毛，其性能暑。秦之戍卒不能其水土，戍者死於邊，輸者僨於道。〔四〕秦民見行，如往棄市，因以謫發之，名曰「謫戍」。先發吏有謫及贅壻、賈人，後以嘗有市籍者，又後以大父母、父母嘗有市籍者，後入閭，取其左。〔五〕發之不順，行者深怨，有背畔之心。凡民守戰至死而不降北者，以計爲之也。〔六〕故戰勝守固則有拜爵之賞，攻城屠邑則得其財鹵以富家室，故能使其衆蒙矢石，赴湯火，〔七〕視死如生。今秦之發卒也，有萬死之害，而亡銖兩之報，死事之後不得一算之復，〔八〕天下明知禍烈及己也。〔九〕陳勝行戍，至於大澤，爲天下先倡，〔一〇〕天下從之如流水者，秦以威劫而行之之敝也。

〔一〕師古曰：「貉音莫客反。」
〔二〕張晏曰：「楊州之南越也。」
〔三〕文穎曰：「土地寒故也。」
〔四〕師古曰：「密理，謂其肌肉也。毳，細毛也。」
〔五〕師古曰：「能讀曰耐。此下能暑亦同。」
〔六〕服虔曰：「僨，仆也。」如淳曰：「僨音奮。」

〔七〕孟康曰：「秦時復除者居閭之左，後發役不供，復役之也。或云直先發取其左也。」師古曰：「閭，里門也。居閭之左者，一切皆發之，非謂復除也。解在食貨志。」

〔八〕師古曰：「北謂敗退。」

〔九〕師古曰：「蒙，冒犯也。」

〔一〇〕師古曰：「復，復除也，音方目反。」

〔一一〕師古曰：「猛火曰烈，取以喻耳。」

〔一二〕師古曰：「倡讀曰唱。」

胡人衣食之業不著於地，〔一〕其勢易以擾亂邊竟。〔二〕何以明之？胡人食肉飲酪，衣皮毛，非有城郭田宅之歸居，如飛鳥走獸於廣壄，〔三〕美草甘水則止，草盡水竭則移。以是觀之，往來轉徙，時至時去，此胡人之生業，而中國之所以離南畮也。〔四〕今使胡人數處轉牧行獵於塞下，或當燕代，或當上郡、北地、隴西，以候備塞之卒，卒少則入。陛下不救，則邊民絕望而有降敵之心；救之，少發則不足，多發，遠縣纔至，則胡又已去。〔五〕聚而不罷，爲費甚大；罷之，則胡復入。如此連年，則中國貧苦而民不安矣。

〔一〕師古曰：「著音直略反。」

〔二〕師古曰：「竟讀曰境。」

〔三〕師古曰：「壄，古野字。」

〔四〕師古曰：「晦，古畝字也。南畝，耕種之處也。」
〔五〕李奇曰：「纔音裁。」師古曰：「纔，淺也，猶言僅至也。他皆類此。」

陛下幸憂邊境，遣將吏發卒以治塞，甚大惠也。然令遠方之卒守塞，一歲而更，〔一〕不知胡人之能，不如選常居者，家室田作，且以備之。以便爲之高城深塹，具藺石，布渠答，〔二〕復爲一城其內，城間百五十步。要害之處，通川之道，調立城邑，毋下千家，〔三〕爲中周虎落。〔四〕先爲室屋，具田器，乃募辠人及免徒復作令居之；〔五〕不足，募以丁奴婢贖辠及輸奴婢欲以拜爵者；不足，乃募民之欲往者。皆賜高爵，復其家。〔六〕予冬夏衣，廩食，能自給而止。〔七〕郡縣之民得買其爵，以自增至卿。〔八〕其亡夫若妻者，縣官買予之。人情非有匹敵，不能久安其處。塞下之民，祿利不厚，不可使久居危難之地。胡人入驅而能止其所驅者，以其半予之，〔九〕縣官爲贖其民。〔一〇〕如是，則邑里相救助，赴胡不避死。非以德上也，〔一一〕欲全親戚而利其財也。此與東方之(戎)〔戍〕卒不習地勢而心畏胡者，功相萬也。〔一二〕以陛下之時，徙民實邊，使遠方無屯戍之事，塞下之民父子相保，亡係虜之患，利施後世，名稱聖明，其與秦之行怨民，相去遠矣。〔一三〕

〔一〕師古曰：「更謂易代也，音庚，又讀如本字。」
〔二〕服虔曰：「藺石，可投人石也。」蘇林曰：「渠答，鐵疾藜也。」如淳曰：「藺石，城上雷石也。墨子曰：『城上二步一渠，立程長三尺，冠長十尺，臂長六尺；二步一答，廣九尺，袤十二尺。』」師古曰：「藺石，如說是也。渠答，蘇說是也。雷音來內反。」

〔三〕師古曰：「調謂算度之也。總計城邑之中令有千家以上也。調音徒釣反。」

〔四〕鄭氏曰：「虎落者，外蕃也，若今時竹虎也。」蘇林曰：「作虎落於塞要下，以沙布其表，旦視其迹，以知匈奴來入，一名天田。」師古曰：「蘇說非也。虎落者，以竹篾相連遮落之也。」

〔五〕張晏曰：「募民有罪自首，除罪定輸作者也，復作如徒也。」臣瓚曰：「募有罪者及罪人遇赦復作竟其日月者，今皆除其罰，令居之也。」師古曰：「瓚說是也。復音扶目反。」

〔六〕師古曰：「復音方目反。」

〔七〕師古曰：「初徙之時，縣官且廩給其衣食，於後能自供贍乃止也。」

〔八〕孟康曰：「食貨志所謂樂卿者也，朝位從卿而無職也。」師古曰：「孟說非也。樂卿武帝所置耳，錯之上書未得豫言之也。然二十等爵內無有卿名，蓋謂其等級同列卿者也。」

〔九〕孟康曰：「謂胡人入爲寇，驅收中國，能奪得之者，以半與之。」師古曰：「孟說非也。言胡人入爲寇，驅略漢人及畜産，而它人能止得其所驅者，令其本主以半賞之。」

〔一〇〕張晏曰：「得漢人，官爲贖也。」師古曰：「此承上句之言，謂官爲備價贖之耳。張說非也。」

〔一一〕師古曰：「言非以此事欲立德義於主上也。」

〔一二〕如淳曰：「東方諸郡民不習戰鬭當戍邊者也。」

〔一三〕師古曰：「言發怨恨之人使行戍役也。」

上從其言，募民徙塞下。錯復言：

陛下幸募民相徙以實塞下，使屯戍之事益省，輸將之費益寡，〔一〕甚大惠也。下吏誠能稱厚惠，奉明法，〔二〕存卹所徙之老弱，善遇其壯士，和輯其心而勿侵刻，〔三〕使先至者安樂而不思故鄉，則貧民相募而勸往矣。臣聞古之徙遠方以實廣虛也，〔四〕相其陰陽之和，嘗其水泉之味，審其土地之宜，觀其屮木之饒，然後營邑立城，製里割宅，通田作之道，正阡陌之界，先爲築室，家有一堂二內，門戶之閉，〔五〕置器物焉，民至有所居，作有所用，此民所以輕去故鄉而勸之新(色)〔邑〕也。〔六〕爲置醫巫，以救疾病，以脩祭祀，男女有昏，〔七〕生死相卹，墳墓相從，種樹畜長，〔八〕室屋完安，此所以使民樂其處而有長居之心也。

〔一〕如淳曰：「將，送也。或曰，將，資也。」
〔二〕師古曰：「稱，副也。」
〔三〕師古曰：「輯與集同。」
〔四〕師古曰：「所以充實寬廣空虛之地。」
〔五〕張晏曰：「二內，二房也。」
〔六〕師古曰：「之，往也。」
〔七〕師古曰：「昏謂婚姻配合也。」
〔八〕張晏曰：「畜長，六畜也。」師古曰：「種樹謂桑果之屬。長音竹兩反。」

臣又聞古之制邊縣以備敵也，使五家爲伍，伍有長；十長一里，里有假士；四里一連，連有假五百；〔一〕十連一邑，邑有假候：皆擇其邑之賢材有護，〔二〕習地形知民心者，居則習民於射法，出則教民於應敵。故卒伍成於內，則軍正定於外。服習以成，勿令遷徙，〔三〕幼則同游，長則共事。夜戰聲相知，則足以相救；晝戰目相見，則足以相識；驩愛之心，足以相死。如此而勸以厚賞，威以重罰，則前死不還踵矣。〔四〕所徙之民非壯有材力，但費衣糧，不可用也；雖有材力，不得良吏，猶亡功也。

〔一〕服虔曰：「假音假借之假。五百，帥名也。」師古曰：「假，大也，音工雅反。」

〔二〕師古曰：「有保護之能者也。今流俗書本護字作讙，妄改之耳。」

〔三〕師古曰：「各守其業也。」

〔四〕師古曰：「還讀曰旋。旋踵，回旋其足也。」

陛下絕匈奴不與和親，臣竊意其冬來南也，〔一〕壹大治，則終身創矣。〔二〕欲立威者，始於折膠，〔三〕來而不能困，使得氣去，〔四〕後未易服也。愚臣亡識，唯陛下財察。

〔一〕師古曰：「意，疑之也。」

〔二〕師古曰：「創，懲艾也，音初亮反。」

〔三〕蘇林曰：「秋氣至，膠可折，弓弩可用，匈奴常以爲候而出（車）〔軍〕。」

〔四〕師古曰：「使之得勝，逞志氣而去。」

後詔有司舉賢良文學士，錯在選中。上親策詔之，曰：

惟十有五年九月壬子，皇帝曰：昔者大禹勤求賢士，施及方外，〔一〕四極之內，舟車所至，人迹所及，靡不聞命，以輔其不逮；〔二〕近者獻其明，遠者通厥聰，比善戮力，以翼天子。〔三〕是以大禹能亡失德，夏以長楙。〔四〕高皇帝親除大害，去亂從，〔五〕並建豪英，以爲官師，〔六〕爲諫爭，輔天子之闕，而翼戴漢宗也。賴天之靈，宗廟之福，方內以安，澤及四夷。今朕獲執天子之正，以承宗廟之祀，朕既不德，又不敏，明弗能燭，而智不能治，此大夫之所著聞也。故詔有司、諸侯王、三公、九卿及主郡吏，〔七〕各帥其志，以選賢良明於國家之大體，通於人事之終始，及能直言極諫者，各有人數，將以匡朕之不逮。二三大夫之行當此三道，〔八〕朕甚嘉之，故登大夫于朝，親諭朕志。〔九〕大夫其上三道之要，及永惟朕之不德，吏之不平，政之不宣，民之不寧，〔一〇〕四者之闕，悉陳其志，毋有所隱。上以薦先帝之宗廟，下以興愚民之休利，著之于篇，〔一一〕朕親覽焉，觀大夫所以佐朕，至與不至。書之，周之密之，重之閉之。〔一二〕興自朕躬，〔一三〕大夫其正論，毋枉執事。〔一四〕烏虖，戒之！〔一五〕二三大夫其帥志毋怠！

〔一〕師古曰：「施，延也，音弋豉反。」

〔二〕師古曰：「意所不及者，取其言以自輔也。」

〔三〕師古曰：「比，和也。翼，助也。比音頻寐反。」

〔四〕師古曰：「楙，美也。」

〔五〕師古曰：「從音子容反。亂從，謂禍亂之蹤跡也。一曰，亂謂作亂者，從謂合從者，若六國時爲從者也。今書本從下或有順字，或有治字，皆非也，後人妄加之也。」

〔六〕師古曰：「師，長也，各爲一官之長也。字或作帥，音所類反。」

〔七〕師古曰：「主郡吏，謂郡守也。」

〔八〕張晏曰：「三道，國體、人事、直言也。」師古曰：「二三大夫，總謂當時受策者，非止錯一人焉。」

〔九〕師古曰：「諭，告也。」

〔一〇〕師古曰：「永猶深也。惟，思也。」

〔一一〕師古曰：「休，美也。篇謂簡也。」

〔一二〕師古曰：「重音直龍反。」

〔一三〕師古曰：「言朕自發視之。」

〔一四〕張晏曰：「毋爲有司枉橈也。」

〔一五〕師古曰：「虖讀曰呼。」

錯對曰：

平陽侯臣窋、〔一〕汝陰侯臣竈、〔二〕潁陰侯臣何、〔三〕廷尉臣宜昌、隴西太守臣昆邪〔四〕所選賢良太子家令臣錯〔五〕昧死再拜言：臣竊聞古之賢主莫不求賢以爲輔翼，故黃帝得力牧而爲五帝〔先〕，〔六〕大禹得咎繇而爲三王祖，齊桓得筦子而爲五伯長。〔七〕今陛下講于大禹及高皇帝之建豪英也，〔八〕退託於不明，以求賢良，〔九〕讓之至也。臣竊觀上世之傳，〔一〇〕若高皇帝之建功業，陛下之德厚而得賢佐，皆有司之所覽，刻於玉版，藏於金匱，歷之春秋，紀之後世，爲帝者祖宗，與天地相終。今臣窋等乃以臣錯充賦，〔一一〕甚不稱明詔求賢之意。臣錯屮茅臣，亡識知，昧死上愚對，曰：

〔一〕孟康曰：「曹窋，參子也。」
〔二〕如淳曰：「夏侯嬰子也。」
〔三〕文穎曰：「灌嬰子。」
〔四〕服虔曰：「公孫昆邪也。」師古曰：「昆讀曰混，音下昆反。」
〔五〕師古曰：「詔列侯九卿及郡守舉賢良，故錯爲窋等所舉。」
〔六〕服虔曰：「力牧，黃帝之佐也。」
〔七〕師古曰：「筦字與管同。伯讀曰霸。」
〔八〕臣瓚曰：「講謂講議也。」
〔九〕師古曰：「自託不明，是謙退。」
〔一〇〕師古曰：「謂史傳。」

〔三〕〔如淳〕曰：「猶言備數也。」臣瓚曰：「充賦，此錯之謙也，云如賦調也。」

詔策曰「明於國家大體」，愚臣竊以古之五帝明之。臣聞五帝神聖，其臣莫能及，故自親事，〔一〕處于法宮之中，明堂之上；〔二〕動靜上配天，下順地，中得人。故衆生之類亡不覆也，根著之徒亡不載也；〔三〕燭以光明，亡偏異也；〔四〕德上及飛鳥，下至水蟲，草木諸產，皆被其澤。〔五〕然後陰陽調，四時節，日月光，風雨時，膏露降，〔六〕五穀孰，祆孽滅，賊氣息，民不疾疫，河出圖，洛出書，神龍至，鳳鳥翔，德澤滿天下，靈光施四海。此謂配天地，治國大體之功也。

〔一〕師古曰：「親理萬機之務。」
〔二〕如淳曰：「法宮，路寢正殿也。」
〔三〕師古曰：「有根著地者皆載之也。著音直略反。」
〔四〕師古曰：「燭，照也。」
〔五〕師古曰：「被音皮義反。」
〔六〕師古曰：「甘露凝如膏。」

詔策曰「通於人事終始」，愚臣竊以古之三王明之。臣聞三王臣主俱賢，故合謀相輔，計安天下，莫不本於人情。人情莫不欲壽，三王生而不傷也；人情莫不欲富，三王厚而不困也；人情莫不欲安，三王扶而不危也；人情莫不欲逸，三王節其力而不盡也。其爲法令也，合於人情而後行之；其動衆使民也，本於人事然後爲之。取人以己，內恕及人。〔一〕情之所惡，不以彊人；情之所欲，不以禁民。是以天下樂其政，歸其德，望之若父母，從之若流水；百姓和親，國家安寧，名位不失，施及後世。〔二〕此明於人情終始之功也。

〔一〕師古曰：「以己之心揆之於人也。」

〔二〕師古曰：「施，延也，音弋豉反。」

詔策曰「直言極諫」，愚臣竊以五伯之臣明之。〔一〕臣聞五伯不及其臣，故屬之以國，任之以事。〔二〕五伯之佐之爲人臣也，察身而不敢誣，〔三〕奉法令不容私，盡心力不敢矜，〔四〕遭患難不避死，見賢不居其上，受祿不過其量，不以亡能居尊顯之位。自行若此，可謂方正之士矣。其立法也，非以苦民傷衆而爲之機陷也，〔五〕以之興利除害，尊主安民而救暴亂也。其行賞也，非虛取民財妄予人也，以勸天下之忠孝而明其功也。故功多者賞厚，功少者賞薄。如此，斂民財以顧其功，〔六〕而民不恨者，知與而安己也。其行罰也，非以忿怒妄誅而從暴心也，〔七〕以禁天下不忠不孝而害國者也。故辠大者罰重，辠小者罰輕。如此，民雖伏罪至死而不怨者，知罪罰之至，自取之也。立法若此，可謂平正之吏矣。法之逆者，請而更之，不以傷民；〔八〕主行之暴者，逆而復之，不以傷國。〔九〕救主之失，補主之過，揚主之美，明主之功，使主內亡邪辟之行，外亡騫汙之名。〔一〇〕事君若此，可謂直言極諫之士矣。此五伯之所以德匡天下，威正諸侯，功業甚美，名聲章明。舉天下之賢主，五伯與焉，〔一一〕此身不及其臣而使得直言極諫補其不逮之功也。今陛下人民之衆，威武之重，德惠之厚，令行禁止之勢，萬萬於五伯，而賜愚臣策曰「匡朕之不逮」，愚臣何足以識陛下之高明而奉承之！

〔一〕師古曰：「伯讀曰霸。」
〔二〕師古曰：「屬，委也，音之欲反。」
〔三〕師古曰：「各察己之材用，不敢踰越而誣上。」
〔四〕師古曰：「矜謂自伐也。」
〔五〕孟康曰：「機，發也。陷，穽也。」
〔六〕師古曰：「顧，讎也，若今言雇賃也。」
〔七〕師古曰：「從讀曰縱。」
〔八〕師古曰：「更，改也。」
〔九〕師古曰：「謂逆主意而反還之，不令施行，致傷國也。復音扶目反。」
〔一〇〕師古曰：「辟讀曰僻。騫，損也。汙，辱也。」

〔二〕師古曰：「與讀曰豫。」

詔策曰「吏之不平，政之不宣，民之不寧」，愚臣竊以秦事明之。臣聞秦始并天下之時，其主不及三王，而臣不及其佐，〔一〕然功力不遲者，何也？地形便，山川利，財用足，民利戰。其所與並者六國，六國者，臣主皆不肖，謀不輯，〔二〕民不用，故當此之時，秦最富彊。夫國富彊而鄰國亂者，帝王之資也，故秦能兼六國，立爲天子。當此之時，三王之功不能進焉。〔三〕及其末塗之衰也，任不肖而信讒賊；宮室過度，耆欲亡極，〔四〕民力罷盡，賦斂不節；〔五〕矜奮自賢，羣臣恐諛，〔六〕驕溢縱恣，不顧患禍；妄賞以隨(善)〔喜〕意，妄誅以快怒心，法令煩憯，〔七〕刑罰暴酷，輕絕人命，身自射殺；天下寒心，莫安其處。姦邪之吏，乘其亂法，以成其威，獄官主斷，生殺自恣。上下瓦解，各自爲制。秦始亂之時，吏之所先侵者，貧人賤民也；至其中節，所侵者富人吏家也；及其末塗，所侵者宗室大臣也。是故親疏皆危，外內咸怨，離散逋逃，人有走心。陳勝先倡，天下大潰，〔八〕絕祀亡世，爲異姓福。此吏不平，政不宣，民不寧之禍也。今陛下配天象地，覆露萬民，〔九〕絕秦之迹，除其亂法；躬親本事，廢去淫末；除苛解嬈，〔一〇〕寬大愛人；肉刑不用，辠人亡帑；〔一一〕非謗不治，鑄錢者除；〔一二〕通關去塞，〔一三〕不孽諸侯；〔一四〕賓禮長老，愛卹少孤；辠人有期；〔一五〕後宮出嫁；尊賜孝悌，農民不租；〔一六〕

明詔軍師，愛士大夫；求進方正，廢退姦邪；除去陰刑，〔二七〕害民者誅；憂勞百姓，列侯就都；〔二八〕親耕節用，視民不奢。〔二九〕所爲天下興利除害，變法易故，以安海內者，大功數十，皆上世之所難及，陛下行之，道純德厚，元元之民幸矣。

〔一〕師古曰：「臣亦不及三王之佐。」

〔二〕師古曰：「輯與集同。輯，和也。」

〔三〕師古曰：「進，前也，言不在秦之前也。」

〔四〕師古曰：「耆讀曰嗜。」

〔五〕師古曰：「罷讀曰疲。」

〔六〕張晏曰：「恐機發陷禍而爲諂諛以求自全也。」師古曰：「此說非也。直爲恐懼而爲諂諛也。恐音丘勇反。」

〔七〕師古曰：「憯，痛也。言痛害於下。憯音千感反。」

〔八〕師古曰：「倡讀曰唱。」

〔九〕如淳曰：「覆，蔭也。露，膏澤也。」

〔一〇〕文穎曰：「嬈，煩繞也。」師古曰：「音如紹反。」

〔一一〕師古曰：「謂除收帑相坐律。亡讀曰無。帑讀曰孥。」

〔一二〕張晏曰：「除鑄錢之律，聽民得自鑄也。」師古曰：「非讀曰誹。」

〔一三〕張晏曰：「文帝十二年，除關不用傳。」

〔一四〕應劭曰：「接之以禮，不以庶孽畜之。」如淳曰：「孽，疑也。去關禁，明無疑於諸侯。」師古曰：「應說是。」

〔一五〕張晏曰：「早決之也。」晉灼曰：「刑法志云『罪人各以輕重不亡逃，有年而免』。滿其年，免爲庶人也。」師古曰：「晉說是也。」
〔一六〕張晏曰：「足用則除租也。」
〔一七〕張晏曰：「宮刑也。」
〔一八〕師古曰：「各就其國也。」
〔一九〕師古曰：「視讀曰示。」

詔策曰「永惟朕之不德」，愚臣不足以當之。

詔策曰「悉陳其志，毋有所隱」，愚臣竊以五帝之賢臣明之。臣聞五帝其臣莫能及，則自親之；三王臣主俱賢，則共憂之；五伯不及其臣，則任使之。此所以神明不遺，而聖賢不廢也，〔一〕故各當其世而立功德焉。傳曰「往者不可及，來者猶可待，〔二〕能明其世者謂之天子」，此之謂也。竊聞戰不勝者易其地，民貧窮者變其業。今以陛下神明德厚，資財不下五帝，〔三〕臨制天下，至今十有六年，民不益富，盜賊不衰，邊竟未安，〔四〕其所以然，意者陛下未之躬親，而待羣臣也。今執事之臣皆天下之選已，〔五〕然莫能望陛下清光，〔六〕譬之猶五帝之佐也。陛下不自躬親，而待不望清光之臣，臣竊恐神明之遺也。〔七〕日損一日，歲亡一歲，日月益暮，盛德不及究於天下，〔八〕以傳萬世，愚臣不自度量，竊爲陛下惜之。昧死上狂惑屮茅之愚，臣言唯陛下財擇。

〔一〕師古曰：「遺，棄也。不棄神明之德，不廢聖賢之名。」
〔二〕師古曰：「言各當其時務立功也。」
〔三〕師古曰：「資，質也，謂天子之財質。」
〔四〕師古曰：「竟讀曰境。」
〔五〕師古曰：「已，語終之辭。」
〔六〕晉灼曰：「今之臣不能望見陛下之光景所及。」
〔七〕師古曰：「言天子虛棄神明之德。」
〔八〕師古曰：「究，竟也。」

時賈誼已死，對策者百餘人，唯錯爲高第，繇是遷中大夫。〔一〕

〔一〕師古曰：「繇讀與由同。」

錯又言宜削諸侯事，及法令可更定者，書凡三十篇。孝文雖不盡聽，然奇其材。當是時，太子善錯計策，爰盎諸大功臣多不好錯。

景帝即位，以錯爲內史。錯數請間言事，輒聽，幸傾九卿，法令多所更定。丞相申屠嘉心弗便，力未有以傷。內史府居太上廟堧中，〔一〕門東出，不便，錯乃穿門南出，鑿廟堧垣。丞相大怒，欲因此過爲奏請誅錯。錯聞之，即請間爲上言之。丞相奏事，因言錯擅鑿廟垣爲門，請下廷尉誅。上曰：「此非廟垣，乃堧中垣，不致於法。」丞相謝。〔二〕罷朝，因怒謂長史曰：「吾當先斬以聞，乃先請，固誤。」丞相遂發病死。錯以此愈貴。

〔一〕師古曰：「堧者，內垣之外游地也，音人緣反。」

〔二〕師古曰：「以所奏不當天子意，故謝。」

遷爲御史大夫，請諸侯之罪過，削其支郡。〔一〕奏上，上〔令〕公卿列侯宗室〔雜議〕，莫敢難，獨竇嬰爭之，繇此與錯有隙。〔二〕錯所更令三十章，〔三〕諸侯讙譁。錯父聞之，從潁川來，謂錯曰：「上初卽位，公爲政用事，〔四〕侵削諸侯，疏人骨肉，口讓多怨，公何爲也！」〔五〕錯曰：「固也。〔六〕不如此，天子不尊，宗廟不安。」父曰：「劉氏安矣，而鼂氏危，吾去公歸矣！」遂飲藥死，曰：「吾不忍見禍逮身。」

〔一〕師古曰：「支郡，在國之四邊者也。」

〔二〕師古曰：「繇讀與由同。」

〔三〕師古曰：「更，改也。」

〔四〕如淳曰：「錯爲御史大夫，位三公也。」

〔五〕師古曰：「讓，責也。」

〔六〕師古曰：「言固當如此。」

後十餘日，吳楚七國俱反，以誅錯爲名。上與錯議出軍事，錯欲令上自將兵，而身居守。會竇嬰言爰盎，詔召入見，上方與錯調兵食。〔一〕上問盎曰：「君嘗爲吳相，知吳臣田祿伯爲人虖？今吳楚反，於公意何如？」對曰：「不足憂也，今破矣。」上曰：「吳王即山鑄錢，煑海爲鹽，〔二〕誘天下豪桀，白頭舉事，此其計不百全，豈發虖？何以言其無能爲也？」盎對曰：「吳銅鹽之利則有之，安得豪桀而誘之！誠令吳得豪桀，亦且輔而爲誼，不反矣。吳所誘，皆亡賴子弟，亡命鑄錢姦人，故相誘以亂。」錯曰：「盎策之善。」上問曰：「計安出？」盎對曰：「願屏左右。」上屏人，獨錯在。盎曰：「臣所言，人臣不得知。」乃屏錯。錯趨避東箱，甚恨。上卒問盎，〔三〕對曰：「吳楚相遺書，言高皇帝王子弟各有分地，〔四〕今賊臣鼂錯擅適諸侯，削奪之地，〔五〕以故反名爲西共誅錯，復故地而罷。方今計，獨有斬錯，發使赦吳楚七國，復其故地，則兵可毋血刃而俱罷。」於是上默然，良久曰：「顧誠何如，吾不愛一人謝天下。」〔六〕盎曰：「愚計出此，唯上孰計之。」乃拜盎爲太常，密裝治行。

〔一〕師古曰：「調謂計發之也，音徒釣反。」
〔二〕師古曰：「即，就也。」
〔三〕師古曰：「卒，竟也。」
〔四〕師古曰：「分音扶問反。」
〔五〕師古曰：「適讀曰謫。」
〔六〕師古曰：「顧，念也。誠，實也。」

後十餘日，丞相青翟、中尉嘉、廷尉歐〔一〕劾奏錯曰：「吳王反逆亡道，欲危宗廟，天下所當共誅。今御史大夫錯議曰：『兵數百萬，獨屬羣臣，不可信，〔二〕陛下不如自出臨兵，使錯居守。徐、僮之旁吳所未下者可以予吳。』〔三〕錯不稱陛下德信，欲疏羣臣百姓，又欲以城邑予吳，亡臣子禮，大逆無道。錯當要斬，父母妻子同產無少長皆棄市。臣請論如法。」制曰：「可。」錯殊不知。乃使中尉召錯，紿載行市。〔四〕錯衣朝衣斬東市。〔五〕

〔一〕師古曰：「張歐也，音區。」

〔二〕師古曰：「屬，委也，音之欲反。」

〔三〕鄧展曰：「徐、僮，臨淮二縣也。」

〔四〕師古曰：「誑云乘車案行市中也。行音下更反。」

〔五〕師古曰：「朝衣，朝服也。」

錯已死，謁者僕射鄧公爲校尉，擊吳楚爲將。還，上書言軍事，見上。上問曰：「道軍所來，〔一〕聞鼂錯死，吳楚罷不？」鄧公曰：「吳爲反數十歲矣，發怒削地，以誅錯爲名，其意不在錯也。且臣恐天下之士拑口不敢復言矣。」〔二〕上曰：「何哉？」鄧公曰：「夫鼂錯患諸侯彊大不可制，故請削之，以尊京師，萬世之利也。計畫始行，卒受大戮，〔三〕內杜忠臣之口，外爲諸侯報仇，〔四〕臣竊爲陛下不取也。」於是景帝喟然長息，曰：「公言善，吾亦恨之。」乃拜鄧公爲城陽中尉。

〔一〕如淳曰：「道路從吳軍所來也。」師古曰：「道軍所來，即是從軍所來耳，無煩更說道路也。」

〔二〕師古曰：「拑音其炎反。」

〔三〕師古曰：「卒，竟也。」

〔四〕師古曰：「杜，塞也。」

鄧公，成固人也，〔一〕多奇計。建元年中，上招賢良，公卿言鄧先。〔二〕鄧先時免，起家爲九卿。一年，復謝病免歸。其子章，以修黃老言顯諸公間。

〔一〕師古曰：「漢中之縣。」

〔二〕師古曰：「鄧先，猶云鄧先生也。一曰，先者其名也。」

贊曰：爰盎雖不好學，亦善傅會，〔一〕仁心爲質，引義慷慨。遭孝文初立，資適逢世。〔二〕時已變易，〔三〕及吳壹說，果於用辯，〔四〕身亦不遂。鼂錯銳於爲國遠慮，而不見身害。其父睹之，經於溝瀆，〔五〕亡益救敗，不如趙母指括，以全其宗。〔六〕悲夫！錯雖不終，世哀其忠。故論其施行之語著于篇。

〔一〕張晏曰：「因宜附著合會之。」

〔二〕張晏曰：「資，財也，適值其世，得騁其才。」

〔三〕張晏曰：「謂景帝。」

〔四〕師古曰：「謂殺鼂錯也。」

〔五〕師古曰：「論語稱孔子曰：『豈若匹夫匹婦之爲諒也，自經於溝瀆，人莫之知。』故贊引之云。」

〔六〕張晏曰：「趙奢卒，趙使趙括爲將，其母言之趙王曰：『願王易括。』王不許。母要王：『〔括〕有罪，願不坐。』王許之。後括果敗於長平，以母前約故，卒得不坐。」

校勘記

二二六七頁八行　（師古）〔如淳〕曰：　景祐、殿本都作「如淳」，史記集解引亦作「如淳」。

二二七三頁九行　願（致）〔至〕前，口對狀。　景祐、殿本都作「至」。王先謙說作「至」是。

二二七七頁二行　（皇太子所讀書多矣，而未深知術數者也。）　景祐、汲古、殿、局本都無此十六字。

二二七八頁一行　敗其衆而（法日）大有利。　宋祁說當從浙本作「敗其衆而有大利」。王先謙說通志九十七鼂錯傳亦作「敗其衆而有大利」。

二二七九頁二行　平地淺（草）〔屮〕，　景祐、殿本都作「屮」。

二二七九頁三行　（雚）〔萑〕葦竹蕭，　景祐、殿本都作「萑」，此誤。注同。

二二八〇頁一行　與金鼓之（音）〔指〕相失，　景祐本作「指」。王念孫說作「指」是。

二二八〇頁五行　四者，（國）〔兵〕之至要也。　景祐、殿本都作「兵」。王先謙說作「兵」是。

二二八〇頁三行　（翟亂）〔萑，薍〕也。　景祐、殿本都作「萑薍」，此誤。

二二八六頁一〇行　縣官爲贖其民。〔一〇〕　注〔一〇〕原在「爲贖」下。　劉攽說「其民」當連上句。　王先謙說劉說是。

二二八六頁一二行　此與東方之（戎）〔戍〕卒　景祐、殿本都作「戍」。　王先謙說作「戍」是。

二二八八頁六行　此民所以輕去故鄉而勸之新（色）〔邑〕也。　錢大昭說「色」當作「邑」。　按景祐、汲古、殿、局本都作「邑」。

二二八九頁一五行　匈奴常以爲侯而出（車）〔軍〕。　景祐、殿本都作「軍」。　王先謙說作「軍」是。

二二九二頁二行　故黄帝得力牧而爲五帝〔先〕，　景祐、殿本都有「先」字。　王先謙說有「先」字是。

二二九三頁一行　〔如淳〕曰：　景祐、殿本都有「如淳」二字，此脫。

二二九六頁七行　妄賞以隨（善）〔喜〕意，　景祐、殿本都作「喜」。

二三〇〇頁三行　上〔令〕公卿列侯宗室〔雜議〕，　景祐、殿本都有「令」及「雜議」字。

二三〇四頁四行　〔括〕有罪，顧不坐。　景祐、殿本都有「括」字。

漢書卷五十

張馮汲鄭傳第二十

張釋之字季，南陽堵陽人也。〔一〕與兄仲同居，以貲爲騎郎，〔二〕事文帝，十年不得調，〔三〕亡所知名。釋之曰：「久宦減仲之產，不遂。」〔四〕欲免歸。中郎將爰盎知其賢，惜其去，乃請徙釋之補謁者。釋之既朝畢，因前言便宜事。文帝曰：「卑之，毋甚高論，〔五〕令今可行也。」於是釋之言秦漢之間事，秦所以失，漢所以興者。文帝稱善，拜釋之爲謁者僕射。

〔一〕師古曰：「堵音者。」
〔二〕蘇林曰：「雇錢若出穀也。」如淳曰：「漢注貲五百萬得爲常侍郎。」師古曰：「如說是也。」
〔三〕師古曰：「調，選也，音徒釣反。」
〔四〕師古曰：「遂猶達。」
〔五〕師古曰：「令其議論依附時事也。」

從行，上登虎圈，〔一〕問上林尉禽獸簿，〔二〕十餘問，尉左右視，盡不能對。〔三〕虎圈嗇夫從旁代尉對上所問禽獸簿甚悉，〔四〕欲以觀其能口對響應亡窮者。〔五〕文帝曰：「吏不當如此邪？尉亡賴！」〔六〕詔釋之拜嗇夫為上林令。釋之前曰：「陛下以絳侯周勃何如人也？」上曰：「長者。」又復問：「東陽侯張相如何如人也？」上復曰：「長者。」釋之曰：「夫絳侯、東陽侯稱為長者，此兩人言事曾不能出口，豈效此嗇夫喋喋利口捷給哉！〔七〕且秦以任刀筆之吏，爭以亟疾苛察相高，〔八〕其敝徒文具，亡惻隱之實。〔九〕以故不聞其過，陵夷至於二世，天下土崩。〔一〇〕今陛下以嗇夫口辯而超遷之，臣恐天下隨風靡，爭口辯，亡其實。且下之化上，疾於景響，舉錯不可不察也。」〔一一〕文帝曰：「善。」乃止，不拜嗇夫。

〔一〕師古曰：「圈，養獸之所也，音求遠反。」
〔二〕師古曰：「簿謂簿書也，音步戶反。」
〔三〕師古曰：「視其屬官，皆不能對也。」
〔四〕師古曰：「悉謂詳盡也。」
〔五〕師古曰：「觀猶示也。響讀曰（嚮）〔響〕。如響應聲，言其疾也。」
〔六〕張晏曰：「材無可恃也。」
〔七〕晉灼曰：「喋音牒。」
〔八〕師古曰：「亟，急也，音居力反。」
〔九〕師古曰：「文具，謂具文而已。」

〔一〇〕師古曰：「陵夷，頹替也，解在成紀。」

〔一一〕師古曰：「鄉讀曰嚮。錯音千故反。」

就車，召釋之驂乘，徐行，行問釋之秦之敝。〔一〕具以質言。〔二〕至宮，上拜釋之爲公車令。

〔一〕師古曰：「行問，且行且問也。」

〔二〕如淳曰：「質，誠也。」

頃之，太子與梁王共車入朝，不下司馬門，〔一〕於是釋之追止太子、梁王毋入殿門。遂劾不下公門不敬，奏之。薄太后聞之，文帝免冠謝曰：「教兒子不謹。」薄太后使使承詔赦太子、梁王，然後得入。文帝繇是奇釋之，〔二〕拜爲中大夫。

〔一〕如淳曰：「宮衛令『諸出入殿門公車司馬門者皆下，不如令，罰金四兩』。」

〔二〕師古曰：「繇讀與由同。」

頃之，至中郎將。從行至霸陵，上居外臨廁。〔一〕時慎夫人從，上指視慎夫人新豐道，曰：「此走邯鄲道也。」〔二〕使慎夫人鼓瑟，上自倚瑟而歌，〔三〕意悽愴悲懷，顧謂羣臣曰：「嗟乎！以北山石爲椁，用紵絮斮陳漆其間，豈可動哉！」〔四〕左右皆曰：「善。」釋之前曰：「使其中有可欲，雖錮南山猶有隙；使其中亡可欲，雖亡石椁，又何戚焉？」〔五〕文帝稱善。其後，拜釋之爲廷尉。

〔一〕師古曰：「厠，岸之邊側也，解在劉向傳。」
〔二〕張晏曰：「愼夫人，邯鄲人也。」如淳曰：「走音奏。奏，趣也。」師古曰：「視讀曰示。」
〔三〕李奇曰：「聲氣依倚瑟也。」師古曰：「倚瑟，即今之以歌合曲也。倚音於綺反。」
〔四〕師古曰：「紵音竹呂反。斮音側略反。」
〔五〕師古曰：「解並在劉向傳。」

頃之，上行出中渭橋，〔一〕有一人從橋下走，乘輿馬驚。於是使騎捕之，屬廷尉。〔二〕釋之治問。曰：「縣人來，〔三〕聞蹕，匿橋下。久，以爲行過，〔四〕既出，見車騎，即走耳。」釋之奏當：此人犯蹕，〔五〕當罰金。上怒曰：「此人親驚吾馬，馬賴和柔，令它馬，固不敗傷我乎？而廷尉乃當之罰金！」釋之曰：「法者天子所與天下公共也。〔六〕今法如是，更重之，是法不信於民也。且方其時，上使使誅之則已。〔七〕今已下廷尉，廷尉，天下之平也，壹傾，天下用法皆爲之輕重，民安所錯其手足？〔八〕唯陛下察之。」上良久曰：「廷尉當是也。」

〔一〕張晏曰：「在渭橋中路。」
〔二〕師古曰：「屬，委也，音之欲反。次下亦同。」
〔三〕如淳曰：「長安縣人也。」
〔四〕師古曰：「言天子已過。」

〔五〕如淳曰：「乙令『蹕先至而犯者，罰金四兩』。」師古曰：「當謂處其罪也。」
〔六〕師古曰：「公謂不私也。」
〔七〕師古曰：「言初執獲此人，天子即令誅之，其事即畢。」
〔八〕師古曰：「安，焉也。錯，置也，音千故反。」

其後人有盜高廟座前玉環，得，〔一〕文帝怒，下廷尉治。案盜宗廟服御物者爲奏，當棄市。上大怒曰：「人亡道，乃盜先帝器！吾屬廷尉者，欲致之族，而君以法奏之，〔二〕非吾所以共承宗廟意也。」〔三〕釋之免冠頓首謝曰：「法如是足也。且罪等，〔四〕然以逆順爲基。今盜宗廟器而族之，有如萬分一，假令愚民取長陵一抔土，〔五〕陛下且何以加其法乎？」文帝與太后言之，乃許廷尉當。是時，中尉條侯周亞夫與梁相山都侯王恬（咸）〔啓〕見釋之持議平，乃結爲親友。張廷尉繇此天下稱之。〔六〕

〔一〕師古曰：「得者，盜環之人爲吏所捕得也。」
〔二〕師古曰：「法謂常法。」
〔三〕師古曰：「共讀曰恭。」
〔四〕如淳曰：「俱死罪也，盜玉環不若盜長陵土之逆。」
〔五〕張晏曰：「不欲指言，故以取土喻也。」師古曰：「抔音步侯反，謂手掬之也，其字從手。不忍言毀徹，故止云取土耳。今學者讀抔爲（抔）〔杯〕勺之（抔）〔杯〕，非也。（抔）〔杯〕非應盛土之物也。」

〔六〕師古曰：「繇讀與由同。」

文帝崩，景帝立，釋之恐，〔一〕稱疾。欲免去，懼大誅至；欲見，則未知何如。用王生計，卒見謝，景帝不過也。

〔一〕師古曰：「以嘗劾帝不下司馬門。」

王生者，善爲黃老言，處士。嘗召居廷中，公卿盡會立，王生老人，曰「吾韤解」，〔一〕顧謂釋之：「爲我結韤！」釋之跪而結之。〔二〕既已，人或讓王生：「獨柰何廷辱張廷尉如此？」王生曰：「吾老且賤，自度終亡益於張廷尉。廷尉方天下名臣，吾故聊使結韤，欲以重之。」諸公聞之，賢王生而重釋之。

〔一〕師古曰：「韤音武伐反。」

〔二〕師古曰：「結讀曰係。」

釋之事景帝歲餘，爲淮南相，猶尚以前過也。年老病卒。其子摯，字長公，官至大夫，免。以不能取容當世，故終身不仕。

馮唐，祖父趙人也。父徙代。漢興徙安陵。唐以孝著，爲郎中署長，〔一〕事文帝。帝輦過，問唐曰：「父老何自爲郎？家安在？」〔二〕具以實言。文帝曰：「吾居代時，吾尙食監高祛數爲我言趙將李齊之賢，戰於鉅鹿下。吾每飲食，意未嘗不在鉅鹿也。〔三〕父老知之乎？」唐對曰：「齊尚不如廉頗、李牧之爲將也。」上曰：「何已？」〔四〕唐曰：「臣大父在趙時，爲官帥將，〔五〕善李牧。臣父故爲代相，善李齊，知其爲人也。」上既聞廉頗、李牧爲人，良說，〔六〕乃拊髀曰：〔七〕「嗟乎！吾獨不得廉頗、李牧爲將，豈憂匈奴哉！」唐曰：「主臣！〔八〕陛下雖有廉頗、李牧，不能用也。」上怒，起入禁中。良久，召唐讓曰：「公衆辱我，獨亡間處虖？」〔九〕唐謝曰：「鄙人不知忌諱。」

〔一〕鄭氏曰：「以至孝聞也。」師古曰：「以孝得爲郎中，而爲郎署之長也。著音竹助反。」

〔二〕師古曰：「言年已老矣，何乃自爲郎也？崔浩以爲自，從也。從何爲郎？此說非也。」

〔三〕張晏曰：「每食念監所說李齊在鉅鹿時也。」

〔四〕師古曰：「已猶耳。」

〔五〕師古曰：「大父，祖父也。帥音所類反。將音子亮反。」

〔六〕如淳曰：「良，善也。」師古曰：「說讀曰悅。聞頗、牧之善，帝意大悅。」

〔七〕師古曰：「髀音陛。」

〔八〕師古曰：「恐懼之言。解在陳平傳。」

〔九〕師古曰：「何不間隙之處而言。」

當是時，匈奴新大入朝那，殺北地都尉卬。上以胡寇爲意，乃卒復問唐曰：「公何以言吾不能用頗、牧也？」唐對曰：「臣聞上古王者遣將也，跪而推轂，曰：『闑以內寡人制之，闑以外將軍制之；〔一〕軍功爵賞，皆決於外，歸而奏之。』此非空言也。臣大父言李牧之爲趙將居邊，軍市之租皆自用饗士，賞賜決於外，不從中覆也。〔二〕委任而責成功，故李牧乃得盡其知能，選車千三百乘，彀騎萬三千匹，〔三〕百金之士十萬，〔四〕是以北逐單于，破東胡，滅澹林，〔五〕西抑彊秦，南支韓、魏。當是時，趙幾伯。〔六〕後會趙王遷立，〔七〕其母倡也，〔八〕用郭開讒，而誅李牧，令顏聚代之。是以爲秦所滅。今臣竊聞魏尚爲雲中守，軍市租盡以給士卒，出私養錢，五日壹殺牛，〔九〕以饗賓客軍吏舍人，是以匈奴遠避，不近雲中之塞。虜嘗一入，尚帥車騎擊之，所殺甚衆。夫士卒盡家人子，起田中從軍，安知尺籍伍符？〔一〇〕終日力戰，斬首捕虜，上功莫府，一言不相應，文吏以法繩之。其賞不行，吏奉法必用。愚以爲陛下法太明，賞太輕，罰太重。且雲中守尚坐上功首虜差六級，陛下下之吏，削其爵，罰作之。繇此言之，〔一一〕陛下雖得李牧，不能用也。臣誠愚，觸忌諱，死罪！」文帝說。〔一二〕是日，令唐持節赦魏尚，復以爲雲中守，而拜唐爲車騎都尉，主中尉及郡國車士。〔一三〕

〔一〕韋昭曰：「門中橛爲闑。」師古曰：「音牛列反。」

〔二〕師古曰：「覆謂覆白之也，音芳目反。」

〔三〕師古曰：「彀，張弩也，音遘。」

〔四〕服虔曰：「良士直百金也。」如淳曰：「黃金一斤直萬。言富家子弟可任使也。」師古曰：「百金喻其貴重耳。服說是也。」

〔五〕鄭氏曰：「澹音擔石之擔。」如淳曰：「胡也。匈奴傳曰『晉北有澹林之胡，樓煩之戎也』。」師古曰：「澹音都甘反，又音談。」

〔六〕師古曰：「幾致於霸也。幾音鉅依反。伯讀曰霸。」

〔七〕蘇林曰：「趙幽王。」

〔八〕師古曰：「倡，樂家之女。」

〔九〕服虔曰：「私假錢也。」

〔一〇〕李奇曰：「尺籍所以書軍令。伍符，軍士五五相保之符信也。」如淳曰：「漢軍法曰吏卒斬首，以尺籍書下縣移郡，令人故行，不行奪勞二歲。伍符亦什伍之符，要節度也。」師古曰：「家人子，謂庶人之家子也。」

〔一一〕師古曰：「繇讀與由同。」

〔一二〕師古曰：「說讀曰悅。」

〔一三〕服虔曰：「車戰之士也。」

十年，景帝立，以唐爲楚相。武帝即位，求賢良，舉唐。唐時年九十餘，不能爲官，乃以子遂爲郎。遂字王孫，亦奇士。魏尚，槐里人也。

汲黯字長孺，濮陽人也。其先有寵於古之衞君也。〔一〕至黯十世，世爲卿大夫。以父任，孝景時爲太子洗馬，〔二〕以嚴見憚。

〔一〕文穎曰：「六國時衞弱，但稱君也。」

〔二〕孟康曰：「大臣任舉其子弟爲官。」

武帝卽位，黯爲謁者。東粤相攻，上使黯往視之。至吳而還，報曰：「粤人相攻，固其俗，不足以辱天子使者。」河內失火，燒千餘家，上使黯往視之。還報曰：「家人失火，屋比延燒，〔一〕不足憂。臣過河內，河內貧人傷水旱萬餘家，或父子相食，臣謹以便宜，持節發河內倉粟以振貧民。請歸節，伏矯制辠。」〔二〕上賢而釋之，遷爲滎陽令。黯恥爲令，稱疾歸田里。上聞，乃召爲中大夫。以數切諫，不得久留內，遷爲東海太守。

〔一〕師古曰：「比，近也。言屋相近，故連延而燒也。比音頻寐反。」

〔二〕師古曰：「矯，託也，託奉制詔而行之。」

黯學黃老言，治官民，好淸靜，擇丞史任之，〔一〕責大指而已，不細苛。黯多病，臥閤內不出。歲餘，東海大治，稱之。上聞，召爲主爵都尉，列於九卿。治務在無爲而已，引大體，不拘文法。

〔一〕如淳曰：「擇郡丞及史任之也。鄭當時爲大司農，官屬丞史，亦是也。」

爲人性倨，少禮，〔一〕面折，不能容人之過。合己者善待之，不合者弗能忍見，士亦以此不附焉。然好游俠，任氣節，行修絜。其諫，犯主之顏色。常慕傅伯、爰盎之爲人。〔二〕善灌夫、鄭當時及宗正劉棄疾。亦以數直諫，不得久居位。

〔一〕師古曰：「倨，簡傲也，音居庶反。」

〔二〕應劭曰：「傅伯，梁人，爲孝王將，素抗直也。」

是時，太后弟武安侯田蚡爲丞相，中二千石拜謁，蚡弗爲禮。黯見蚡，未嘗拜，揖之。上方招文學儒者，上曰吾欲云云，〔一〕黯對曰：「陛下內多欲而外施仁義，奈何欲效唐虞之治乎！」上怒，變色而罷朝。公卿皆爲黯懼。上退，謂人曰：「甚矣，汲黯之戇也！」羣臣或數黯，〔二〕黯曰：「天子置公卿輔弼之臣，寧令從諛承意，陷主於不誼虖？且已在其位，縱愛身，柰辱朝廷何！」

〔一〕張晏曰：「所言欲施仁義也。」師古曰：「云云，猶言如此如此也。史略其辭耳。」

〔二〕師古曰：「數，責之，音所具反。」

黯多病，病且滿三月，上常賜告者數，終不瘉。〔一〕最後，嚴助爲請告。上曰：「汲黯何如人也？」曰：「使黯任職居官，亡以瘉人，〔二〕然至其輔少主守成，雖自謂賁育弗能奪也。」〔三〕上曰：「然。古有社稷之臣，至如汲黯，近之矣。」

〔一〕如淳曰：「杜欽所謂病滿賜告詔恩也。數者，非一也。」師古曰：「數音所角反。瘉與愈同。」

〔二〕師古曰：「瘉，勝也，讀與愈同。」

〔三〕師古曰：「孟賁、夏育，皆古之勇士也。賁音奔。」

大將軍青侍中，上踞厠視之。〔一〕丞相弘宴見，上或時不冠。至如見黯，不冠不見也。上嘗坐武帳，〔二〕黯前奏事，上不冠，望見黯，避帷中，使人可其奏。其見敬禮如此。

〔一〕如淳曰：「厠，溷也。」孟康曰：「厠，牀邊側也。」師古曰：「如說是也。」

〔二〕應劭曰：「武帳，織成帳爲武士象也。」孟康曰：「今御武帳，置兵闌五兵於帳中也。」師古曰：「孟說是也。」

張湯以更定律令爲廷尉，〔一〕黯質責湯於上前，〔二〕曰：「公爲正卿，上不能襃先帝之功業，下不能化天下之邪心，安國富民，使囹圄空虛，何空取高皇帝約束紛更之爲？〔三〕而公以此無種矣！」〔四〕黯時與湯論議，湯辯常在文深小苛，黯憤發，罵曰：「天下謂刀筆吏不可〔謂〕〔爲〕公卿，果然。必湯也，令天下重足而立，仄目而視矣！」〔五〕

〔一〕師古曰：「更，改也。」

〔二〕師古曰：「質，對之也。」

〔三〕師古曰：「言何爲乃紛亂而改更也。」

〔四〕師古曰：「言當誅及子孫也。」

〔五〕師古曰：「重累其足，言懼甚也。仄，古側字也。」

是時，漢方征匈奴，招懷四夷。黯務少事，間常言與胡和親，毋起兵。〔一〕上方鄉儒術，〔二〕尊公孫弘，及事益多，吏民巧。上分別文法，湯等數奏決讞以幸。而黯常毀儒，面觸弘等徒懷詐飾智以阿人主取容，而刀筆之吏專深文巧詆，〔三〕陷人於罔，以自爲功。上愈益貴弘、湯，弘、湯心疾黯，雖上亦不說也，〔四〕欲誅之以事。〔五〕弘爲丞相，乃言上曰：「右內史界部中多貴人宗室，難治，非素重臣弗能任，請徙黯爲右內史。」數歲，官事不廢。

〔一〕師古曰：「每因間隙而言也。」

〔二〕師古曰：「鄉讀曰嚮。」

〔三〕師古曰：「詆，毀辱也，音丁禮反。」

〔四〕師古曰：「說讀曰悅。」

〔五〕師古曰：「以事致其罪而誅也。」

大將軍青旣益尊，姊爲皇后，然黯與亢禮。或說黯曰：「自天子欲令羣臣下大將軍，〔一〕大將軍尊貴，誠重，君不可以不拜。」黯曰：「夫以大將軍有揖客，反不重耶？」〔二〕大將軍聞，愈賢黯，數請問以朝廷所疑，遇黯加於平日。

〔一〕師古曰：「下音胡稼反。」

〔二〕師古曰：「言能降貴以禮士，最爲重也。」

淮南王謀反，憚黯，曰：「黯好直諫，守節死義；至說公孫弘等，如發蒙耳。」〔一〕

〔一〕師古曰：「說音式銳反。」

上既數征匈奴有功，黯言益不用。

始黯列九卿矣，而公孫弘、張湯爲小吏。及弘、湯稍貴，與黯同位，黯又非毁弘、湯。已而弘至丞相封侯，湯御史大夫，黯時丞史皆與同列，或尊用過之。黯褊心，不能無少望，〔一〕見上，言曰：「陛下用羣臣如積薪耳，後來者居上。」黯罷，上曰：「人果不可以無學，觀汲黯之言，日益甚矣。」〔二〕

〔一〕師古曰：「褊，陿也。望，怨也。」

〔二〕師古曰：「言其鄙俚也。或曰，積薪之言出曾子，故云不可無學也。」

居無何，匈奴渾邪王帥衆來降，〔一〕漢發車二萬乘。縣官亡錢，從民貰馬。〔二〕民或匿馬，馬不具。上怒，欲斬長安令。黯曰：「長安令亡罪，獨斬臣黯，民乃肯出馬。且匈奴畔其主而降漢，徐以縣次傳之，何至令天下騷動，罷中國，甘心夷狄之人乎！」〔三〕上默然。後渾邪王至，賈人與市者，坐當死五百餘人。黯入，請間，見高門，〔四〕曰：「夫匈奴攻當路塞，絕和親，中國舉兵誅之，死傷不可勝計，而費以鉅萬百數。〔五〕臣愚以爲陛下得胡人，皆以爲奴婢，賜從軍死者家；鹵獲，因與之，以謝天下，塞百姓之心。〔六〕今縱不能，渾邪帥數萬之衆來，虛府庫賞賜，發良民侍養，若奉驕子。愚民安知市買長安中而文吏繩以爲闌出財物如邊關乎？〔七〕陛下縱不能得匈奴之贏以謝天下，〔八〕又以微文殺無知者五百餘人，臣竊爲陛下弗取也。」上弗許，曰：「吾久不聞汲黯之言，今又復妄發矣。」後數月，黯坐小法，會赦，免官。於是黯隱於田園者數年。

〔一〕師古曰：「渾音胡昆反。」

〔二〕師古曰：「賖買也。」

〔三〕師古曰：「罷讀曰疲。」

〔四〕晉灼曰：「三輔黃圖未央宮中有高門殿也。」

〔五〕師古曰：「即數百鉅萬也。」

〔六〕師古曰：「塞，滿也。」

〔七〕應劭曰：「闌，妄也。律，胡市，吏民不得持兵器及鐵出關。雖於京師市買，其法一也。」臣瓚曰：「無符傳出入爲闌也。」

〔八〕師古曰：「贏，餘也，音弋成反。」

會更立五銖錢，民多盜鑄錢者，楚地尤甚。上以爲淮陽，楚地之郊也，〔一〕召黯拜爲淮陽太守。黯伏謝不受印綬，詔數强予，然後奉詔。召上殿，黯泣曰：「臣自以爲塡溝壑，不復見陛下，〔二〕不意陛下復收之。臣常有狗馬之心，〔三〕今病，力〔四〕不能任郡事。臣願爲中郎，出入禁闥，補過拾遺，臣之願也。」上曰：「君薄淮陽邪？吾今召君矣。〔五〕顧淮陽吏民不相得，〔六〕吾徒得君重，〔七〕臥而治之。」黯既辭，過大行李息，曰：「黯棄逐居郡，不得與朝廷議矣。〔八〕然御史大夫湯智足以距諫，詐足以飾非，非肯正爲天下言，專阿主意。主意所不欲，因而毁之；主意所欲，因而譽之。好興事，舞文法，〔九〕內懷詐以御主心，外挾賊吏以爲重。公列九卿不早言之何？〔一〇〕公與之俱受其戮矣！」息畏湯，終不敢言。黯居郡如其故治，淮陽政清。後張湯敗，上聞黯與息言，抵息罪。令黯以諸侯相秩居淮陽。〔一一〕居淮陽十歲而卒。

〔一〕師古曰：「郊謂交道衝要之處也。」
〔二〕師古曰：「塡音大賢反。」
〔三〕師古曰：「思報效。」
〔四〕師古曰：「力謂甚也。」
〔五〕師古曰：「言後即召也。」
〔六〕師古曰：「顧謂思念也。」
〔七〕師古曰：「徒，但也。重，威重也。」
〔八〕師古曰：「與讀曰豫。」
〔九〕如淳曰：「舞猶弄也。」
〔一〇〕師古曰：「言何不早言也。」

〔三〕如淳曰：「諸侯王相在郡守上，秩眞二千石。律，眞二千石月得百五十斛，歲凡得千八百石耳。二千石月得百二十斛，歲凡得一千四百四十石耳。」

卒後，上以黯故，官其弟仁至九卿，子偃至諸侯相。黯姊子司馬安亦少與黯爲太子洗馬。安文深巧善宦，四至九卿，以河南太守卒。昆弟以安故，同時至二千石十人。濮陽段宏始事蓋侯信，〔一〕信任宏，〔二〕官亦再至九卿。然衞人仕者皆嚴憚汲黯，出其下。

〔一〕服虔曰：「景帝王皇后兄也。」

〔二〕蘇林曰：「任，保舉。」

鄭當時字莊，陳人也。其先鄭君嘗事項籍，籍死而屬漢。高祖令諸故項籍臣名籍，鄭君獨不奉詔。詔盡拜名籍者爲大夫，而逐鄭君。鄭君死孝文時。

當時以任俠自喜，脫張羽於阸，〔一〕聲聞梁楚間。孝景時，爲太子舍人。每五日洗沐，常置驛馬長安諸郊，〔二〕請謝賓客，夜以繼日，至明旦，常恐不徧。當時好黃老言，其慕長者，如恐不稱。〔三〕自見年少官薄，然其知友皆大父行，天下有名之士也。〔四〕

〔一〕服虔曰：「梁孝王將，楚相之弟也。」師古曰：「喜音許吏反。脫音佗活反。」

〔二〕如淳曰：「郊，交道四通處也，以請賓客便。」臣瓚曰：「長安四面郊祀之處，閑靜可以請賓客也。」師古曰：「二說皆非也。此謂長安城外四面之郊耳。邑外謂之郊，近郊二十里。」

〔三〕師古曰：「恐不稱其意。」

〔四〕師古曰：「大父謂祖父。行音胡浪反。」

武帝即位，當時稍遷爲魯中尉，濟南太守，江都相，至九卿爲右內史。以武安魏其時議，〔一〕貶秩爲詹事，遷爲大司農。

〔一〕師古曰：「議田蚡及竇嬰事。」

當時爲大吏，戒門下：「客至，亡貴賤亡留門(下)者。」執賓主之禮，以其貴下人。性廉，又不治產，卬奉賜給諸公。〔一〕然其餽遺人，不過具器食。〔二〕每朝，候上間說，未嘗不言天下長者。〔三〕其推轂士及官屬丞史，誠有味其言也。〔四〕常引以爲賢於己。未嘗名吏，與官屬言，若恐傷之。聞人之善言，進之上，唯恐後。山東諸公以此翕然稱鄭莊。

〔一〕師古曰：「卬音牛向反。奉音扶用反。」

〔二〕師古曰：「猶今言一盤食也。」

〔三〕師古曰：「候天子間隙之時，其所稱說，皆言長者也。」

〔四〕師古曰：「推轂，言薦舉人，如推轂之運轉也。有味者，其言甚美也。」

使視決河，自請治行五日。〔一〕上曰：「吾聞鄭莊行，千里不齎糧，治行者何也？」然當時在朝，常趨和承意，〔二〕不敢甚斥臧否。漢征匈奴，招四夷，天下費多，財用益屈。〔三〕當時爲大司農，任人賓客僦，〔四〕入多逋負。司馬安爲淮陽太守，發其事，當時以此陷罪，贖爲庶人。頃之，守長史。〔五〕遷汝南太守，數歲，以官卒。昆弟以當時故，至二千石者六七人。

〔一〕如淳曰：「治行，謂莊嚴。」

〔二〕師古曰：「趨讀曰趣。趣，向也。和音胡臥反。」

〔三〕師古曰：「屈，盡也，音其勿反。」

〔四〕晉灼曰：「當時爲大司農，而任使其賓客辜較作僦也。」師古曰：「僦謂受顧賃而載運也。言當時保任其賓客於司農載運也。僦音子就反。」

〔五〕如淳曰：「丞相長史也。」

當時始與汲黯列爲九卿，內行修。兩人中廢，賓客益落。〔一〕當時死，家亡餘財。

〔一〕師古曰：「落，散也。」

先是下邽翟公爲廷尉，〔一〕賓客亦填門，〔二〕及廢，門外可設爵羅。〔三〕後復爲廷尉，客欲往，翟公大署其門〔四〕曰：「一死一生，乃知交情；一貧一富，乃知交態；一貴一賤，交情乃見。」〔五〕

〔一〕蘇林曰：「邽音圭，京兆縣名也。」

〔二〕師古曰：「填，滿也，音田。」

〔三〕師古曰：「言其寂靜，無人行也。」

〔四〕師古曰：「署謂書之。」

〔五〕師古曰：「見音胡電反。」

贊曰：張釋之之守法，馮唐之論將，汲黯之正直，鄭當時之推士，不如是，亦何以成名哉！揚子以爲孝文親詘帝尊以信亞夫之軍，〔一〕曷爲不能用頗、牧？彼將有激云爾。〔二〕

〔一〕師古曰：「揚子，謂揚雄也。信讀曰伸。」

〔二〕師古曰：「謂馮唐欲理魏尚，故以此言激文帝也。」

校勘記

二三〇八頁三行　嚮讀曰(嚮)〔響〕，景祐、殿本都作「響」，此誤。

二三一一頁九行　王恬(咸)〔啓〕　殿本作「啓」。王念孫說「咸」字誤。

二三一一頁一六行　今學者讀抔爲(抔)〔杯〕勺之(抔)〔杯〕，非也。(抔)〔杯〕非應盛土之物也。　殿本作「杯」，景祐本作「桮」。則是「桮」之誤。

二三一八頁一〇行　天下謂刀筆吏不可(謂)〔爲〕公卿，果然。　景祐、殿本都作「爲」。

二三二一頁一五行　今病，力〔四〕不能任郡事。　注〔四〕在「力」字下，明顏讀「今病力」爲句。周壽昌說「力」字屬下句讀似較順。王先謙說周說是。

二三二四頁七行　亡貴賤亡留門(下)者。　宋祁說邵本無「下」字。按景祐本亦無「下」字，史記同。

漢書卷五十一

賈鄒枚路傳第二十一

賈山，潁川人也。祖父(祛)〔袪〕，故魏王時博士弟子也。〔一〕山受學(祛)〔袪〕，所言涉獵書記，不能爲醇儒。〔二〕嘗給事潁陰侯爲騎。〔三〕

〔一〕師古曰：「六國時魏也。」

〔二〕師古曰：「涉若涉水，獵若獵獸，言歷覽之不專精也。醇者，不雜也。」

〔三〕師古曰：「爲騎者，常騎馬而從也。」

孝文時，言治亂之道，借秦爲諭，名曰至言。其辭曰：

臣聞爲人臣者，盡忠竭愚，以直諫主，不避死亡之誅者，臣山是也。臣不敢以久遠諭，願借秦以爲諭，唯陛下少加意焉。

夫布衣韋帶之士，〔一〕修身於內，成名於外，而使後世不絕息。至秦則不然。貴爲天子，富有天下，賦斂重數，百姓任罷，〔二〕赭衣半道，羣盜滿山，〔三〕使天下之人戴目而視，傾耳而聽。〔四〕一夫大謼，天下嚮應者，陳勝是也。〔五〕秦非徒如此也，起咸陽而西至雍，離宮三百，〔六〕鍾鼓帷帳，不移而具。又爲阿房之殿，殿高數十仞，〔七〕東西五里，南北千步，從車羅騎，四馬鶩馳，旌旗不橈。〔八〕爲宮室之麗至於此，使其後世曾不得聚廬而託處焉。爲馳道於天下，東窮燕齊，南極吳楚，江湖之上，瀕海之觀畢至。〔九〕道廣五十步，三丈而樹，厚築其外，隱以金椎，〔一〇〕樹以青松。爲馳道之麗至於此，使其後世曾不得邪徑而託足焉。死葬乎驪山，吏徒數十萬人，〔一一〕曠日十年。〔一二〕下徹三泉，〔一三〕合采金石，冶銅錮其內，桼塗其外，〔一四〕被以珠玉，飾以翡翠，〔一五〕中成觀游，上成山林。爲葬薶之侈至於此，使其後世曾不得蓬顆蔽冢而託葬焉。〔一六〕秦以熊羆之力，虎狼之心，蠶食諸侯，并吞海內，而不篤禮義，〔一七〕故天殃已加矣。臣昧死以聞，願陛下少留意而詳擇其中。〔一八〕

〔一〕師古曰：「言貧賤之人也。韋帶，以單韋爲帶，無飾也。」
〔二〕師古曰：「數，屢也。任謂役事也。罷讀曰疲，言疲於役使也。」
〔三〕師古曰：「犯罪者則衣赭衣，行道之人半著赭衣，言被罪者衆也。盜賊皆依山爲阻，故云滿山也。」
〔四〕師古曰：「戴目者，言常遠視，有異志也。傾耳而聽，言樂禍亂也。」
〔五〕師古曰：「謼字與呼同。謼，叫也，音火故反。嚮讀曰響。」
〔六〕師古曰：「〔此〕〔凡〕言離宮者，皆謂於別處置之，非常所居也。」

〔七〕師古曰：「阿房者，言殿之四阿皆爲房也。一說大陵曰阿，言其殿高若於阿上爲房也。房字或作旁，說云始皇作此殿，未有名，以其去咸陽近，且號阿旁。阿，近也。八尺曰仞。」

〔八〕師古曰：「橈，屈也。言庭之廣大，殿之高敞，衆騎馳騖無所迫觸，建立旌旗不屈橈。橈音女孝反。」

〔九〕師古曰：「瀕，水涯也。瀕海，謂緣海之邊也。畢，盡也。瀕音頻，又音賓，字或作濱，音義同。」

〔一〇〕服虔曰：「作壁如甬道。隱築也，以鐵椎築之。」師古曰：「築令堅實而使隆高耳，不爲甬壁也。隱音於靳反。」

〔一一〕師古曰：「吏以督領，徒以役作也。」

〔一二〕師古曰：「曠，空也，廢也。言爲重役，空廢時日，積年歲也。」

〔一三〕師古曰：「三重之泉，言其深也。」

〔一四〕師古曰：「錮謂鑄而合之也，音固。」

〔一五〕應劭曰：「雄曰翡，雌曰翠。」臣瓚曰：「異物志云翡色赤而大於翠。」師古曰：「鳥各別類，非雄雌異名也。被音皮義反。」

〔一六〕服虔曰：「謂塊墣作冢，喻小也。」臣瓚曰：「蓬顆，猶裸顆小冢也。」晉灼曰：「東北人名土塊爲蓬顆。」師古曰：「諸家之說皆非。顆謂土塊。蓬顆，言塊上生蓬者耳。舉此以對冢上山林，故言蓬顆蔽冢也。顆音口果反。」

〔一七〕師古曰：「篤，厚也。」

〔一八〕師古曰：「中音竹仲反。」

臣聞忠臣之事君也，言切直則不用而身危，不切直則不可以明道，故切直之言，明主所欲急聞，忠臣之所以蒙死而竭知也。〔一〕地之磽者，雖有善種，不能生焉；〔二〕江皋河瀕，雖有惡種，無不猥大。〔三〕昔者夏商之季世，雖關龍逢、箕子、比干之賢，身死亡而道不用。〔四〕文王之時，豪俊之士皆得竭其智，芻蕘採薪之人皆得盡其力，〔五〕此周之所以興也。故地之美者善養禾，君之仁者善養士。雷霆之所擊，無不摧折者；〔六〕萬鈞之所壓，無不糜滅者。今人主之威，非特雷霆也；〔七〕勢重，非特萬鈞也。開道而求諫，和顏色而受之，用其言而顯其身，士猶恐懼而不敢自盡，又乃況於縱欲恣行暴虐，惡聞其過乎！震之以威，壓之以重，〔八〕則雖有堯舜之智，孟賁之勇，豈有不摧折者哉？〔九〕如此，則人主不得聞其過失矣；弗聞，則社稷危矣。古者聖王之制，史在前書過失，工誦箴諫，〔一〇〕瞽誦詩諫，〔一一〕公卿比諫，〔一二〕士傳言諫（過），庶人謗於道，商旅議於市，〔一三〕然後君得聞其過失也。聞其過失而改之，見義而從之，所以永有天下也。天子之尊，四海之內，其義莫不為臣。然而養三老於大學，親執醬而餽，執爵而酳，〔一四〕祝餲在前，祝鯁在後，〔一五〕公卿奉杖，大夫進履，舉賢以自輔弼，求修正之士使直諫。〔一六〕故以天子之尊，尊養三老，視孝也；〔一七〕立輔弼之臣者，恐驕也；置直諫之士者，恐不得聞其過也；學問至於芻蕘者，求善無饜也；商人庶人誹謗己而改之，從善無不聽也。

〔一〕師古曰：「蒙，冒犯也。」

〔二〕師古曰：「磽，埆，瘠薄也。磽音口交反。」

〔三〕李奇曰：「阜，水邊淤地也。」師古曰：「猥，盛也。」

〔四〕服虔曰：「關龍逢，桀之忠臣也。」師古曰：「比干諫紂而紂殺之。論語曰『微子去之，箕子爲之奴，比干諫而死。』」

〔五〕師古曰：「芻，刈草也。蕘，草薪也。言執賤役者也。大雅板之詩曰『詢于芻蕘』。」

〔六〕師古曰：「霆，疾雷也，音廷。」

〔七〕師古曰：「特，獨也。」

〔八〕師古曰：「震，動也。」

〔九〕師古曰：「孟賁，古之勇士。賁音奔。」

〔10〕李奇曰：「古有誦詩之工，記過之史，常在君側也。」師古曰：「箴，戒也，音之林反。」

〔一〕師古曰：「瞽，無目之人。」

〔二〕李奇曰：「相親比而諫也，或曰比方事類以諫也。」師古曰：「比方是也。」

〔三〕師古曰：「旅，衆也。」

〔四〕師古曰：「餽字與饋同。進食曰餽。酳者，少少飲酒，謂食已而蕩口也，音胤。」

〔五〕師古曰：「餉，古饐字，謂食不下也。以老人好饐餲，故爲備祝以祝之。」

〔六〕師古曰：「修正，謂修身正行者。」

〔七〕師古曰：「視讀曰示。」

昔者，秦政力并萬國，富有天下，破六國以爲郡縣，築長城以爲關塞。秦地之固，大小之勢，輕重之權，其與一家之富，一夫之彊，胡可勝計也！〔一〕然而兵破於陳涉，地奪於劉氏者，何也？秦王貪狼暴虐，殘賊天下，窮困萬民，以適其欲也。〔二〕昔者，周蓋千八百國，以九州之民養千八百國之君，用民之力不過歲三日，什一而籍，〔三〕君有餘財，民有餘力，而頌聲作。〔四〕秦皇帝以千八百國之民自養，力罷不能勝其役，財盡不能勝其求。〔五〕一君之身耳，所以自養者馳騁弋獵之娛，天下弗能供也。〔六〕勞罷者不得休息，飢寒者不得衣食，亡罪而死刑者無所告訴，人與之爲怨，家與之爲讎，〔七〕故天下壞也。秦皇帝身在之時，天下已壞矣，而弗自知也。秦皇帝東巡狩，至會稽、琅邪，刻石著其功，自以爲過堯舜統；〔八〕縣石鑄鍾虡，〔九〕篩土築阿房之宮，〔一〇〕自以爲萬世有天下也。古者聖王作謚，三四十世耳，雖堯舜禹湯文武累世廣德〔一一〕以爲子孫基業，無過二三十世者也。〔一二〕秦皇帝曰死而以謚法，是父子名號有時相襲也，以一至萬，則世世不相復也，〔一三〕故死而號曰始皇帝，其次曰二世皇帝者，欲以一至萬也。秦皇帝計其功德，度其後嗣，世世無窮，〔一四〕然身死纔數月耳，〔一五〕天下四面而攻之，宗廟滅絕矣。

〔一〕師古曰：「胡，何也。勝，盡也。」

〔二〕師古曰：「適，快也。」

〔三〕師古曰：「什一，謂十分之中公取一也。籍，借也，謂借人力也。一曰爲簿籍而稅之。」

〔四〕師古曰：「頌者，六詩之一，美盛德之形容，蓋帝王之嘉致。」

〔五〕師古曰：「勝，堪也。罷讀曰疲。次下亦同。」

〔六〕師古曰：「弋，繳射也。」

〔七〕師古曰：「言人人爲怨，家家爲讎。」

〔八〕如淳曰：「統，繼也。堯舜子不才，不能長世，而秦自以過堯舜，可至萬世也。」師古曰：「此說非也。統，治也。言自美功德，治理天下過於堯舜也。其下乃言以一至萬之事。」

〔九〕服虔曰：「縣石以爲磬也。」蘇林曰：「秦欲平天下法，使輕重如石之在稱也。」師古曰：「二說皆非也。縣，稱也。石，百二十斤。稱銅鐵之斤石以鑄鍾虡，言其奢泰也。虡，猛獸之名，謂鍾鼓之柎飾爲此獸。虡音鉅。」

〔一〇〕師古曰：「篩以竹簁爲之。篩音師。簁音山爾反。」

〔一一〕師古曰：「絫，古累字。」

〔一二〕張晏曰：「夏十七世，殷三十一世，周三十六世。」

〔一三〕師古曰：「復，重也，音扶目反。」

〔一四〕師古曰：「度音大各反。」

〔一五〕師古曰：「纔音財，暫也，淺也。」

秦皇帝居滅絕之中而不自知者何也？天下莫敢告也。其所以莫敢告者何也？亡養老之義，亡輔弼之臣，亡進諫之士，縱恣行誅，退誹謗之人，殺直諫之士，是以道諛媮合苟容，〔一〕比其德則賢於堯舜，課其功則賢於湯武，天下已潰而莫之告也。〔二〕

詩曰：「匪言不能，胡此畏忌，聽言則對，譖言則退。」此之謂也。〔三〕又曰：「濟濟多士，文王以寧。」〔四〕天下未嘗亡士也，然而文王獨言以寧者何也？文王好仁則仁興，得士而敬之則士用，用之有禮義。

〔一〕師古曰：「道讀曰導，導引主意於邪也。媮與偷同。」
〔二〕師古曰：「水旁決曰潰，言天下之(壞)〔壞〕如水潰。」
〔三〕師古曰：「此大雅桑柔之篇也。言賢者見事之是非，非不能分別言之，而不言者何也？此但畏忌犯顏得罪罰也。又言，言而見聽，則悉意荅對；不見信受，則屏退也。今詩本云『聽言則對，誦言如醉』。說者又別爲義，與此不同。」
〔四〕師古曰：「此大雅文王之篇也。濟濟，多威儀也。此言文王以多士之故，能安天下也。」

故不致其愛敬，則不能盡其心；不能盡其心，則不能盡其力；不能盡其力，則不能成其功。故古之賢君於其臣也，尊其爵祿而親之；疾則臨視之亡數，〔一〕死則往弔哭之，臨其小斂大斂，已棺塗而後爲之服錫衰麻絰，〔二〕而三臨其喪；未斂不飲酒食肉，未葬不舉樂，當宗廟之祭而死，爲之廢樂。故古之君人者於其臣也，可謂盡禮矣；服法服，端容貌，正顏色，然後見之。故臣下莫敢不竭力盡死以報其上，功德立於後世，而令聞不忘也。〔三〕

〔一〕師古曰：「言心實憂念之，不爲禮飾也。」
〔二〕師古曰：「已棺，謂已大斂也。塗謂塗殯也。錫衰，十五升布，無事其縷者也。棺音工喚反。」

〔三〕師古曰：「令，善也。聞謂聲之聞也。」

今陛下念思祖考，術追厥功，〔一〕圖所以昭光洪業休德，〔二〕使天下舉賢良方正之士，天下皆訢訢焉，〔三〕曰將興堯舜之道，三王之功矣。天下之士莫不精白以承休德。〔四〕今方正之士皆在朝廷矣，又選其賢者使爲常侍諸吏，與之馳敺射獵，〔五〕一日再三出。臣恐朝廷之解弛，〔六〕百官之墮於事也，諸侯聞之，又必怠於政矣。

〔一〕師古曰：「術亦作述。」
〔二〕師古曰：「圖，謀也。休，美也。」
〔三〕師古曰：「訢讀與欣同。」
〔四〕師古曰：「厲精而爲潔白也。」
〔五〕師古曰：「敺與驅同。」
〔六〕師古曰：「解讀曰懈。弛，放也，音式爾反。」

陛下卽位，親自勉以厚天下，損食膳，不聽樂，減外繇衛卒，止歲貢；省廄馬以賦縣傳，〔一〕去諸苑以賦農夫，出帛十萬餘匹以振貧民；禮高年，九十者一子不事，八十者二算不事；〔二〕賜天下男子爵，大臣皆至公卿；發御府金賜大臣宗族，亡不被澤者；赦罪人，憐其亡髮，賜之巾，憐其衣赭書其背，父子兄弟相見也〔三〕而賜之衣。平獄緩刑，天下莫不說喜。〔四〕是以元年膏雨降，五穀登，此天之所以相陛下也。〔五〕刑輕於它時而犯法者寡，衣食多於前年而盜賊少，此天下之所以順陛下也。〔六〕臣聞山東吏布詔令，民雖老羸癃疾，扶杖而往聽之，願少須臾毋死，思見德化之成也。今功業方就，名聞方昭，四方鄉風，〔七〕今從豪俊之臣，方正之士，直與之日日獵射，擊兔伐狐，以傷大業，絕天下之望，臣竊悼之。詩曰：「靡不有初，鮮克有終。」〔八〕臣不勝大願，願少衰射獵，以夏歲二月，〔九〕定明堂，造太學，修先王之道。風行俗成，萬世之基定，然後唯陛下所幸耳。〔一〇〕古者大臣不媟，〔一一〕故君子不常見其齊嚴之色，肅敬之容。〔一二〕大臣不得與宴游，〔一三〕方正修潔之士不得從射獵，使皆務其方以高其節，〔一四〕則羣臣莫敢不正身修行，盡心以稱大禮。〔一五〕如此，則陛下之道尊敬，功業施於四海，垂於萬世子孫矣。誠不如此，則行日壞而榮日滅矣。夫士修之於家，而壞之於天子之廷，臣竊愍之。陛下與衆臣宴游，與大臣方正朝廷論議。夫游不失樂，朝不失禮，議不失計，軌事之大者也。〔一六〕

〔一〕師古曰：「賦，給與也。傳音張戀反。」

〔二〕師古曰：「一子不事，蠲其賦役。二算不事，免二口之算賦也。」

〔三〕師古曰：「衣音於既反。」

〔四〕師古曰：「說讀曰悅。」

〔五〕師古曰：「相，助也。」

〔六〕師古曰：「天下之人也。」

〔七〕師古曰：「鄉讀曰嚮。」

〔八〕師古曰：「此大雅蕩之詩也。言人初始皆庶幾於善道，而少有能終之者。」

〔九〕師古曰：「時以十月爲歲首，則（爲）〔謂〕夏正之二月爲五月。今欲定制度，循於古法，故特云用夏歲二月也。夏音胡雅反。」

〔一〇〕師古曰：「言乃可恣意也。」

〔一一〕師古曰：「媟，狎也，音息列反。」

〔一二〕師古曰：「見，顯示也，音胡電反。」

〔一三〕師古曰：「安息曰宴。與讀曰豫。」

〔一四〕師古曰：「方，道也。一曰方謂廉隅也。」

〔一五〕師古曰：「稱，副也。」

〔一六〕師古曰：「軌謂法度也。」

其後文帝除鑄錢令，山復上書諫，以爲變先帝法，非是。又訟淮南王無大罪，宜急令反國。又言柴唐子爲不善，足以戒。〔一〕章下詰責，〔二〕對以爲「錢者，亡用器也，而可以易富貴。富貴者，人主之操柄也，〔三〕令民爲之，是與人主共操柄，不可長也。」〔四〕其言多激切，善指事意，然終不加罰，所以廣諫爭之路也。其後復禁鑄錢云。

〔一〕鄧展曰：「淮南傳棘蒲侯柴武太子柴奇與士伍開章謀反。」

〔二〕師古曰：「以其所上之章，令有司詰問。」
〔三〕師古曰：「操，持也，音千高反。」
〔四〕師古曰：「長謂畜養也。言此事宜速禁絕，不可畜養。」

鄒陽，齊人也。漢興，諸侯王皆自治民聘賢。吳王濞招致四方游士，陽與吳嚴忌、枚乘等俱仕吳，皆以文辯著名。久之，吳王以太子事怨望，稱疾不朝，陰有邪謀，陽奏書諫。爲其事尚隱，惡指斥言，故先引秦爲諭，因道胡、越、齊、趙、淮南之難，然後乃致其意。其辭曰：

臣聞秦倚曲臺之宮，〔一〕懸衡天下，〔二〕畫地而不犯，兵加胡越；〔三〕至其晚節末路，張耳、陳勝連從兵之據，〔四〕以叩函谷，咸陽遂危。〔五〕何則？列郡不相親，萬室不相救也。今胡數涉北河之外，上覆飛鳥，下不見伏菟，〔六〕鬬城不休，救兵不止，死者相隨，輦車相屬，〔七〕轉粟流輸，千里不絕。何則？彊趙責於河間，〔八〕六齊望於惠后，〔九〕城陽顧於盧博，〔一〇〕三淮南之心思墳墓。〔一一〕大王不憂，臣恐救兵之不專，〔一二〕胡馬遂進窺於邯鄲，越水長沙，還舟青陽。〔一三〕雖使梁幷淮陽之兵，下淮東，越廣陵，以遏越人之糧，漢亦折西河而下，北守漳水，以輔大國，胡亦益進，越亦益深。此臣之所爲大王患也。〔一四〕

〔一〕應劭曰：「始皇帝所治處也，若漢家未央宮。」師古曰：「倚，恃也，音於綺反。」

〔二〕服虔曰：「關西爲衡。」應劭曰：「衡，平也。」如淳曰：「衡猶稱之(權)〔衡〕也，言其縣法度於其上也。」師古曰：「此說秦自以爲威力彊固，非論平法也。下又言陳勝連從兵之據，則是說從横之事耳。服釋是也。」

〔三〕師古曰：「晝地不犯者，法制之行也。」

〔四〕師古曰：「從音子容反。」

〔五〕師古曰：「叩，擊也。」

〔六〕蘇林曰：「言胡來人馬之盛，揚塵上覆飛鳥，下不見伏菟也。一曰，覆，盡也。言上射飛鳥，下盡伏菟也。」師古曰：「覆，盡，是也，音芳目反。」

〔七〕師古曰：「屬，連也，音之欲反。」

〔八〕應劭曰：「趙幽王爲呂后所幽死，文帝立其長子遂爲趙王，取趙之河閒立遂弟辟彊爲河閒王，至子哀王無嗣，國除，遂欲復還得河閒。」

〔九〕孟康曰：「高后割齊濟南郡爲呂(王)台奉邑，又割琅邪郡封營陵侯劉澤爲琅邪王。文帝乃立悼惠王六子爲王。言六齊不保今日之恩，而追怨惠帝與呂后也。一說惠帝二年悼惠王入朝，呂后欲鴆殺之，獻城陽郡，尊魯元公主，得免，六子以此怨之。」

〔一〇〕孟康曰：「城陽王喜也。喜父章與弟興居討諸呂有功，本當盡以趙地王章，梁地王興居。文帝聞其欲立齊王，更以二郡王之。章失職，歲餘薨。興居誅死。盧博，濟北王治處，喜顧念而怨也。」

〔一一〕張晏曰：「淮南厲王三子爲三王，念其父見遷殺，思墓，欲報怨也。」師古曰：「三子爲王，謂淮南、衡山、濟北也。」

〔一二〕孟康曰：「不專救漢也。」如淳曰：「皆自私怨宿忿，不能爲吳也。若吳舉兵反，天子來討，謂四國但有意，不敢相救也。」師古曰：「二說皆非也。言諸國各有私怨，欲申其志，不肯專爲吳，非不敢相救也。」
〔三〕張晏曰：「青陽，地名。還舟，聚舟船也。言胡爲趙難，越爲吳難，不可恃也。」
〔四〕應劭曰：「時趙王遂北連匈奴，吳王濞素事三越，故鄒陽微言胡越亦自受敵，救兵之不專也。胡馬故曰進，越水故曰深。」蘇林曰：「折，截也。陽知吳王陰連結齊、趙、淮南、胡、越，欲諫不敢指斥言，故陳胡、越之難，齊、趙之怨，微言梁幷淮陽絕越人之糧，漢折西河以輔大國，以破難其計。欲隱其辭，故謬言胡益進，越益深，爲大王患之，以錯亂其語，若吳爲憂助漢者也。自此以下，乃致其意焉。」師古曰：「蘇說是。」

臣聞交龍襄首奮翼，則浮雲出流，霧雨咸集。〔一〕聖王底節修德，則游談之士歸義思名。〔二〕今臣盡智畢議，易精極慮，〔三〕則無國不可奸；〔四〕飾固陋之心，則何王之門不可曳長裾乎？然臣所以歷數王之朝，背淮千里而自致者，非惡臣國而樂吳民也，竊高下風之行，尤說大王之義。〔五〕故願大王之無忽，察聽其志。

〔一〕師古曰：「襄，舉也。」
〔二〕師古曰：「底，厲也，音指。」
〔三〕如淳曰：「改易精思以極盡謀慮也。」
〔四〕師古曰：「奸音干。」
〔五〕師古曰：「言在下風側聽，高尚美悅大王之行義也。說讀曰悅。」

臣聞鷙鳥絫百，不如一鶚。〔一〕夫全趙之時，〔二〕武力鼎士袨服叢臺之下者一旦成

市，〔三〕而不能止幽王之湛患。〔四〕淮南連山東之俠，死士盈朝，不能還厲王之西也。〔五〕
然而計議不得，雖諸、賁不能安其位，亦明矣。〔六〕故願大王審畫而已。〔七〕

〔一〕孟康曰：「鶚，大鵰也。」如淳曰：「鷙鳥比諸侯，鶚比天子。」師古曰：「鷙擊之鳥，鷹鸇之屬也。鶚自大鳥而鷙者耳，非鵰也。絫，古累字。鶚音愕。」
〔二〕服虔曰：「全趙，趙未分之時。」
〔三〕師古曰：「袨服，盛服也。鼎士，舉鼎之士也。叢臺，趙王之臺也，在邯鄲。袨音州縣之縣。」
〔四〕師古曰：「幽王謂趙幽王友也。湛讀曰沈。沈患，言幽王爲呂后所幽死。」
〔五〕師古曰：「厲王，淮南厲王長也。西謂廢遷嚴道而死於雍也。」
〔六〕師古曰：「諸謂專諸，賁謂孟賁，皆古勇士也。」
〔七〕師古曰：「畫，計也，音獲。」

始孝文皇帝據關入立，寒心銷志，不明求衣。〔一〕自立天子之後，使東牟朱虛東襃義父之後，〔二〕深割嬰兒王之。〔三〕壤子王梁、代，〔四〕益以淮陽。卒仆濟北，囚弟於雍者，豈非象新垣平等哉！〔五〕今天子新據先帝之遺業，左規山東，右制關中，變權易勢，大臣難知。大王弗察，臣恐周鼎復起於漢，新垣過計於朝，〔六〕則我吳遺嗣，不可期於世矣。〔七〕高皇帝燒棧道，水章邯，〔八〕兵不留行，〔九〕收弊民之倦，東馳函谷，西楚大破。〔一〇〕水攻則章邯以亡其城，陸擊則荊王以失其地，〔一一〕此皆國家之不幾者也。〔一二〕願大王孰察之。

〔一〕張晏曰：「據函谷關立為天子，諸國聞文帝入關為之寒心散志也。求衣，夜索衣著，不及待明，意不安也。」臣瓚曰：「文帝入關而立，以天下多難，故乃寒心戰慄，未明而起。」師古曰：「瓚說是。」

〔二〕應劭曰：「天下已定，文帝遣朱虛侯章東喻齊王，嘉其首舉兵，欲誅諸呂，猶春秋褒邾儀父也。」師古曰：「立天子，謂立為天子也。義讀曰儀。父讀曰甫。」

〔三〕應劭曰：「封齊王六子為王，其中有小小嬰兒者，文帝於骨肉厚也。或曰，皇子武為代王，參為太原王，揖為梁王。」師古曰：「或說是也。」

〔四〕如淳曰：「文帝之二子。」晉灼曰：「揚雄方言『梁益之間，所愛謂其肥盛曰壤』。或曰，言深割嬰兒王之壤。壤，土也。壤字當上屬也。」師古曰：「或說非也。」

〔五〕應劭曰：「仆，僵仆也。濟北王興居反，見誅。四弟於雍者，淮南王長有罪，見徙，死於雍。所以然者，坐二國有姦臣如新垣平等，勸王共反。」師古曰：「仆音赴。」

〔六〕如淳曰：「新垣平詐言『鼎在泗水中，臣望東北汾陰有金寶氣，鼎其在乎？弗迎，則不至。』為吳計者，猶新垣平之言，周鼎終不可得也。」服虔曰：「過，誤也。」

〔七〕師古曰：「言吳當絕滅無遺嗣也。」

〔八〕應劭曰：「章邯為雍王，高祖以水灌其城，破之也。」

〔九〕師古曰：「言無所稽留，不廢於行。」

〔一〇〕張晏曰：「項羽自號西楚霸王。」

〔二〕如淳曰：「荆亦楚也，謂項羽敗走。」

〔三〕應劭曰：「言不可庶幾也。」李奇曰：「不但幾微，乃著見也。或曰幾，危也。此數事於國家皆無危險之慮也。」師古曰：「言漢朝之安，諸侯不當妄起邪意。應說是也。」

吳王不內其言。

是時，景帝少弟梁孝王貴盛，亦待士。於是鄒陽、枚乘、嚴忌知吳不可說，皆去之梁，從孝王游。

陽爲人有智略，忼慨不苟合，〔一〕介於羊勝、公孫詭之間。〔二〕勝等疾陽，惡之孝王。〔三〕孝王怒，下陽吏，將殺之。陽客游以讒見禽，恐死而負累，〔四〕乃從獄中上書曰：

〔一〕師古曰：「忼音口朗反。」

〔二〕師古曰：「介謂閒廁也。」

〔三〕師古曰：「惡謂讒毀也。其下亦同。」

〔四〕師古曰：「絫音力瑞反。」

臣聞忠無不報，信不見疑，臣常以爲然，徒虛語耳。昔荆軻慕燕丹之義，白虹貫日，太子畏之；〔一〕衞先生爲秦畫長平之事，太白食昴，昭王疑之。〔二〕夫精（誠）變天地而信不諭兩主，豈不哀哉！今臣盡忠竭誠，畢議願知，〔三〕左右不明，卒從吏訊，爲世所疑。〔四〕是使荆軻、衞先生復起，而燕、秦不寤也。願大王孰察之。

〔一〕應劭曰：「燕太子丹質於秦，始皇遇之無禮，丹亡去，厚養荆軻，令西刺秦王。精誠感天，白虹爲之貫日也。」如淳曰：「白虹，兵象，日爲君，爲燕丹表可克之兆。」師古曰：「精誠若斯，太子尙畏而不信也。太白食昴，義亦如之。」

〔二〕蘇林曰：「白起爲秦伐趙，破長平軍，欲遂滅趙，遣衞先生說昭王益兵糧，爲應侯所害，事用不成。其精誠上達於天，故太白爲之食昴。昴，趙分也，將有兵，故太白食昴。食，干歷之也。」如淳曰：「太白，天之將軍。」

〔三〕張晏曰：「盡其計議，願王知之。」

〔四〕師古曰：「言左右不明者，不欲斥王也。訊謂鞫問也，音信。」

昔玉人獻寶，楚王誅之；〔一〕李斯竭忠，胡亥極刑。〔二〕是以箕子陽狂，接輿避世，〔三〕恐遭此患也。願大王察玉人、李斯之意，而後楚王、胡亥之聽，〔四〕毋使臣爲箕子、接輿所笑。臣聞比干剖心，子胥鴟夷，〔五〕臣始不信，乃今知之。願大王孰察，少加憐焉！

〔一〕應劭曰：「卞和得玉璞，獻之武王，王示玉人，曰石也，刖其右足。武王歿，復獻文王，玉人復曰石也，刖其左足。至成王時，抱其璞哭於郊，乃使玉人攻之，果得寶玉也。」

〔二〕張晏曰：「李斯諫二世以正，而二世殺之，具五刑。」

〔三〕張晏曰：「接輿，楚賢人，陽狂避世。」師古曰：「輿音弋於反。」

〔四〕師古曰：「以謬聽爲後。後猶下也。」

〔三〕應劭曰：「吳王取馬革爲鴟夷，受子胥，沈之江。鴟夷，榼形。」師古曰：「鴟夷，即今之盛酒鴟夷幐。」

語曰「有白頭如新，〔一〕傾蓋如故」。〔二〕何則？知與不知也。故樊於期逃秦之燕，藉荆軻首以奉丹事；〔三〕王奢去齊之魏，臨城自剄以卻齊而存魏。〔四〕夫王奢、樊於期非新於齊、秦而故於燕、魏也，所以去二國死兩君者，行合於志，慕義無窮也。是以蘇秦不信於天下，爲燕尾生；〔五〕白圭戰亡六城，爲魏取中山。〔六〕何則？誠有以相知也。蘇秦相燕，人惡之燕王，燕王按劍而怒，食以駃騠；〔七〕白圭顯於中山，〔八〕人惡之於魏文侯，文侯賜以夜光之璧。何則？兩主二臣，剖心析肝相信，〔九〕豈移於浮辭哉！〔一〇〕

〔一〕孟康曰：「初相識至白頭不相知。」

〔二〕文穎曰：「傾蓋，猶交蓋駐車也。」

〔三〕張晏曰：「於期爲秦將，被讒走之燕。始皇滅其家，又重購之。燕遣荆軻欲刺秦王，於期自刎首，令軻齎往。」師古曰：「之，往也。藉，假也。」

〔四〕孟康曰：「王奢，齊臣也，亡至魏。其後齊伐魏，奢登城謂齊將曰：『今君之來，不過以奢故也，義不苟生，以爲魏累。』遂自剄也。」

〔五〕服虔曰：「蘇秦於秦不出其信，於燕則出尾生之信也。」晉灼曰：「說齊宣王使還燕十城，又令閔王厚葬以弊齊，終死爲燕也。」師古曰：「尾生，古之信士，守志亡軀，故以爲喻。」

〔六〕張晏曰：「白圭爲中山將，亡六城，君欲殺之，亡入魏，魏文侯厚遇之，還拔中山。」

〔七〕孟康曰：「駃騠，駿馬也，生七日而超其母。敬重蘇秦，雖有讒謗，而更食以珍奇之味。」師古曰：「食讀曰飤。駃音決。騠音題。」

〔八〕師古曰：「以拔中山之功而尊顯也。」

〔九〕師古曰：「析，分也。」

〔一〇〕師古曰：「不以浮說而移心。」

故女無美惡，入宮見妒；士無賢不肖，入朝見嫉。昔司馬喜臏腳於宋，卒相中山；〔一一〕范睢拉脅折齒於魏，卒爲應侯。〔一二〕此二人者，皆信必然之畫，捐朋黨之私，挾孤獨之交，故不能自免於嫉妒之人也。〔一三〕是以申徒狄蹈雍之河，〔一四〕徐衍負石入海。〔一五〕不容於世，義不苟取比周於朝以移主上之心。〔一六〕故百里奚乞食於道路，繆公委之以政；〔一七〕甯戚飯牛車下，桓公任之以國。〔一八〕此二人者，豈素宦於朝，借譽於左右，然後二主用之哉？感於心，合於行，堅如膠桼，昆弟不能離，豈惑於衆口哉？故偏聽生姦，獨任成亂。昔魯聽季孫之說逐孔子，〔一九〕宋任子冉之計囚墨翟。〔二〇〕夫以孔、墨之辯，不能自免於讒諛，而二國以危。何則？衆口鑠金，積毀銷骨也。〔二一〕秦用戎人由余而伯中國，〔二二〕齊用越人子臧而彊威、宣。〔二三〕此二國豈係於俗，牽於世，繫奇偏之浮辭哉？

公聽並觀，垂明當世。〔二四〕故意合則胡越爲兄弟，由余、子臧是矣；不合則骨肉爲讎敵，朱、象、管、蔡是矣。〔二五〕今人主誠能用齊、秦之明，後宋、魯之聽，則五伯不足侔，而三王易爲也。〔二六〕

〔二一〕蘇林曰：「六國時人，被此刑也。」

〔二二〕應劭曰：「魏人也。魏相魏齊疑其以國陰事告齊，乃掠笞數百，拉脅折齒。」師古曰：「後入秦爲相，封爲應侯。拉，摧也，音盧合反。」

〔二三〕師古曰：「言直道而行，不求朋黨之助，謂忠信必可恃也。畫，計也，音獲。」

〔二四〕服虔曰：「殷之末世(人)〔介士〕也。雍之河，雍州之河也。」師古曰：「雍者，河水溢出爲小流也。言狄初因蹈雍，遂入大河也。爾雅曰『水自河出爲雍』，又曰『江有沲，河有雍』。雍音於龍反。服虔曰雍州之河，非也。」

〔二五〕服虔曰：「周之末世人也。」師古曰：「負石者，欲速沈也。」

〔二六〕師古曰：「比音頻寐反。」

〔二七〕應劭曰：「虞人也，聞秦繆公賢，欲往干之，乏資，乞食以自致也。」

〔二八〕應劭曰：「齊桓公夜出迎客，甯戚疾擊其牛角，高歌曰：『南山矸，白石爛，生不逢堯與舜禪。短布單衣適至骭，從昏飯牛薄夜半，長夜曼曼何時旦！』桓公召與語，說之，以爲大夫。」師古曰：「矸字與岸同。骭，脛也。薄，止也。骭音下諫反。曼音莫幹反。」

〔二九〕師古曰：「季孫，魯大夫季桓子也，名斯。論語云『齊人歸女樂，季桓子受之，三日不朝，孔子行。』蓋桓子故使定公受齊之女樂，欲令去孔子也。」

〔一〇〕文穎曰：「子冉，子罕也。」
〔一一〕師古曰：「美金見毀，衆共疑之，數被燒鍊，以至銷鑠。讒佞之人，肆其詐巧，離散骨肉，而不覺知。」
〔一二〕師古曰：「伯讀曰霸。」
〔一三〕師古曰：「齊之二王謚也。」
〔一四〕師古曰：「公聽，言不私也。竝觀，所見齊同也。」
〔一五〕師古曰：「朱，丹朱，堯子。象，舜弟。管、蔡，周之二叔也。」
〔一六〕師古曰：「侔，等也。伯讀曰霸。」

是以聖王覺寤，（損）〔捐〕子之之心，而不說田常之賢，〔一〕封比干之後，修孕婦之墓，〔二〕故功業覆於天下。〔三〕何則？欲善亡厭也。夫晉文親其讎，彊伯諸侯；齊桓用其仇，而一匡天下。〔四〕何則？慈仁殷勤，誠加於心，不可以虛辭借也。

〔一〕應劭曰：「燕王噲賢其相子之，欲禪以燕國，國乃大亂。田常，陳恆也。齊簡公悅之，而殺簡公。今使人君去此心，則國家安全也。」師古曰：「說讀曰悅。」
〔二〕應劭曰：「紂刳妊者，觀其胎產。」師古曰：「武王克商，反其故政，乃封修之。」
〔三〕師古曰：「覆猶被也。」
〔四〕張晏曰：「寺人勃鞮為晉獻公逐文公，斬其袪。及文公即位，用其言以免呂郤之難。管仲射中桓公帶鉤，而用為相。」師古曰：「伯讀為霸。下皆類此。」

至夫秦用商鞅之法，東弱韓、魏，立彊天下，卒車裂之。〔一〕越用大夫種之謀，禽勁吳而伯中國，遂誅其身。是以孫叔敖三去相而不悔，〔二〕於陵子仲辭三公爲人灌園。〔三〕今人主誠能去驕傲之心，懷可報之意，披心腹，見情素，〔四〕墮肝膽，施德厚，〔五〕終與之窮達，無愛於士，〔六〕則桀之犬可使吠堯，跖之客可使刺由，〔七〕何況因萬乘之權，假聖王之資乎！然則〔荆〕軻湛七族，要離燔妻子，豈足爲大王道哉！〔八〕

〔一〕師古曰：「卒，終也。」

〔二〕師古曰：「叔敖三爲楚相，而三去之。縉丘之封人謂之曰：『吾聞處官久者士妒之，祿厚者衆怨之，位尊者君恨之。今相國有此三者，而不得罪於楚之士衆，（仕）〔何〕也？』叔敖曰：『吾三相楚而（不）〔身〕愈卑，每益祿而施愈博，位滋尊而禮愈恭，是以不得罪於楚人也。』」

〔三〕師古曰：「於陵，地名也。子仲，陳仲子也。其先與齊同族，兄載爲齊相，仲子以爲不義，乃將妻子適楚，居于於陵，自謂於陵子仲。楚王聞其賢，使使者持金百鎰聘之，欲以爲相。仲子不許，遂夫妻相與逃，而爲人灌園，終身不屈其節。」

〔四〕師古曰：「見，顯示之也。素謂心所向也。」

〔五〕師古曰：「墮，毀也，音火規反。」

〔六〕師古曰：「無所吝惜也。」

〔七〕應劭曰：「盜跖之客爲其人使刺由。由，許由也。」師古曰：「此言被之以恩，則用命也。」

〔八〕應劭曰：「荆軻爲燕刺秦始皇，不成而死，其族坐之。湛，沒也。吳王闔閭欲殺王子慶忌，要離詐以罪亡，令吳王燔其妻子。要離走見慶忌，以劍刺之。」張晏曰：「七族，上至曾祖，下至曾孫。」師古曰：「此說云湛七族，無荆字也。尋諸史籍，荆軻無湛族之事，不知陽所云者定何人也。湛讀曰沈。」

臣聞明月之珠，夜光之璧，以闇投人於道，衆莫不按劍相眄者。何則？無因而至前也。蟠木根柢，輪囷離奇，〔一〕而爲萬乘器者，以左右先爲之容也。〔二〕故無因而至前，雖出隨珠和璧，祇怨結而不見德；〔三〕有人先游，則枯木朽株，樹功而不忘。〔四〕今夫天下布衣窮居之士，身在貧羸，〔五〕雖蒙堯、舜之術，挾伊、管之辯，〔六〕懷龍逢、比干之意，而素無根柢之容，雖竭精神，欲開忠於當世之君，〔七〕則人主必襲按劍相眄之迹矣。〔八〕是使布衣之士不得爲枯木(巧)〔朽〕株之資也。

〔一〕蘇林曰：「柢音蔕。」張晏曰：「柢，根下本也。輪囷離奇，委曲盤戾也。」師古曰：「蟠木，屈曲之木也。囷音去輪反。離音力爾反。奇音於綺反。一曰離奇各讀如本字。」

〔二〕師古曰：「萬乘器，天子車輿之屬也。容謂彫刻加飾。」

〔三〕師古曰：「隨國之侯見大蛇傷者，療而愈之，蛇銜明珠以報其德，故稱隨珠。和氏之璧，卽卞和所獻之玉耳。祇，適也，音支。」

〔四〕師古曰：「先游，謂進納之也。樹，立也。」

〔五〕師古曰：「衣食不充，故羸瘦也。一曰羸謂無威力。」

〔六〕師古曰：「伊，伊尹。管，管仲。」

〔七〕師古曰：「開謂陳說也。」

〔八〕師古曰：「襲，重也。言蹈其故跡也。」

是以聖王制世御俗，獨化於陶鈞之上，〔一〕而不牽乎卑辭之語，不奪乎衆多之口。〔二〕故秦皇帝任中庶子蒙〔嘉〕之言，〔三〕以信荆軻，而匕首竊發；〔四〕周文王獵涇渭，載呂尚歸，以王天下。〔五〕秦信左右而亡，周用烏集而王。〔六〕何則？以其能越攣拘之語，馳域外之議，〔七〕獨觀乎昭曠之道也。〔八〕

〔一〕張晏曰：「陶家名模下圓轉者爲鈞，以其制器爲大小，比之於天也。」師古曰：「此說非也。陶家名轉者爲鈞，蓋取周回調鈞耳。言聖王制馭天下，亦猶陶人轉鈞，非陶家轉象天也。」

〔二〕師古曰：「奪者，言欲行善道而爲佞人奪其計也。」

〔三〕師古曰：「蒙者，庶子名也。今流俗書本蒙下輒加恬字，非也。」

〔四〕師古曰：「匕首，短劍也。其首類匕，便於用也。」

〔五〕應劭曰：「西伯出遇呂尚於渭之陽，與語大悅，因載歸。」

〔六〕師古曰：「言文王之得太公，非因舊故，若烏鳥之暴集。」

〔七〕師古曰：「攣音力全反。」

〔八〕師古曰：「昭，明也。曠，廣也。」

今人主沈諂諛之辭，牽帷廧之制，〔一〕使不羈之士與牛驥同皁，〔二〕此鮑焦所以憤於世也。〔三〕

〔一〕孟康曰：「言爲左右便僻侍帷廧臣妾所見牽制矣。」

〔二〕師古曰：「不羈，言才識高遠不可羈係也。皁，歷也。揚雄方言云『梁、宋、齊、楚、燕之間謂歷曰皁』。皁音在早反。」

〔三〕孟康曰：「周之介士也。」師古曰：「鮑焦怨時之不用己，采蔬於道。子貢難曰：『非其時而採其蔬，此焦之有哉？』棄其蔬，乃立枯於洛水之上。蔬謂菜也。」

臣聞盛飾入朝者不以私汙義，底厲名號者不以利傷行。〔一〕故里名勝母，曾子不入；〔二〕邑號朝歌，墨子回車。〔三〕今欲使天下寥廓之士籠於威重之權，脅於位勢之貴，〔四〕回面汙行，以事諂諛之人，〔五〕而求親近於左右，則士有伏死堀穴巖藪之中耳，〔六〕安有盡忠信而趨闕下者哉！

〔一〕師古曰：「底厲，言其自修廉隅，若磨厲於石也。」

〔二〕師古曰：「曾子至孝，以勝母之名不順，故不入也。」

〔三〕晉灼曰：「紂作朝歌之音。朝歌者，不時也。」師古曰：「朝歌，殷之邑名也。淮南子云『墨子非樂，不入朝歌』。」

〔四〕師古曰：「寥廓，遠大之度也。脅，迫也。寥音聊。」

〔五〕師古曰：「回，邪也。汙，不潔也，音一故反。或曰汙，曲也，音一胡反。」

〔六〕師古曰：「堀與窟同。澤無水曰藪。」

書奏孝王，孝王立出之，卒爲上客。

初，勝、詭欲使王求爲漢嗣，王又嘗上書，願賜容車之地徑至長樂宮，自使梁國士衆築作甬道朝太后。爰盎等皆建以爲不可。〔一〕天子不許。梁王怒，令人刺殺盎。上疑梁殺之，使者冠蓋相望責梁王。梁王始與勝、詭有謀，陽爭以爲不可，故見讒。枚先生、嚴夫子皆不敢諫。〔二〕

〔一〕師古曰：「建謂立議。」

〔二〕師古曰：「先生，枚乘。夫子，嚴忌。」

及梁事敗，勝、詭死，孝王恐誅，乃思陽言，深辭謝之，齎以千金，令求方略解罪於上者。陽素知齊人王先生，〔一〕年八十餘，多奇計，即往見，語以其事。王先生曰：「難哉！人主有私怨深怒，欲施必行之誅，誠難解也。以太后之尊，骨肉之親，猶不能止，況臣下乎？昔秦始皇有伏怒於太后，羣臣諫而死者以十數。得茅焦爲廓大義，〔二〕始皇非能說其言也，乃自強從之耳。〔三〕茅焦亦廑脫死如毛氂耳，〔四〕故事所以難者也。今子欲安之乎？」〔五〕陽曰：「鄒魯守經學，齊楚多辯知，韓魏時有奇節，吾將歷問之。」王先生曰：「子行矣。還，過我而西。」

〔一〕師古曰：「素與相知也。」

〔二〕鄭氏曰：「齊人也。」應劭曰：「茅焦諫云：『陛下車裂假父，有嫉妒之心；囊撲兩弟，有不慈之名；遷母咸陽，有不孝之行。臣竊爲陛下危之。臣所言畢。』乃解衣趨鑊。始皇下殿，左手接之曰：『先生起矣！』即迎太后，遂爲母子如初。」

〔三〕師古曰：「說讀曰悅。」

〔四〕師古曰：「廑，少也。言纔免於死也。廑音巨刃反。」

〔五〕師古曰：「安，焉也。之，往也。」

鄒陽行月餘，莫能爲謀，還過王先生，曰：「臣將西矣，爲如何？」王先生曰：「吾先日欲獻愚計，以爲衆不可蓋，〔一〕竊自薄陋不敢道也。若子行，必往見王長君，士無過此者矣。」鄒陽發寤於心，曰：「敬諾。」辭去，不過梁，徑至長安，因客見王長君。長君者，王美人兄也，後封爲蓋侯。鄒陽留數日，乘間而請曰：〔二〕「臣非爲長君無使令於前，故來侍也；〔三〕愚戇竊不自料，願有謁也。」〔四〕長君跪曰：「幸甚。」陽曰：「竊聞長君弟得幸後宮，天下無有，〔五〕而長君行迹多不循道理者。今爰盎事即窮竟，梁王恐誅。如此，則太后怫鬱泣血，無所發怒，〔六〕切齒側目於貴臣矣。臣恐長君危於絫卵，〔七〕竊爲足下憂之。」長君懼然曰：「將爲之柰何？」〔八〕陽曰：「長君誠能精爲上言之，得毋竟梁事，長君必固自結於太后。太后厚德長君，入於骨髓，而長君之弟幸於兩宮，〔九〕金城之固也。〔一〇〕又有存亡繼絕之功，德布天下，名施無窮，願長君深自計之。昔者，舜之弟象日以殺舜爲事，〔一一〕及舜立爲天子，封之於有卑。〔一二〕夫仁人之於兄弟，無臧怒，無宿怨，厚親愛而已，是以後世稱之。魯公子慶父使僕人殺子般，〔一三〕獄有所歸，〔一四〕季友不探其情而誅焉；〔一五〕慶父親殺閔公，季子緩追免賊，〔一六〕春秋以爲親親之道也。〔一七〕魯哀姜薨於夷，孔子曰『齊桓公法而不譎』，以爲過也。〔一八〕以是說天子，徼幸梁事不奏。」長君曰：「諾。」乘間入而言之。及韓安國亦見長公主，事果得不治。

〔一〕師古曰：「蓋，覆蔽也。」

〔二〕師古曰：「間謂空隙無事之時。」

〔三〕師古曰：「使令，謂役使之人也。令音力成反。」

〔四〕師古曰：「料，量也。謁，告也。」

〔五〕師古曰：「言獨一耳，無所比類也。」

〔六〕師古曰：「怫鬱，蘊積也。怫音佛。」

〔七〕師古曰：「絫卵者，言其將隤而破碎也。」

〔八〕師古曰：「懼讀曰瞿，音居具反。瞿然，無守之貌。」

〔九〕如淳曰：「太后宮及帝宮也。」

〔一〇〕師古曰：「言其榮寵無極不可壞，故取喻於金城也。」

〔一一〕師古曰：「言日日欲殺也。」

〔一二〕服虔曰：「音畀予之畀也。」師古曰：「地名也，音鼻，今鼻亭是也，在零陵。」

〔一三〕師古曰：「慶父，莊公弟也。子般，莊公太子也。僕人，即鄧扈樂也。父讀曰甫。般字與班同。」

〔一四〕師古曰：「歸罪於鄧扈樂也。」

〔一五〕師古曰：「季友，慶父之弟，不探慶父本情而誅扈樂。」

〔一六〕師古曰：「慶父出奔，季友縱而不追，免其賊亂之罪。」

〔一七〕師古曰：「公羊之說也，言季友親其兄也。」

〔一八〕師古曰：「哀姜，莊公夫人也，淫於二叔，而豫殺閔公，齊人殺之於夷。夷，齊地也。法而不譎者，言守法而行，不能用權以免其親也。」

初，吳王濞與七國謀反，及發，齊、濟北兩國城守不行。漢既破吳，齊王自殺，不得立嗣。濟北王亦欲自殺，幸全其妻子。齊人公孫玃謂濟北王曰：〔一〕「臣請試爲大王明說梁王，通意天子，說而不用，死未晚也。」公孫玃遂見梁王，曰：「夫濟北之地，東接彊齊，南牽吳越，北脅燕趙，此四分五裂之國，〔二〕權不足以自守，勁不足以扞寇，〔三〕又非有奇怪云以待難也，〔四〕雖墜言於吳，非其正計也。〔五〕昔者鄭祭仲許宋人立公子突以活其君，非義也，春秋記之，爲其以生易死，以存易亡也。〔六〕鄉使濟北見情實，示不從之端，〔七〕則吳必先歷齊畢濟北，〔八〕招燕、趙而總之。如此，則山東之從結而無隙矣。〔九〕今吳楚之王練諸侯之兵，敺白徒之衆，〔一○〕西與天子爭衡，濟北獨底節堅守不下。使吳失與而無助，跬步獨進，〔一一〕瓦解土崩，破敗而不救者，未必非濟北之力也。夫以區區之濟北而與諸侯爭彊，〔一二〕是以羔犢之弱而扞虎狼之敵也。守職不橈，可謂誠一矣。〔一三〕功義如此，尚見疑於上，脅肩低首，絫足撫衿，〔一四〕使有自悔不前之心，〔一五〕非社稷之利也。臣恐藩臣守職者疑之。臣竊料之，〔一六〕能歷西山，徑長樂，抵未央，攘袂而正議者，獨大王耳。〔一七〕上有全亡之功，下有安百姓之名，德淪於骨髓，〔一八〕恩加於無窮，願大王留意詳惟之。」〔一九〕孝王大說，〔二○〕使人馳以聞。濟北王得不坐，徙封於淄川。

〔一〕師古曰：「玃音俱略反。」

〔二〕張晏曰：「四方受敵，濟北居中央爲五。」晉灼曰：「四分，卽交五而裂，如田字也。」

〔三〕師古曰：「扞，禦也，音胡旦反。」

〔四〕如淳曰：「非有奇材異計欲以爲亂逆也，但假權許吳以避其禍耳。」晉灼曰：「非有以怪異之心而城守，須待變難而應吳也。」師古曰：「二說皆非也。此言權謀勁力既不能扞守，又無奇怪神靈可以禦難，恐不自全，故陽言於吳也。」

〔五〕蘇林曰：「墜猶失也。」

〔六〕師古曰：「祭仲，鄭大夫祭足也，事鄭莊公，爲公娶鄧曼，生昭公，故祭仲立之。而宋大夫雍氏以女妻莊公而生突。

昭公既立，宋人誘祭仲而執之，曰：『不立突，將死。』祭仲與宋人盟，以厲公歸而立之。昭公奔衞。言足脅於大國，苟順其心，欲以全昭公也。祭音側界反。」

〔七〕師古曰：「鄉讀曰嚮。見謂顯也。」

〔八〕張晏曰：「歷，過。畢，盡收濟北之地。」

〔九〕師古曰：「從音子容反。」

〔一〇〕師古曰：「練，選也。毆與驅同。白徒，言素非軍旅之人，若今言白丁矣。」

〔一一〕師古曰：「半步曰跬，音空蘂反。」

〔一二〕師古曰：「區區，小貌也。」

〔一三〕師古曰：「橈，曲也，音女教反。」

〔一四〕師古曰：「脅，翕也，謂斂也。」

〔一五〕張晏曰：「悔不與吳西也。」

〔一六〕師古曰：「料，量也。」

〔一七〕師古曰：「西山，謂崤及華山也。抵，至也。攘，卻也。袂，衣袖也。攘袂，猶今人云掉臂耳。」

〔一八〕師古曰：「淪，入也。」

〔一九〕師古曰：「惟，思也。」

〔二〇〕師古曰：「說讀曰悅。」

枚乘字叔，淮陰人也，爲吳王濞郎中。吳王之初怨望謀爲逆也，乘奏書諫曰：

臣聞得全者全昌，失全者全亡。舜無立錐之地，以有天下；禹無十戶之聚，以王諸侯。〔一〕湯、武之土不過百里，上不絕三光之明，下不傷百姓之心者，有王術也。〔二〕故父子之道，天性也；忠臣不避重誅以直諫，〔三〕則事無遺策，功流萬世。臣乘願披腹心而效愚忠，唯大王少加意念惻怛之心於臣乘言。

〔一〕師古曰：「聚，聚邑也，音才喻反。」
〔二〕師古曰：「德政和平，上感天象，則日月星辰無有錯謬，故言不絕三光之明也。」
〔三〕師古曰：「言父子君臣，其義一也。」

夫以一縷之任係千鈞之重，上縣無極之高，下垂不測之淵，雖甚愚之人猶知哀其將絕也。馬方駭鼓而驚之，〔一〕係方絕又重鎭之；係絕於天不可復結，隊入深淵難以復出。其出不出，間不容髮。〔二〕能聽忠臣之言，百舉必脫。〔三〕必若所欲爲，危於絫卵，難於上天；變所欲爲，易於反掌，安於太山。今欲極天命之壽，敝無窮之樂，究萬乘之勢，〔四〕不出反掌之易，以居泰山之安，而欲乘絫卵之危，走上天之難，〔五〕此愚臣之所以爲大王惑也。

〔一〕師古曰：「駭亦驚也。鼓，擊鼓也。」

〔二〕蘇林曰：「改計取禍正在今日，言其激切甚急也。」

〔三〕師古曰：「脫者，免於禍也，音土活反。」

〔四〕師古曰：「斂，盡也。究，竟也。」

〔五〕師古曰：「走，趨向之也，音奏。」

人性有畏其景而惡其跡者，卻背而走，跡愈多，景愈疾，〔一〕不知就陰而止，景滅跡絕。欲人勿聞，莫若勿言；欲人勿知，莫若勿爲。欲湯之滄，〔二〕一人炊之，百人揚之，無益也，〔三〕不如絕薪止火而已。不絕之於彼，而救之於此，譬猶抱薪而救火也。養由基，楚之善射者也，去楊葉百步，百發百中。楊葉之大，加百中焉，可謂善射矣。然其所止，乃百步之內耳，比於臣乘，未知操弓持矢也。〔四〕

〔一〕師古曰：「背音步內反。」

〔二〕鄭氏曰：「音悽愴之愴，寒也。」

〔三〕師古曰：「炊謂爨火也。」

〔四〕師古曰：「乘自言所知者遠，非止見百步之中，故謂由基爲不曉射也。」

福生有基，禍生有胎；〔一〕納其基，絕其胎，禍何自來？〔二〕泰山之霤穿石，單極之統斷幹。〔三〕水非石之鑽，索非木之鋸，漸靡使之然也。〔四〕夫銖銖而稱之，至石必差；寸寸而度之，至丈必過。〔五〕石稱丈量，徑而寡失。〔六〕夫十圍之木，始生如蘖，足可搔而絕，手可擢而拔，〔七〕據其未生，先其未形也。磨礱底厲，不見其損，有時而盡；〔八〕種樹畜養，不見其益，有時而大；積德絫行，不知其善，有時而用；棄義背理，不知其惡，有時而亡。臣願大王孰計而身行之，此百世不易之道也。

〔一〕服虔曰：「基、胎，皆始也。」

〔二〕師古曰：「納猶藏也。何自來，言無所從來也。」

〔三〕孟康曰：「西方人名屋梁謂極。單，一也。一梁，謂井鹿盧也。言鹿盧爲綆索久鍥，斷井幹也。」晉灼曰：「紞，古綆字也。單，盡也，盡極之綆斷幹。幹，井上四交之幹，常爲汲索所契傷也。」師古曰：「晉說近之。幹者，交木井上以爲欄者也。孟云鹿盧，失其義矣。紞、綆皆音綆。鍥、契皆刻也，音口計反。」

〔四〕師古曰：「靡，盡也。」

〔五〕鄭氏曰：「石，百二十斤。」張晏曰：「乘所轉四萬六千八十銖而至於石，合而稱之必有盈縮也。」師古曰：「言自小小以至於大數，則有輕重不同也。度音徒各反。」

〔六〕師古曰：「徑，直也。」

〔七〕師古曰：「如蘗，言若蘗之生牙也。搔謂抓也。搔音索高反。抓音莊交反。」

〔八〕師古曰：「礱亦磨也。底，柔石也；厲，皂石也；皆可以磨者。礱音聾。」

吳王不納。乘等去而之梁，從孝王游。

景帝即位，御史大夫鼂錯爲漢定制度，損削諸侯，吳王遂與六國謀反，舉兵西鄉，〔一〕以誅錯爲名。漢聞之，斬錯以謝諸侯。枚乘復說吳王曰：

〔一〕師古曰：「鄉讀曰嚮。」

昔者，秦西舉胡戎之難，北備榆中之關，〔一〕南距羌筰之塞，〔二〕東當六國之從。〔三〕六國乘信陵之籍，〔四〕明蘇秦之約，厲荆軻之威，并力一心以備秦。然秦卒禽六國，滅其社稷，而并天下，是何也？則地利不同，而民輕重不等也。今漢據全秦之地，兼六國之衆，修戎狄之義，〔五〕而南朝羌筰，此其與秦，地相什而民相百，大王之所明知也。〔六〕今夫讒諛之臣爲大王計者，不論骨肉之義，民之輕重，國之大小，以爲吳禍，〔七〕此臣所以爲大王患也。

〔一〕師古曰：「即今所謂榆關也。」

〔二〕師古曰：「筰，西南夷也，音才各反。」

〔三〕師古曰：「從音子容反。」

〔四〕孟康曰：「魏公子无忌號信陵君。无忌嘗總五國卻秦，有地資也。」

〔五〕師古曰：「修恩義以撫戎狄。」

〔六〕師古曰：「地十倍於秦，衆百倍於秦。」

〔七〕師古曰：「言勸王之反，則於吳爲禍也。」

夫舉吳兵以訾於漢，〔一〕譬猶蠅蚋之附羣牛，腐肉之齒利劍，鋒接必無事矣。〔二〕

天子聞吳率失職諸侯，願責先帝之遺約，〔三〕今漢親誅其三公，以謝前過，是大王之威加於天下，而功越於湯武也。夫吳有諸侯之位，而實富於天子；有隱匿之名，而居過於中國。〔四〕夫漢并二十四郡，十七諸侯，方輸錯出，運行數千里不絕於道，其珍怪不如東山之府。〔五〕轉粟西鄉，陸行不絕，水行滿河，不如海陵之倉。〔六〕修治上林，雜以離宮，積聚玩好，圈守禽獸，不如長洲之苑。〔七〕游曲臺，臨上路，不如朝夕之池。〔八〕深壁高壘，副以關城，不如江淮之險。此臣之所(以)爲大王樂也。〔九〕

〔一〕李奇曰：「訾，量也。」師古曰：「音子私反。」

〔二〕師古曰：「蚋，蚊屬也。齧謂當之也。蚋音芮，又音人悅反。」

〔三〕師古曰：「失職，謂被削黜，失其常分。」

〔四〕師古曰：「隱匿，謂僻在東南。」

〔五〕張晏曰：「漢時有二十四郡，十七諸侯王也。四方更輸，錯互(更)出攻也。」如淳曰：「東方諸郡以封王侯，不以封者二十四耳。時七國謀反，其餘不反者，十七也。東山，吳王之府藏也。」師古曰：「二說皆非也。言漢此時有二十四郡，十七諸侯，方軌而輸，雜出貢賦，入於天子，猶不如吳之富也。」

〔六〕如淳曰：「言漢京師仰須山東漕運以自給也。」晉灼曰：「海陵，海中山爲倉也。」臣瓚曰：「海陵，縣名也。有吳大倉。」師古曰：「瓚說是也。鄉讀曰嚮。」

〔七〕服虔曰：「吳苑。」孟康曰：「以江水洲爲苑也。」韋昭曰：「長洲在吳東。」

〔八〕張晏曰：「曲臺，長安臺，臨道上。」蘇林曰：「吳以海水朝夕爲池也。」師古曰：「三輔黃圖未央宮有曲臺殿。」
〔九〕師古曰：「言其富饒及游晏之處踰天子也。」

今大王還兵疾歸，尙得十半。〔一〕不然，漢知吳之有吞天下之心也，赫然加怒，遣羽林黃頭循江而下，〔二〕襲大王之都；魯東海絕吳之饟道；〔三〕梁王飭車騎，習戰射，〔四〕積粟固守，以備滎陽，待吳之飢。大王雖欲反都，亦不得已。〔五〕夫三淮南之計不負其約，〔六〕齊王殺身以滅其跡，〔七〕四國不得出兵其郡，〔八〕趙囚邯鄲，〔九〕此不可掩，亦已明矣。〔一〇〕大王已去千里之國，而制於十里之內矣。〔一一〕張、韓將北地，〔一二〕弓高宿左右，〔一三〕兵不得下壁，軍不得大息，臣竊哀之。願大王孰察焉。

〔一〕師古曰：「十分之中可冀五分無患，故云尙得十半。」
〔二〕蘇林曰：「羽林黃頭郎習水戰者也。」張晏曰：「天子舟立黃旄於其端也。」師古曰：「鄧通以櫂船爲黃頭郎。蘇說是也。」
〔三〕師古曰：「饟，古餉字。」
〔四〕師古曰：「飭與勑同。飭，整也。」
〔五〕師古曰：「已，語終之辭。」
〔六〕晉灼曰：「吳楚反，皆守約不從也。」
〔七〕晉灼曰：「齊孝王將閭也。吳楚反，堅守距三國。後欒布聞齊初與三國有謀，欲伐之，王懼自殺。」師古曰：「齊王傳云吳楚已平，齊王乃自殺，今此枚乘諫書卽已稱之。二傳不同，當有誤者。」

〔八〕晉灼曰：「膠東、膠西、濟南、淄川王也。發兵應吳楚，皆見誅。」

〔九〕應劭曰：「漢將酈寄圍趙王於邯鄲，與囚無異。」

〔一〇〕師古曰：「言事已彰著。」

〔一一〕師古曰：「梁下屯兵方十里也。」

〔一二〕如淳曰：「張，張羽；韓，韓安國也。時皆仕梁。北地良家子，善騎射者也。」師古曰：「將北地者，言將兵而處吳軍之北以距吳，非北地良家子也。張羽、韓安國不將漢兵，如說非也。」

〔一三〕服虔曰：「韓頹當也。」如淳曰：「宿軍左右也。後弓高侯竟將輕騎絕吳糧道。」師古曰：「宿，止也。言弓高所將之兵屯止於吳軍左右也。」

吳王不用乘策，卒見禽滅。

漢既平七國，乘由是知名。景帝召拜乘爲弘農都尉。乘久爲大國上賓，與英俊並游，得其所好，不樂郡吏，以病去官。復游梁，梁客皆善屬辭賦，乘尤高。孝王薨，乘歸淮陰。

武帝自爲太子聞乘名，及卽位，乘年老，乃以安車蒲輪徵乘，〔一〕道死。〔二〕詔問乘子，無能爲文者，後乃得其孽子皋。〔三〕

〔一〕師古曰：「蒲輪，以蒲裹輪。」

〔二〕師古曰：「(道)在道病死也。」

〔三〕師古曰：「孼，庶也。」

皋字少孺。乘在梁時，取皋母爲小妻。乘之東歸也，皋母不肯隨乘，乘怒，分皋數千錢，留與母居。年十七，上書梁共王，〔一〕得召爲郎。三年，爲王使，與冗從爭，〔二〕見讒惡遇罪，〔三〕家室沒入。皋亡至長安。會赦，上書北闕，自陳枚乘之子。上得之大喜，召入見待詔，皋因賦殿中。詔使賦平樂館，善之。拜爲郎，使匈奴。皋不通經術，詼笑類俳倡，〔四〕爲賦頌，好嫚戲，〔五〕以故得媟黷貴幸，〔六〕比東方朔、郭舍人等，而不得比嚴助等得尊官。〔七〕

〔一〕師古曰：「恭王名買，孝王之子也。」

〔二〕師古曰：「冗從，散職之從王者也。冗音人勇反。」

〔三〕師古曰：「惡謂冗從言其短惡之事。」

〔四〕李奇曰：「詼，嘲也。」師古曰：「俳，雜戲也。倡，樂人也。詼音恢。俳音排。嘲音竹交反。」

〔五〕師古曰：「嫚，褻汙也，音慢。」

〔六〕師古曰：「媟，狎也。黷，垢濁也，音瀆。」

〔七〕師古曰：「尊，高也。」

武帝春秋二十九乃得皇子，羣臣喜，故皋與東方朔作皇太子生賦及立皇子禖祝，〔一〕

受詔所爲，皆不從故事，重皇子也。

〔一〕師古曰：「禮月令『祀於高禖』。高禖，求子之神也。武帝晚得太子，喜而立此禖祠，而令皋作祭祀之文也。」

初，衞皇后立，皋奏賦以戒終。〔一〕皋爲賦善於朔也。

〔一〕師古曰：「令慎終如始也。」

從行至甘泉、雍、河東，東巡狩，封泰山，塞決河宣房，游觀三輔離宮館，臨山澤，弋獵射馭狗馬蹵鞠刻鏤，〔一〕上有所感，輒使賦之。爲文疾，受詔輒成，故所賦者多。司馬相如善爲文而遲，故所作少而善於皋。皋賦辭中自言爲賦不如相如，又言爲賦乃俳，見視如倡，自悔類倡也。故其賦有詆娸東方朔，〔二〕又自詆娸。其文骫骳，曲隨其事，皆得其意，〔三〕頗詼笑，不甚閑靡。凡可讀者百二十篇，其尤嫚戲不可讀者尚數十篇。

〔一〕師古曰：「蹵，足蹵之也。鞠以韋爲之，中實以物，蹵蹋爲戲樂也。蹵音千六反。鞠音臣六反。」

〔二〕如淳曰：「娸音欺。詆猶刑辟也。」師古曰：「詆，毀也。娸，醜也。詆音丁禮反。」

〔三〕師古曰：「骫，古委字也。骳音被。骫骳，猶言屈曲也。」

路溫舒字長君，鉅鹿東里人也。父爲里監門。使溫舒牧羊，溫舒取澤中蒲，截以爲牒，編用寫書。〔一〕稍習善，求爲獄小吏，因學律令，轉爲獄史，縣中疑事皆問焉。太守行縣，見而異之，署決曹史。又受春秋，通大義。舉孝廉，爲山邑丞，〔二〕坐法免，復爲郡吏。

〔一〕師古曰：「小簡曰牒，編聯次之。」

〔二〕蘇林曰：「縣名，在常山。」晉灼曰：「地理志常山有石邑，無山邑。」師古曰：「山邑不知其處。今流俗書本云常山石邑丞，後人妄加石字耳。」

元鳳中，廷尉光以治詔獄，請溫舒署奏曹掾，〔一〕守廷尉史。會昭帝崩，昌邑王賀廢，宣帝初卽位，溫舒上書，言宜尚德緩刑。其辭曰：

〔一〕張晏曰：「光，解光。」

臣聞齊有無知之禍，而桓公以興；晉有驪姬之難，而文公用伯。〔一〕近世趙王不終，諸呂作(難)〔亂〕，而孝文爲大宗。繇是觀之，〔二〕禍亂之作，將以開聖人也。故桓文扶微興壞，尊文武之業，澤加百姓，功潤諸侯，雖不及三王，天下歸仁焉。文帝永思至悳，以承天心，崇仁義，省刑罰，通關梁，一遠近，敬賢如大賓，愛民如赤子，內恕情之所安，而施之於海內，是以囹圄空虛，天下太平。夫繼變化之後，必有異舊之恩，此賢聖所以昭天命也。往者，昭帝卽世而無嗣，大臣憂戚，焦心合謀，皆以昌邑尊親，援而立之〔三〕然天不授命，淫亂其心，遂以自亡。深察禍變之故，乃皇天之所以開至聖也。故大將軍受命武帝，股肱漢國，〔四〕披肝膽，決大計，黜亡義，立有德，輔天而行，然後宗廟以安，天下咸寧。

〔一〕師古曰：「伯讀曰霸。」

〔二〕師古曰：「繇讀與由同。」

〔三〕師古曰：「援，引也，音爰。」

〔四〕師古曰：「謂霍光。」

臣聞春秋正卽位，大一統而愼始也。陛下初登至尊，與天合符，宜改前世之失，正始受(命)之統，滌煩文，除民疾，存亡繼絕，以應天意。

臣聞秦有十失，其一尙存，治獄之吏是也。秦之時，羞文學，好武勇，賤仁義之士，貴治獄之吏；正言者謂之誹謗，遏過者謂之妖言。〔一〕故盛服先生不用於世，忠良切言皆鬱於胸，〔二〕譽諛之聲日滿於耳；虛美熏心，實禍蔽塞。〔三〕此乃秦之所以亡天下也。方今天下賴陛下恩厚，亡金革之危，飢寒之患，父子夫妻勠力安家，然太平未洽者，獄亂之也。夫獄者，天下之大命也，死者不可復生，絕者不可復屬。〔四〕書曰：「與其殺不辜，寧失不經。」〔五〕今治獄吏則不然，上下相敺，以刻爲明；〔六〕深者獲公名，平者多後患。故治獄之吏皆欲人死，非憎人也，自安之道在人之死。是以死人之血流離於市，被刑之徒比肩而立，大辟之計歲以萬數，此仁聖之所以傷也。太平之未洽，凡以此也。夫人情安則樂生，痛則思死。棰楚之下，何求而不得？故囚人不勝痛，則飾辭以視之；〔七〕吏治者利其然，則指道以明之；上奏畏卻，則鍛練而周內之。〔八〕蓋奏當之成，〔九〕雖咎繇聽之，猶以爲死有餘辜。〔一〇〕何則？成練者衆，文致之罪明也。是以獄吏專爲深刻，殘賊而亡極，媮爲一切，〔一一〕不顧國患，此世之大賊也。故俗語曰：「畫地爲獄，議不入；刻木爲吏，期不對。」〔一二〕此皆疾吏之風，悲痛之辭也。故天下之患，莫深於獄；敗法亂正，離親塞道，莫甚乎治獄之吏。此所謂一尚存者也。

〔一〕師古曰：「遏，止也，音一曷反。」
〔二〕師古曰：「鬱，積也。」
〔三〕師古曰：「熏，氣烝也，音勳。」
〔四〕師古曰：「𢇍，古絕字。屬，連也，音之欲反。」
〔五〕師古曰：「虞書大禹謨載咎繇之言。辜，罪也。經，常也。言人命至重，治獄宜愼，寧失不常之過，不濫無罪之人，所以(常)〔崇〕寬恕也。」
〔六〕師古曰：「毆與驅同。」
〔七〕師古曰：「視讀曰示。」
〔八〕晉灼曰：「精熟周悉，致之法中也。」師古曰：「卻，退也，畏爲上所卻退。卻音丘略反。」
〔九〕師古曰：「當謂處其罪也。」

〔一〇〕師古曰：「咎繇作士，善聽獄訟，故以爲喻也。」

〔一一〕如淳曰：「媮，苟且也。一切，權時也。」

〔一二〕師古曰：「畫獄木吏，尙不入對，況眞實乎。期猶必也。議必不入對。」

臣聞烏鳶之卵不毀，而後鳳凰集；〔一〕誹謗之罪不誅，而後良言進。故古人有言：「山藪藏疾，川澤納汙，瑾瑜匿惡，國君含詬。」〔二〕唯陛下除誹謗以招切言，開天下之口，廣箴諫之路，掃亡秦之失，尊文武之惪，省法制，寬刑罰，以廢治獄，則太平之風可興於世，永履和樂，與天亡極，天下幸甚。〔三〕

〔一〕師古曰：「鳶，鴟也，音弋全反。」

〔二〕師古曰：「春秋左氏傳載晉大夫伯宗之辭。詬，恥也。言山藪之有草木則毒害者居之，川澤之形廣大則能受於汙濁，人君之善御下，亦當忍恥病也。詬音垢。」

〔三〕師古曰：「與天長久，無窮極也。」

上善其言，遷廣陽私府長。〔一〕

〔一〕師古曰：「藏錢之府，天子曰少府，諸侯曰私府。長者，其官之長也。」

內史舉溫舒文學高第，遷右扶風丞。時，詔書令公卿選可使匈奴者，溫舒上書，願給厮養，暴骨方外，〔二〕以盡臣節。事下度遼將軍范明友、太僕杜延年問狀，罷歸故官。〔三〕久之，遷臨淮太守，治有異迹，卒於官。

〔一〕師古曰：「求為卒而隨使至匈奴也。」

〔二〕師古曰：「以其言無可取，故罷而遣歸故官。」

溫舒從祖父受曆數天文，以為漢厄三七之間，〔一〕上封事以豫戒。成帝時，谷永亦言如此。〔二〕及王莽簒位，欲章代漢之符，著其語焉。溫舒子及孫皆至牧守大官。

〔一〕張晏曰：「三七二百一十歲也。自漢初至哀帝元年二百一年也，至平帝崩二百十一年。」

〔二〕師古曰：「永上書所謂『涉三七之節紀』者也。」

贊曰：春秋魯臧孫達以禮諫君，君子以為有後。〔一〕賈山自下劘上，〔二〕鄒陽、枚乘游於危國，然卒免刑戮者，以其言正也。路溫舒辭順而意篤，遂為世家，宜哉！〔三〕

〔一〕師古曰：「臧孫達，魯大夫臧哀伯也。桓公取郜大鼎於宋，哀伯諫之。周內史聞之，曰：『臧孫達其有後於魯乎！君違，不忘諫之以德。』」

〔二〕孟康曰：「劘謂剴切之也。」蘇林曰：「劘音靡，厲也。」師古曰：「剴音工來反。」

〔三〕師古曰：「謂子孫為大官不絕。」

校勘記

二三二七頁三行　祖父(祛)〔袪〕，　景祐、殿、局本都作「袪」。下同。

二三二八頁一五行　(此)〔凡〕言離宮者，皆謂於別處置之，　景祐、殿本都作「凡」。　王先謙說作「凡」是。

二三三〇頁八行　士傳言諫(過)，　王先謙說，此句不得獨有「過」字，蓋涉下文而衍。　漢紀無「過」字。

二三三四頁五行　言天下之(壤)〔壞〕如水潰。　景祐、殿本都作「壞」，此誤。

二三三七頁三行　則(爲)〔謂〕夏正之二月爲五月。　景祐、殿本都作「謂」。

二三三九頁一行　衡猶稱之(權)〔衡〕也，　景祐、殿本都作「衡」。　王先謙說作「衡」是。

二三三九頁二行　高后割齊濟南郡爲呂(王)台奉邑，　景祐本無「王」字。

二三四三頁一三行　夫精(誠)變天地而信不諭兩主，　景祐、汲古、殿、局本都無「誠」字。

二三四七頁四行　殷之末世(人)〔介士〕也。　景祐、殿本都作「介士」。

二三四八頁四行　(損)〔捐〕子之之心，　景祐、殿本都作「捐」。　王先謙說作「捐」是。

二三四九頁一行　然則〔荆〕軻湛七族，　景祐本有「荆」字。　王念孫、王先謙都說當有。

二三四九頁四行　「今相國有此三者，而不得罪於楚之士衆，(仕)〔何〕也？」叔敖曰：「吾三相楚而(不)〔身〕愈卑」，　景祐、殿、局本「仕」都作「何」。　景祐、殿本「不」作「身」，局本作「心」。

二三五〇頁五行　是使布衣之士不得爲枯木(巧)〔朽〕株之資也。　景祐、殿、局本都作「朽」。

二三五一頁一行　故秦皇帝任中庶子蒙〔嘉〕之言，　顧炎武說傳文脫「嘉」字。

二三六二頁二行 此臣之所(以)爲大王樂也。 景祐本無「以」字。王念孫說景祐本是。

二三六三頁七行 四方更輸，錯互(更)出攻也。 王先謙說，據文選注引，明下「更」字衍。

二三六五頁一三行 (道)在道病死也。 景祐、殿本都無上「道」字。

二三六八頁五行 諸呂作(難)〔亂〕， 景祐、殿本都作「亂」。

二三六九頁二行 正始受(命)之統， 王念孫說「命」字涉上文而衍，漢紀及說苑貴德篇皆無「命」字。

二三七〇頁七行 所以(常)〔崇〕寬恕也。 景祐、殿本都作「崇」。

漢書卷五十二

竇田灌韓傳第二十二

竇嬰字王孫，孝文皇后從兄子也。父世觀津人也。〔一〕喜賓客。〔二〕孝文時爲吳相，病免。孝景卽位，爲詹事。

〔一〕師古曰：「縣名也，地理志屬信都。觀音工喚反。」

〔二〕師古曰：「喜，好也，音許吏反。」

帝弟梁孝王，母竇太后愛之。孝王朝，因燕昆弟飲。〔一〕是時上未立太子，酒酣，上從容曰：「千秋萬歲後傳王。」〔二〕太后驩。嬰引卮酒進上曰：「天下者，高祖天下，父子相傳，漢之約也，上何以得傳梁王！」太后由此憎嬰。嬰亦薄其官，〔三〕因病免。太后除嬰門籍，不得朝請。〔四〕

〔一〕師古曰：「序家人昆弟之親，不爲君臣禮也。」

〔二〕師古曰：「從音千庸反。」

〔三〕師古曰：「自嫌其官，輕薄之也。」

〔四〕師古曰：「請音才性反。其下亦同。」

孝景三年，吳楚反，上察宗室諸竇無如嬰賢，〔一〕召入見，固讓謝，稱病不足任。太后亦慙。於是上曰：「天下方有急，王孫寧可以讓邪？」乃拜嬰爲大將軍，賜金千斤。嬰言爰盎、欒布諸名將賢士在家者進之。所賜金，陳廊廡下，〔二〕軍吏過，輒令財取爲用，〔三〕金無入家者。嬰守滎陽，監齊趙兵。七國破，封爲魏其侯。游士賓客爭歸之。每朝議大事，條侯、魏其，列侯莫敢與亢禮。〔四〕

〔一〕師古曰：「宗室，帝之同姓親也。諸竇，總謂帝外家也。以吳楚之難，故欲用內外之親爲將也。」

〔二〕師古曰：「廊，堂下周屋也。廡，門屋也，音侮。」

〔三〕師古曰：「財與裁同，謂裁量而用之也。」

〔四〕師古曰：「言特敬此二人也。」

四年，立栗太子，〔一〕以嬰爲傅。七年，栗太子廢，嬰爭弗能得，謝病，屏居藍田南山下〔二〕數月，諸竇賓客辯士說，莫能來。梁人高遂乃說嬰曰：「能富貴將軍者，上也；能親將軍者，太后也。今將軍傅太子，太子廢，爭不能拔，又不能死，自引謝病，擁趙女屏閒處而不朝，〔三〕祗加懟自明，揚主之過。〔四〕有如兩宮奭將軍，〔五〕則妻子無類矣。」〔六〕嬰然之，乃起，朝請如故。

〔一〕師古曰：「栗姬之子，〈敬〉〔故〕曰栗太子。」

〔二〕師古曰：「屛，隱也。」

〔三〕師古曰：「擁，抱也。閒處，猶言私處也。」

〔四〕師古曰：「衹，適也。懟，怨怒也。衹音支，其字從衣。懟音直類反。」

〔五〕師古曰：「兩宮，太后及帝也。奭，怒貌也，音赫。」

〔六〕師古曰：「言被誅戮無遺類也。」

桃侯免相，〔一〕竇太后數言魏其。景帝曰：「太后豈以臣有愛相魏其者？〔二〕魏其沾沾自喜耳，多易，〔三〕難以爲相持重。」遂不用，用建陵侯衞綰爲丞相。

〔一〕服虔曰：「劉舍也。」

〔二〕師古曰：「愛猶惜也。」

〔三〕張晏曰：「沾沾，言自整頓也。多易，多輕薄之行也。或曰，沾音瞻。」師古曰：「沾沾，輕薄也，或音他兼反，今俗言薄沾沾。喜音許吏反。易音弋豉反。」

田蚡，孝景王皇后同母弟也，生長陵。竇嬰已爲大將軍，方盛，蚡爲諸曹郎，未貴，往來侍酒嬰所，跪起如子姓。〔一〕及孝景晚節，蚡益貴幸，〔二〕爲中大夫。辯有口，學盤盂諸書，〔三〕王皇后賢之。

〔一〕師古曰：「姓，生也，言同子禮，若己所生。」

〔二〕師古曰：「晚節，猶言末時也。」

〔三〕應劭曰：「黄帝史孔甲所作也，凡二十九篇，書盤盂中，所以爲法戒也。諸書，諸子之書也。」孟康曰：「孔甲盤盂二十六篇，雜家書，兼儒墨名法者也。」晉灼曰：「案藝文志，孟說是也。」

孝景崩，武帝初卽位，蚡以舅封爲武安侯，弟勝爲周陽侯。

蚡新用事，卑下賓客，〔一〕進名士家居者貴之，〔二〕欲以傾諸將相。〔三〕上所塡撫，多蚡賓客計策。〔四〕會丞相綰病免，上議置丞相、太尉。籍福說蚡曰：「魏其侯貴久矣，素天下士歸之。今將軍初興，未如，卽上以將軍爲相，必讓魏其。魏其爲相，將軍必爲太尉。太尉、相尊等耳，〔五〕有讓賢名。」蚡乃微言太后風上，〔六〕於是乃以嬰爲丞相，蚡爲太尉。籍福賀嬰，因弔曰：「君侯資性喜善疾惡，〔七〕方今善人譽君侯，故至丞相；然惡人衆，亦且毀君侯。君侯能兼容，則幸久；〔八〕不能，今以毀去矣。」嬰不聽。

〔一〕師古曰：「下音胡稼反。」

〔二〕晉灼曰：「滯在里巷未仕者。」

〔三〕師古曰：「傾謂踰越而勝之也。」

〔四〕如淳曰：「多薦名士，名士得進爲帝畫計策也。」師古曰：「塡音竹刃反。」

〔五〕師古曰：「言其尊貴同一等也。」
〔六〕師古曰：「風讀曰諷。」
〔七〕師古曰：「喜，好也，音許吏反。」
〔八〕師古曰：「兼容，謂不嫉惡人令其怨也。」

嬰、蚡俱好儒術，推轂趙綰爲御史大夫，王臧爲郎中令。〔一〕迎魯申公，欲設明堂，令列侯就國，除關，〔二〕以禮爲服制，〔三〕以興太平。舉謫諸竇宗室無行者，除其屬籍。諸外家爲列侯，列侯多尚公主，皆不欲就國，以故毀日至竇太后。太后好黃老言，而嬰、蚡、趙綰等務隆推儒術，貶道家言，是以竇太后滋不說。〔四〕二年，御史大夫趙綰請毋奏事東宮。竇太后大怒，曰：「此欲復爲新垣平邪！」乃罷逐趙綰、王臧，而免丞相嬰、太尉蚡，以柏至侯許昌爲丞相，武彊侯莊青翟爲御史大夫。嬰、蚡以侯家居。

〔一〕師古曰：「推轂，謂升薦之，若轉車轂之爲也。」
〔二〕服虔曰：「除關禁也。」
〔三〕師古曰：「謂喪服之制也。」
〔四〕師古曰：「滋，益也。說讀曰悅。」

蚡雖不任職，以王太后故親幸，數言事，多效，〔一〕士吏趨勢利者皆去嬰而歸蚡。蚡日益橫。〔二〕六年，竇太后崩，丞相昌、御史大夫青翟坐喪事不辦，免。上以蚡爲丞相，大司農

韓安國爲御史大夫。天下士郡諸侯愈益附蚡。〔三〕

〔一〕師古曰：「效謂見聽用。」

〔二〕師古曰：「橫，恣也，音胡孟反。」

〔三〕師古曰：「郡及諸侯也，猶言郡國耳。」

蚡爲人貌侵，生貴甚。〔一〕又以爲諸侯王多長，〔二〕上初卽位，富於春秋，〔三〕蚡以肺附爲相，〔四〕非痛折節以禮屈之，天下不肅。〔五〕當是時，丞相入奏事，語移日，所言皆聽。薦人或起家至二千石，權移主上。上乃曰：「君除吏盡未？吾亦欲除吏。」〔六〕嘗請考工地益宅，上怒曰：「遂取武庫！」是後乃退。〔七〕召客飲，坐其兄蓋侯北鄉，自坐東鄉，〔八〕以爲漢相尊，不可以兄故私橈。〔九〕由此滋驕，〔一〇〕治宅甲諸第，〔一一〕田園極膏腴，〔一二〕市買郡縣器物相屬於道。〔一三〕前堂羅鐘鼓，立曲旃；〔一四〕後房婦女以百數。諸奏珍物狗馬玩好，不可勝數。〔一五〕

〔一〕服虔曰：「侵，短小也。」師古曰：「生貴，謂自尊高示貴寵也。」

〔二〕張晏曰：「多長年。」

〔三〕師古曰：「謂年幼也。齒歷方久，故云富於春秋也。」

〔四〕師古曰：「舊解云肺附，如肝肺之相附著也。一說，肺，斫木札也，喻其輕薄附著大材也。」

〔五〕師古曰：「痛猶甚也。言以尊貴臨之，皆令其屈節而下己也。」

〔六〕師古曰：「凡言除者，除去故官就新官。」

〔七〕師古曰：「考工，少府之屬官也，主作器械。上責其此請，故謂之曰：『何不遂取武庫！』蚡乃退也。」

〔八〕師古曰：「自處尊位也。鄉讀皆曰嚮。」

〔九〕師古曰：「橈，曲也，音女教反。」

〔一〇〕師古曰：「滋，益也。」

〔一一〕師古曰：「言爲諸第之（長）〔最〕也。以甲乙之次，言甲則爲上矣。」

〔一二〕師古曰：「膏腴，謂肥厚之處。」

〔一三〕師古曰：「屬，逮及也，音之欲反。」

〔一四〕如淳曰：「旃，旗之名也，通帛曰旃。曲旃，僭也。」蘇林曰：「禮，大夫建旃。曲，柄上曲也。」師古曰：「蘇說是也。許慎云『旃，旗曲柄也，所以旃表士衆』也。」

〔一五〕師古曰：「奏，進也。」

而嬰失竇太后，益疏不用，無勢，諸公稍自引而怠（驚）〔驁〕，〔一〕唯灌夫獨否。故嬰墨墨不得意，而厚遇夫也。

〔一〕師古曰：「（驚）〔驁〕與傲同。」

灌夫字仲孺，潁陰人也。父張孟，(常)〔嘗〕爲潁陰侯灌嬰舍人，得幸，因進之，〔一〕至二千石，故蒙灌氏姓爲灌孟。〔二〕吳楚反時，潁陰侯灌嬰爲將軍，屬太尉，〔三〕請孟爲校尉。夫以千人與父俱。〔四〕孟年老，潁陰侯彊請之，鬱鬱不得意，故戰常陷堅，遂死吳軍中。漢法，父子俱，有死事，得與喪歸。夫不肯隨喪歸，奮曰：「願取吳王若將軍頭以報父仇。」〔五〕於是夫被甲持戟，募軍中壯士所善願從數十人。〔六〕及出壁門，莫敢前。獨兩人及從奴十餘騎馳入吳軍，至戲下，〔七〕所殺傷數十人。不得前，復還走漢壁，〔八〕亡其奴，獨與一騎歸。夫身中大創十餘，適有萬金良藥，故得無死。〔九〕創少瘳，〔一〇〕又復請將軍曰：「吾益知吳壁曲折，請復往。」〔一一〕將軍壯而義之，恐亡夫，乃言太尉，太尉召固止之。吳軍(敗)〔破〕，夫以此名聞天下。

〔一〕師古曰：「進，薦也。嬰薦孟也。」

〔二〕師古曰：「蒙，冒也。」

〔三〕師古曰：「時潁陰侯是灌嬰之子，名何，轉寫誤爲嬰耳。」

〔四〕孟康曰：「官主千人，如候司馬也。」

〔五〕張晏曰：「自奮厲也。」

〔六〕師古曰：「所善，素與己善者。」

〔七〕師古曰：「戲，大將之旗也，讀與麾同，又音許宜反。」

〔八〕師古曰：「走，趣嚮也，音奏。」
〔九〕師古曰：「萬金者，言其價貴也。金字或作全，言得之者必生全也。」
〔一〇〕師古曰：「瘳，差也，音丑流反。」
〔一一〕師古曰：「曲折，猶言委曲也。」

潁陰侯言夫，夫爲郎中將。數歲，坐法去。家居長安中，諸公莫不稱，由是復爲代相。

武帝即位，以爲淮陽天下郊，勁兵處，〔一〕故徙夫爲淮陽太守。入爲太僕。二年，夫與長樂衞尉竇甫飲，輕重不得，〔二〕夫醉，搏甫。〔三〕甫，竇太后昆弟。上恐太后誅夫，徙夫爲燕相。數歲，坐法免，家居長安。

〔一〕師古曰：「郊謂四交輻湊，而兵又勁彊。」
〔二〕晉灼曰：「飲酒輕重不得其平也。」師古曰：「禮數之輕重也。」
〔三〕師古曰：「搏，以手擊之。」

夫爲人剛直，使酒，〔一〕不好面諛。貴戚諸勢在己之右，欲必陵之；士在己左，愈貧賤，尤益禮敬，與鈞。〔二〕稠人廣衆，薦寵下輩。〔三〕士亦以此多之。〔四〕

〔一〕師古曰：「使酒，因酒而使氣也。」
〔二〕師古曰：「右，尊也。左，卑也。鈞，等也。」
〔三〕師古曰：「稠，多也。下輩，下等之人也。每於人衆之中故寵薦也。」

〔四〕師古曰：「多猶重之。」

夫不好文學，喜任俠，已然諾。〔一〕諸所與交通，無非豪桀大猾。家累數千萬，食客日數十百人。〔二〕波池田園，宗族賓客爲權利，〔三〕橫潁川。〔四〕潁川兒歌之曰：「潁水清，灌氏寧；潁水濁，灌氏族。」〔五〕

〔一〕師古曰：「已，必也。謂一言許人，必信之也。喜音許吏反。」
〔二〕師古曰：「或八九十，或百人也。」
〔三〕師古曰：「波讀曰陂。」
〔四〕師古曰：「橫音胡孟反。其下亦同。」
〔五〕師古曰：「深怨嫉之，故爲此言也。」

夫家居，卿相侍中賓客益衰。〔一〕及竇嬰失勢，亦欲倚夫引繩排根生平慕之後棄者。〔二〕夫亦得嬰通列侯宗室爲名高。兩人相爲引重，〔三〕其游如父子然，相得驩甚，無厭，恨相知之晚。

〔一〕師古曰：「以夫居家，而卿相侍中素爲夫之賓客者，漸以衰退不復往也。」
〔二〕蘇林曰：「二人相倚，引繩直排根賓客去之者，不與交通也。」孟康曰：「根者，根格，引繩以彈排擯根格之也。」師古曰：「孟說近之。根音下恩反。格音下各反。言嬰與夫共相提挈，有人生平慕嬰、夫，後見其失職而頗慢弛，如此者，共排退之，不復與交。譬如相對挽繩而根格之也。今吳楚俗猶謂牽引前卻爲根格也。」

〔三〕張晏曰：「相薦達爲聲勢也。」師古曰：「相牽引而致於尊重也。爲音于僞反。」

夫嘗有服，〔一〕過丞相蚡。蚡從容曰：〔二〕「吾欲與仲孺過魏其侯，會仲孺有服。」夫曰：「將軍乃肯幸臨況魏其侯，〔三〕夫安敢以服爲解！〔四〕請語魏其具，〔五〕將軍旦日蚤臨。」〔六〕蚡許諾。夫以語嬰。嬰與夫人益市牛酒，〔七〕夜洒埽張具至旦。〔八〕平明，令門下候司。至日中，蚡不來。嬰謂夫曰：「丞相豈忘之哉？」夫不懌，〔九〕曰：「夫以服請，不宜。」〔一〇〕乃駕，自往迎蚡。蚡特前戲許夫，〔一一〕殊無意往。夫至門，蚡尚臥也。於是夫見，曰：「將軍昨日幸許過魏其，魏其夫妻治具，至今未敢嘗食。」蚡悟，謝曰：「吾醉，忘與仲孺言。」乃駕往。往又徐行，夫愈益怒。及飲酒酣，夫起舞屬蚡，〔一二〕蚡不起。夫徙坐，語侵之。〔一三〕嬰乃扶夫去，謝蚡。蚡卒飲至夜，極驩而去。

〔一〕師古曰：「謂喪服也。」
〔二〕師古曰：「從音千容反。」
〔三〕師古曰：「況，賜也。」
〔四〕師古曰：「解謂辭之也，若今言分疏矣。」
〔五〕師古曰：「具，辦具酒食。」
〔六〕師古曰：「旦日，明旦也。蚤，古早字。」
〔七〕師古曰：「益，多也。」

〔八〕師古曰：「洒音灑，又音所寄反。」

〔九〕師古曰：「懌，悅也。」

〔10〕師古曰：「不當忘也。」

〔二〕師古曰：「特，但也。」

〔三〕師古曰：「屬，付也，猶今之舞訖相勸也。屬音之欲反。」

〔三〕師古曰：「徙坐，謂移就其坐也。」

後蚡使藉福請嬰城南田，嬰大望曰：〔一〕「老僕雖棄，將軍雖貴，寧可以勢相奪乎！」不許。夫聞，怒罵福。福惡兩人有隙，乃謾好謝蚡〔二〕曰：「魏其老且死，易忍，且待之。」已而蚡聞嬰、夫實怒不予，亦怒曰：「魏其子嘗殺人，蚡活之。蚡事魏其無所不可，愛數頃田？且灌夫何與也？〔三〕吾不敢復求田。」由此大怒。

〔一〕師古曰：「望，怨也。」

〔二〕師古曰：「謾猶詭也，詐爲好言也。謾讀與慢同，又音莫連反。」

〔三〕師古曰：「與讀曰預。預，干也。」

元光四年春，蚡言灌夫家在潁川，橫甚，民苦之。請案之。上曰：「此丞相事，何請？」夫亦持蚡陰事，爲姦利，受淮南王金與語言。賓客居間，遂已，俱解。〔一〕

〔一〕師古曰：「兩家賓客處於中間和解之。」

夏，蚡取燕王女爲夫人，〔一〕太后詔召列侯宗室皆往賀。嬰過夫，欲與俱，夫謝曰：「夫數以酒失過丞相，〔二〕丞相今者又與夫有隙。」嬰曰：「事已解。」彊與俱。酒酣，蚡起爲壽，坐皆避席伏。已嬰爲壽，獨故人避席，餘半膝席。〔三〕夫行酒，至蚡，蚡膝席曰：「不能滿觴。」夫怒，因嘻笑曰：「將軍貴人也，畢之！」〔四〕時蚡不肯。〔五〕行酒次至臨汝侯灌賢，賢方與程不識耳語，〔六〕又不避席。夫無所發怒，乃罵賢曰：「平生毀程不識不直一錢，今日長者爲壽，乃效女曹兒呫囁耳語！」〔七〕蚡謂夫曰：「程、李俱東西宮衞尉，〔八〕今衆辱程將軍，仲孺獨不爲李將軍地乎？」〔九〕夫曰：「今日斬頭穴匈，何知程、李！」〔一〇〕坐乃起更衣，〔一一〕稍稍去。嬰去，戲夫。〔一二〕夫出，蚡遂怒曰：「此吾驕灌夫罪也。」乃令騎留夫，〔一三〕夫不得出。藉福起爲謝，案夫項令謝。〔一四〕夫愈怒，不肯順。蚡乃戲騎縛夫〔一五〕置傳舍，〔一六〕召長史曰：「今日召宗室，有詔。」〔一七〕劾灌夫罵坐不敬，〔一八〕繫居室。〔一九〕遂其前事，〔二〇〕遣吏分曹逐捕諸灌氏支屬，皆得棄市罪。嬰愧，爲資使賓客請，莫能解。〔二一〕蚡吏皆爲耳目，諸灌氏皆亡匿，夫繫，遂不得告言蚡陰事。

〔一〕師古曰：「燕王澤之子康王嘉女。」

〔二〕師古曰：「言因酒有失，得罪過於丞相。」

〔三〕蘇林曰：「下席而膝半在席上也。」如淳曰：「以膝跪席上也。」師古曰：「如說是也。」

〔四〕張晏曰：「行酒過之爲已畢。」如淳曰：「言雖貴，且當盡酒，以其勢劫之也。」師古曰：「如說近之。言將軍雖貴人也，請盡此觴。嘻，强笑也，音許其反。」
〔五〕師古曰：「不爲盡也。」
〔六〕師古曰：「附耳小語也。」
〔七〕師古曰：「女曹兒猶言兒女輩也。呫音昌涉反。嚅音人涉反。」
〔八〕孟康曰：「李廣爲東宮，程不識爲西宮。」
〔九〕蘇林曰：「不爲李將軍除道地邪？」如淳曰：「二人同號比尊，今辱一人，不當爲毀廣邪？」師古曰：「如說近之。言旣毀程，令廣何地自安處。」
〔一〇〕晉灼曰：「斬頭見刺，猶不止也。」
〔一一〕師古曰：「坐謂坐上之人也。更，改也。凡久坐者，皆起更衣，以其寒暖或變也。」
〔一二〕晉灼曰：「戲，古麾字也。」師古曰：「招麾之令出也。漢書多以戲爲麾字。」
〔一三〕師古曰：「騎謂常從之騎也。」
〔一四〕師古曰：「使其拜也。」
〔一五〕師古曰：「戲讀亦曰麾。謂指麾命之而令收縛夫也。」
〔一六〕師古曰：「傳舍，解在酈食其傳。」
〔一七〕師古曰：「長史，丞相長史也。召宗室，謂請召之爲客也。」
〔一八〕師古曰：「於大坐中罵詈，(不爲)〔爲不〕敬。」

〔一九〕師古曰：「居室，署名也，屬少府。其後改名曰保宮。」

〔二〇〕師古曰：「遂，竟也。」

〔二一〕如淳曰：「爲出資費，使人爲夫請罪也。」師古曰：「如說非也。爲資，爲其資地耳，非財物也。爲讀如本字。」

嬰銳爲救夫，嬰夫人諫曰：「灌將軍得罪丞相，與太后家迕，〔一〕寧可救邪？」嬰曰：「侯自我得之，自我捐之，無所恨。〔二〕且終不令灌仲孺獨死，嬰獨生。」乃匿其家，竊出上書。〔三〕立召入，具告言灌夫醉飽事，不足誅。上然之，賜嬰食，曰：「東朝廷辯之。」〔四〕

〔一〕師古曰：「相逆迕也。迕音悟。」

〔二〕師古曰：「言不過失爵耳。」

〔三〕師古曰：「匿，避也。不令家人知之，恐其又止諫也。」

〔四〕如淳曰：「東朝，太后朝也。」張晏曰：「會公卿大夫東朝，共理而分別也。」

嬰東朝，盛推夫善，言其醉飽得過，乃丞相以它事誣罪之。蚡盛毁夫所爲橫恣，罪逆不道。嬰度無可奈何，〔一〕因言蚡短。蚡曰：「天下幸而安樂無事，蚡得爲（胏）〔肺〕附，所好音樂狗馬田宅，所愛倡優巧匠之屬，〔二〕不如魏其、灌夫日夜招聚天下豪桀壯士與論議，腹誹而心謗，卬視天，俛畫地，〔三〕辟晲兩宮間，〔四〕幸天下有變，而欲有大功。〔五〕臣乃不如魏其等所爲。」上問朝臣：「兩人孰是？」御史大夫韓安國曰：「魏其言灌夫父死事，身荷戟馳不測之吳軍，〔六〕身被數十創，名冠三軍，此天下壯士，非有大惡，爭柸酒，不足引它過以誅也。魏其言是。丞相亦言灌夫通姦猾，侵細民，家累巨萬，橫恣潁川，輘轢宗室，侵犯骨肉，〔七〕此所謂『支大於幹，脛大於股，不折必披』。〔八〕丞相言亦是。唯明主裁之。」主爵都尉汲黯是魏其。內史鄭當時是魏其，後不堅。餘皆莫敢對。上怒內史曰：「公平生數言魏其、武安長短，今日廷論，局趣效轅下駒，〔九〕吾并斬若屬矣！」〔一〇〕即罷起入，上食太后。太后亦已使人候司，具以語太后。太后怒，不食，曰：「我在也，而人皆藉吾弟，〔一一〕令我百歲後，皆魚肉之乎！〔一二〕且帝寧能爲石人邪！〔一三〕此特帝在，即錄錄，〔一四〕設百歲後，是屬寧有可信者乎？」〔一五〕上謝曰：「俱外家，故廷辨之。〔一六〕不然，此一獄吏所決耳。」是時郎中令石建爲上分別言兩人。

〔一〕師古曰：「度音徒各反。」

〔二〕師古曰：「倡，樂人也。優，諧戲者也。」

〔三〕張晏曰：「視天，占三光也。畫地，知分野所在也。念欲作反事也。」師古曰：「卬讀曰仰。」

〔四〕張晏曰：「占太后與帝吉凶之期也。」師古曰：「辟睨，傍視也。辟音普計反，字本作睥。睨音吾計反。」

〔五〕張晏曰：「幸有反者，當爲將立大功也。」臣瓚曰：「天下有變，謂因國家變難之際得立大功也。」師古曰：「瓚說是。」

〔六〕師古曰：「荷，負也。不測，言其彊盛也。荷音何。」

〔七〕師古曰：「輘轢，謂蹈踐之也。輘音淩，轢音郎擊反。」

〔八〕師古曰：「披音丕靡反。」

〔九〕應劭曰：「駒者，駕著轅下。局趣，踧小之貌也。」張晏曰：「俛頭於車轅下，隨母而已。」師古曰：「張說非也。駕車不以牝馬。小雅皇皇者華之詩曰『我馬維駒』，非隨母也。」

〔一〇〕師古曰：「若，汝也。」

〔一一〕晉灼曰：「藉，蹈也。」

〔一二〕師古曰：「以比魚肉而食噉也。」

〔一三〕師古曰：「言徒有人形耳，不知好惡也。一曰，石人者，謂常存不死也。」

〔一四〕師古曰：「錄錄，言循衆也。」

〔一五〕師古曰：「設猶脫也。」

〔一六〕師古曰：「嬰，景帝從舅子。蚡，太后同母弟。故言俱外家。」

蚡已罷朝，出止車門，召御史大夫安國載，〔一〕怒曰：「與長孺共一禿翁，何爲首鼠兩端？」〔二〕安國良久謂蚡曰：「君何不自喜！〔三〕夫魏其毀君，君當免冠解印綬歸，〔四〕曰『臣以（胏）〔肺〕附幸得待罪，固非其任，魏其言皆是。』如此，上必多君有讓，〔五〕不廢君。魏其必媿，杜門齰舌自殺。〔六〕今人毀君，君亦毀之，譬如賈豎女子爭言，何其無大體也！」蚡謝曰：「爭時急，不知出此。」

〔一〕師古曰：「韓安國也。載謂共乘車。」

〔二〕服虔曰：「禿翁，言嬰無官位版授也。首鼠，一前一卻也。」張晏曰：「嬰年老，又嗜酒，頭禿，言當共治一禿翁也。」師古曰：「服說是也。」

〔三〕師古曰：「何不自謙遜為可喜之事也。喜音許吏反。」

〔四〕師古曰：「歸印綬於天子也。」

〔五〕師古曰：「多猶重也。」

〔六〕師古曰：「杜，塞也。齰，齧也，音仕客反。」

於是上使御史簿責嬰〔一〕所言灌夫頗不讎，〔二〕劾繫都司空。〔三〕孝景時，嬰嘗受遺詔，曰「事有不便，以便宜論上。」〔四〕及繫，灌夫罪至族，事日急，諸公莫敢復明言於上。嬰乃使昆弟子上書言之，幸得召見。〔五〕書奏，案尚書，大行無遺詔。〔六〕詔書獨臧嬰家，嬰家丞封。〔七〕乃劾嬰矯先帝詔害，罪當棄市。〔八〕五年十月，悉論灌夫支屬。嬰良久乃聞有劾，即陽病痱，不食欲死。〔九〕或聞上無意殺嬰，復食，治病，議定不死矣。乃有飛語為惡言聞上，〔一〇〕故以十二月晦論棄市渭城。〔一一〕

〔一〕師古曰：「簿責，以文簿一一責之也。簿音步戶反。」

〔二〕晉灼曰：「讎，當也。」

〔三〕師古曰：「都司空，宗正屬官也，見百官公卿表。」

〔四〕師古曰：「論說其事而上於天子。」

〔五〕師古曰：「幸，冀也。」

〔六〕如淳曰：「大行，主諸侯官也。」師古曰：「此說非也。大行，景帝大行也。尙書之中無此大行遺詔也。」

〔七〕孟康曰：「以家丞印封遺詔也。」

〔八〕鄭氏曰：「矯詔有害不害也。」

〔九〕師古曰：「痱，風疾也，音肥。」

〔一〇〕張晏曰：「蚡爲作飛揚誹謗之語也。」臣瓚曰：「無根而至也。」

〔一一〕張晏曰：「著日月者，見春垂至，恐遇赦贖之。」

春，蚡疾，一身盡痛，若有擊者，謼服謝罪。〔一〕上使視鬼者瞻之，曰：「魏其侯與灌夫共守，笞欲殺之。」竟死。子恬嗣，元朔中有罪免。

〔一〕晉灼曰：「服音瓝。關西俗謂得杖呼及小兒啼呼爲呼瓝。或言蚡號呼謝服罪也。」師古曰：「兩說皆通。謼，古呼字也。若謂啼爲謼服，則謼音火交反，服音平卓反。」

後淮南王安謀反，覺。始安入朝時，蚡爲太尉，迎安霸上，謂安曰：「上未有太子，大王最賢，高祖孫，即（公）〔宮〕車晏駕，非大王立，尙誰立哉？」〔一〕淮南王大喜，厚遺金錢財物。上自嬰、夫事時不直蚡，特爲太后故。及聞淮南事，上曰：「使武安侯在者，族矣。」〔二〕

〔一〕師古曰：「言大王尙不得立，當誰立也？」

〔三〕師古曰：「言其賴自死。」

韓安國字長孺，梁成安人也，後徙睢陽。嘗受韓子、雜說鄒田生所。〔一〕事梁孝王，爲中大夫。吳楚反時，孝王使安國及張羽爲將，扞吳兵於東界。張羽力戰，安國持重，以故吳不能過梁。吳楚破，安國、張羽名由此顯梁。

〔一〕師古曰：「田生，鄒縣人。」

梁王以至親故，得自置相、二千石，出入游戲，僭於天子。〔一〕天子聞之，心不善。太后知帝弗善，乃怒梁使者，弗見，案責王所爲。安國爲梁使，見大長公主而泣〔二〕曰：「何梁王爲人子之孝，爲人臣之忠，而太后曾不省也？〔三〕夫前日吳、楚、齊、趙七國反，自關以東皆合從而西嚮，〔四〕唯梁最親，爲限難。梁王念太后、帝在中，〔五〕而諸侯擾亂，壹言泣數行而下，跪送臣等六人將兵擊卻吳楚，吳楚以故兵不敢西，而卒破亡，梁之力也。今太后以小苛禮責望梁王。〔六〕梁王父兄皆帝王，而所見者大，故出稱蹕，入言警，〔七〕車旗皆帝所賜，卽以嫮鄙小縣，〔八〕驅馳國中，欲夸諸侯，令天下知太后、帝愛之也。今梁使來，輒案責之，梁王恐，日夜涕泣思慕，不知所爲。何梁王之忠孝而太后不卹也？」長公主具以告太后，太后喜曰：「爲帝言之。」言之，帝心乃解，而免冠謝太后曰：「兄弟不能相教，乃爲太后遺憂。」悉見梁使，厚賜之。其後，梁王益親驩。太后、長公主更賜安國直千餘金。〔九〕由此顯，結於漢。

〔一〕師古曰：「僭，擬也。」

〔二〕如淳曰：「大長公主，景帝姊也。」

〔三〕師古曰：「省，視也。」

〔四〕師古曰：「從音子容反。」

〔五〕師古曰：「中，關中也。一說謂京師爲中，猶言中國也。」

〔六〕師古曰：「苛，細也。」

〔七〕師古曰：「蹕，止行人也。警，令戒肅也。天子出入皆備此儀。而今云出稱警入言蹕者，互舉之耳。」

〔八〕服虔曰：「嫮，夸姤也。」晉灼曰：「嫮音坼嫮之嫮。」鄧展曰：「嫮，好也。自以車服之好曜邊鄙之邑也。」師古曰：「服說、晉音是也。鄙，小縣，言在外鄙之小縣也。」

〔九〕師古曰：「更音工衡反。」

其後，安國坐法抵罪，蒙〔一〕獄吏田甲辱安國。安國曰：「死灰獨不復然乎？」甲曰：「然即溺之。」〔二〕居無幾，梁內史缺，〔三〕漢使使者拜安國爲梁內史，起（徙）〔徒〕中爲二千石。田甲亡。安國曰：「甲不就官，我滅而宗。」〔四〕甲肉袒謝，安國笑曰：「公等足與治乎？」〔五〕卒善遇之。

〔一〕師古曰：「蒙，梁國之縣也。」

〔二〕師古曰：「溺讀曰尿。」

〔三〕師古曰：「無幾，未多時也。幾音居豈反。」

〔四〕師古曰：「而，汝也。」

〔五〕師古曰：「治謂當敵也，今人猶云對治。治音丈吏反。一曰，不足繩治也。治讀如本字。」

內史之缺也，王新得齊人公孫詭，說之，〔一〕欲請爲內史。竇太后（所）〔聞〕，乃詔王以安國爲內史。

〔一〕師古曰：「說讀曰悅。」

公孫詭、羊勝說王求爲帝太子及益地事，恐漢大臣不聽，乃陰使人刺漢用事謀臣。及殺故吳相爰盎，景帝遂聞詭、勝等計畫，乃遣使捕詭、勝，必得。〔一〕漢使十輩至梁，相以下舉國大索，〔二〕月餘弗得。安國聞詭、勝匿王所，乃入見王而泣曰：「主辱者臣死。大王無良臣，故紛紛至此。今勝、詭不得，請辭賜死。」王曰：「何至此？」安國泣數行下，曰：「大王自度於皇帝，孰與太上皇之與高帝及皇帝與臨江王親？」〔三〕王曰：「弗如也。」安國曰：「夫太上皇、臨江親父子間，然高帝曰『提三尺取天下者朕也』，〔四〕故太上終不得制事，居于櫟陽。臨江，適長太子，〔五〕以一言過，廢王臨江；〔六〕用宮垣事，卒自殺中尉府。〔七〕何則？治天下終不用私亂公。語曰：『雖有親父，安知不爲虎？雖有親兄，安知不爲狼？』〔八〕今大王列在諸侯，訹邪臣浮說，〔九〕犯上禁，橈明法。〔一〇〕天子以太后故，不忍致法於大王。太后日夜涕泣，幸大王自改，大王終不覺寤。有如太后宮車卽晏駕，大王尙誰攀乎？」語未卒，王泣數行而下，謝安國曰：「吾今出之。」卽日詭、勝自殺。漢使還報，梁事皆得釋，〔一一〕安國力也。景帝、太后益重安國。

〔一〕師古曰：「必令得之。」

〔二〕師古曰：「索，搜也，音山客反。」

〔三〕師古曰：「孰與，猶言何如也。」

〔四〕師古曰：「三尺，謂劍也。」

〔五〕師古曰：「適讀曰嫡。」

〔六〕師古曰：「景帝嘗屬諸姬子，太子母栗姬言不遜，由是廢太子，栗姬憂死也。」

〔七〕張晏曰：「以侵堧垣徵，自殺也。」

〔八〕師古曰：「言其恩愛不可必保也。」

〔九〕師古曰：「訹，誘也，音戌。」

〔一〇〕師古曰：「橈，曲也，音女敎反。」

〔一一〕師古曰：「釋，解也。」

孝王薨，共王卽位，〔一〕安國坐法失官，家居。武帝卽位，武安侯田蚡爲太尉，親貴用事。安國以五百金遺蚡，蚡言安國太后，上素聞安國賢，卽召以爲北地都尉，遷爲大司農。閩、東越相攻，遣安國、大行王恢將兵。未至越，越殺其王降，漢兵亦罷。其年，田蚡爲丞相，安國爲御史大夫。

〔一〕師古曰：「共讀曰恭。」

匈奴來請和親，上下其議。〔一〕大行王恢，燕人，數爲邊吏，習胡事，議曰：「漢與匈奴和親，率不過數歲卽背約。不如勿許，舉兵擊之。」安國曰：「千里而戰，卽兵不獲利。今匈奴負戎馬足，懷鳥獸心，〔二〕遷徙鳥集，難得而制。得其地不足爲廣，有其衆不足爲彊，自上古弗屬。〔三〕漢數千里爭利，則人馬罷，〔四〕虜以全制其敝，勢必危殆。臣故以爲不如和親。」羣臣議多附安國，於是上許和親。

〔一〕師古曰：「下音胡亞反。」

〔二〕師古曰：「負，恃也。」

〔三〕師古曰：「不內屬於中國。」

〔四〕師古曰：「罷讀曰疲。」

明年，鴈門馬邑豪聶壹〔一〕因大行王恢言：「匈奴初和親，親信邊，可誘以利致之，伏兵襲擊，必破之道也。」上乃召問公卿曰：「朕飾子女以配單于，幣帛文錦，賂之甚厚。單于待命加嫚，侵盜無已，邊竟數驚，朕甚閔之。〔三〕今欲舉兵攻之，何如？」

〔二〕張晏曰：「豪猶帥也。」

〔三〕師古曰：「竟讀曰境。其下亦同。」

大行恢對曰：「陛下雖未言，臣固願效之。〔一〕臣聞全代之時，〔二〕北有彊胡之敵，內連中國之兵，然尚得養老長幼，種樹以時，倉廩常實，〔三〕匈奴不輕侵也。今以陛下之威，海內爲一，天下同任，〔四〕又遣子弟乘邊守塞，〔五〕轉粟輓輸，以爲之備，〔六〕然匈奴侵盜不已者，無它，以不恐之故耳。〔七〕臣竊以爲擊之便。」

〔一〕師古曰：「效，致也，致其計。」

〔二〕服虔曰：「代未分之時也。」李奇曰：「六國之時全代爲一國，尙能以擊匈奴，況今加以漢之大乎！」

〔三〕師古曰：「樹，殖也。」

〔四〕如淳曰：「任，事也。」

〔五〕師古曰：「乘，登也。登其城而備守也。」

〔六〕師古曰：「輓，引車也，音晚。」

〔七〕師古曰：「不示威令恐懼也。」

御史大夫安國曰：「不然。臣聞高皇帝嘗圍於平城，匈奴至者投鞍高如城者數所。〔一〕

平城之飢，七日不食，天下歌之，及解圍反位，而無忿怒之心。夫聖人以天下爲度者也，〔二〕不以己私怒傷天下之功，故乃遣劉敬奉金千斤，以結和親，至今爲五世利。孝文皇帝又嘗壹擁天下之精兵聚之廣武常谿，〔三〕然終無尺寸之功，而天下黔首無不憂者。孝文寤於兵之不可宿，〔四〕故復合和親之約。此二聖之迹，足以爲效矣。臣竊以爲勿擊便。」

〔一〕師古曰：「解脫其馬，示閑暇也。投積其鞍，若營壘也。」
〔二〕師古曰：「言當隨天下人心而寬大其度量也。」
〔三〕張晏曰：「廣武，雁門縣。常谿，谿名。」
〔四〕師古曰：「宿，久留也。」

恢曰：「不然。臣聞五帝不相襲禮，三王不相復樂，〔一〕非故相反也，各因世宜也。且高帝身被堅執銳，蒙霧露，沐霜雪，行幾十年，〔二〕所以不報平城之怨者，非力不能，所以休天下之心也。今邊竟數驚，士卒傷死，中國槥車相望，〔三〕此仁人之所隱也。〔四〕臣故曰擊之便。」

〔一〕師古曰：「襲，因也。復，重也。復音扶目反。」
〔二〕師古曰：「幾，近也，音鉅依反。」
〔三〕師古曰：「槥，小棺也。從軍死者以槥送致其喪，載槥之車相望於道，言其多也。槥音衞。」
〔四〕張晏曰：「隱，痛也。」

安國曰：「不然。臣聞利不十者不易業，功不百者不變常，是以古之人君謀事必就祖，發政占古語，重作事也。〔一〕且自三代之盛，夷狄不與正朔服色，〔二〕非威不能制，彊弗能服也，以爲遠方絕地不牧之民，不足煩中國也。〔三〕且匈奴，輕疾悍亟之兵也，〔四〕至如猋風，去如收電，〔五〕畜牧爲業，弧弓射獵，〔六〕逐獸隨草，居處無常，難得而制。今使邊郡久廢耕織，以支胡之常事，其勢不相權也。〔七〕臣故曰勿擊便。」

〔一〕師古曰：「祖，祖廟也。占，問也。重猶難之也。」

〔二〕師古曰：「與讀曰豫。」

〔三〕師古曰：「不牧，謂不可牧養也。」

〔四〕師古曰：「悍，勇也。亟，急也，音居力反。」

〔五〕師古曰：「猋，疾風也，音必遙反。」

〔六〕師古曰：「以木曰弧，以角曰弓。」

〔七〕師古曰：「輕重不等也。」

恢曰：「不然。臣聞鳳鳥乘於風，聖人因於時。昔秦繆公都雍，〔一〕地方三百里，知時宜之變，攻取西戎，辟地千里，并國十四，〔二〕隴西、北地是也。及後蒙恬爲秦侵胡，辟數千里，以河爲竟，〔三〕累石爲城，樹榆爲塞，〔四〕匈奴不敢飲馬於河，置烽燧然後敢牧馬。〔五〕夫匈奴獨可以威服，不可以仁畜也。今以中國之盛，萬倍之資，遣百分之一以攻匈奴，譬猶以彊弩射且潰之癰也，必不留行矣。〔六〕若是，則北發月氏可得而臣也。〔七〕臣故曰擊之便。」

〔一〕師古曰：「繆讀與穆同。」
〔二〕師古曰：「辟讀曰闢。次下亦同。」
〔三〕師古曰：「竟讀曰境。」
〔四〕如淳曰：「塞上種榆也。」
〔五〕師古曰：「燧，古燧字。」
〔六〕師古曰：「留，止也。言無所礙也。」
〔七〕師古曰：「發猶徵召也。言威聲之盛，北自月支以來皆可徵召而爲臣也。氏讀曰支。」

安國曰：「不然。臣聞用兵者以飽待饑，正治以待其亂，定舍以待其勞。〔一〕故接兵覆衆，伐國墮城，〔二〕常坐而役敵國，此聖人之兵也。且臣聞之，衝風之衰，不能起毛羽；〔三〕彊弩之末，力不能入魯縞。〔四〕夫盛之有衰，猶朝之必莫也。今將卷甲輕舉，深入長敺，難以爲功；〔五〕從行則迫脅，衡行則中絕，〔六〕疾則糧乏，徐則後利，〔七〕不至千里，人馬乏食。兵法曰：『遺人獲也。』〔八〕意者有它繆巧可以禽之，則臣不知也；不然，則未見深入之利也。臣故曰勿擊便。」

〔一〕師古曰：「舍，止息也。」

〔二〕師古曰：「覆，敗也。墮，毀也。言兵與敵接則敗其衆，所伐之國則毀其城也。覆音芳目反。墮音火規反。」
〔三〕師古曰：「衝風，疾風之衝突者也。」
〔四〕師古曰：「縞，素也，曲阜之地，俗善作之，尤爲輕細，故以取喻也。」
〔五〕師古曰：「毆與驅同。」
〔六〕師古曰：「從音子容反。衡猶横也。」
〔七〕師古曰：「後利，謂不及於利。」
〔八〕師古曰：「言以軍遺敵人，令其虜獲也。遺音弋季反。」

恢曰：「不然。夫草木遭霜者不可以風過，〔一〕清水明鏡不可以形逃，〔二〕通方之士，不可以文亂。〔三〕今臣言擊之者，固非發而深入也，將順因單于之欲，誘而致之邊，吾選梟騎壯士陰伏而處以爲之備，審遮險阻以爲其戒。吾勢已定，或營其左，或營其右，或當其前，或絕其後，單于可禽，百全必取。」

〔一〕師古曰：「言易零落。」
〔二〕師古曰：「言美惡皆見。」
〔三〕師古曰：「方，道也。」

上曰：「善。」乃從恢議。陰使聶壹爲間，〔一〕亡入匈奴，謂單于曰：「吾能斬馬邑令丞，以城降，財物可盡得。」單于愛信，以爲然而許之。聶壹乃詐斬死罪囚，縣其頭馬邑城下，

視單于使者爲信，〔一〕曰：「馬邑長吏已死，可急來。」於是單于穿塞，將十萬騎入武州塞。〔二〕

〔一〕師古曰：「間音居莧反。」

〔二〕師古曰：「視讀曰示。」

〔三〕師古曰：「在雁門。」

當是時，漢伏兵車騎材官三十餘萬，匿馬邑旁谷中。衞尉李廣爲驍騎將軍，太僕公孫賀爲輕車將軍，大行王恢爲將屯將軍，太中大夫李息爲材官將軍。御史大夫安國爲護軍將軍，諸將皆屬。約單于入馬邑縱兵。王恢、李息別從代主擊輜重。〔一〕於是單于入塞，未至馬邑百餘里，覺之，還去。語在匈奴傳。塞下傳言單于已去，漢兵追至塞，度弗及，〔二〕王恢等皆罷兵。

〔一〕師古曰：「輜，衣車也。重謂載重物車也。故行者之資，總曰輜重。重音直用反。」

〔二〕師古曰：「度，音徒各反。」

上怒恢不出擊單于輜重也，恢曰：「始約爲入馬邑城，兵與單于接，而臣擊其輜重，可得利。今單于不至而還，臣以三萬人衆不敵，祇取辱。〔一〕固知還而斬，然完陛下士三萬人。」於是下恢廷尉，廷尉當恢逗橈，當斬。〔二〕恢行千金丞相蚡。蚡不敢言上，而言於太后曰：

「王恢首爲馬邑事，今不成而誅恢，是爲匈奴報仇也。」上朝太后，太后以蚡言告上。上曰：「首爲馬邑事者恢，故發天下兵數十萬，從其言，爲此。且縱單于不可得，恢所部擊，猶頗可得，以慰士大夫心。〔三〕今不誅恢，無以謝天下。」於是恢聞，乃自殺。

〔一〕師古曰：「祇，適也，音支。」

〔二〕服虔曰：「逗音企。」應劭曰：「逗，曲行避敵也，橈，顧望也，軍法語也。」蘇林曰：「逗音豆。」如淳曰：「軍法，行而逗留畏愞者要斬。」師古曰：「服、應二說皆非也。逗謂留止也。橈，屈弱也。逗又音住。」

〔三〕師古曰：「或當得其輜重人衆也。(故)〔古〕尉安之字正如此，其後流俗乃加心耳。」

安國爲人多大略，知足以當世取舍，〔一〕而出於忠厚。貪耆財利，〔二〕然所推舉皆廉士賢於己者。於梁舉壺遂、臧固，至它，皆天下名士，〔三〕士亦以此稱慕之，唯天子以爲國器。〔四〕安國爲御史大夫五年，丞相蚡薨。安國行丞相事，引墮車，蹇。〔五〕上欲用安國爲丞相，使使視，蹇甚，乃更以平棘侯薛澤爲丞相。安國病免，〔六〕數月，瘉，復爲中尉。

〔一〕師古曰：「舍，止也。取舍，言可取則取，可止則止。」

〔二〕師古曰：「耆讀曰嗜。」

〔三〕師古曰：「於梁舉二人，至於他餘所舉，亦皆名士也。」

〔四〕師古曰：「言臣下皆敬重之，天子一人亦以爲國器。國器者，言其器用重大，可施於國政也。」

〔五〕如淳曰：「爲天子(韋)〔導〕引，而墮車跛蹇也。」

〔六〕師古曰：「以足疾。」

歲餘，徙爲衞尉。而將軍衞青等擊匈奴，破龍城。明年，匈奴大入邊。語在青傳。安國爲材官將軍，屯漁陽，捕生口虜，言匈奴遠去。即上言方佃作時，〔一〕請且罷屯。罷屯月餘，匈奴大入上谷、漁陽。安國壁乃有七百餘人，出與戰，安國傷，入壁。匈奴虜略千餘人及畜產去。上怒，使使責讓安國。徙益東，屯右北平。是時虜言當入東方。

〔一〕師古曰：「安國上奏也。佃，治田也，音與田同。」

安國始爲御史大夫及護軍，後稍下遷。新壯將軍衞青等有功，益貴。安國既斥疏，將屯又失亡多，甚自媿。幸得罷歸，〔一〕乃益東徙，意忽忽不樂，數月，病歐血死。

〔一〕師古曰：「冀得罷歸，以徼幸也。他皆類此。」

壺遂與太史遷等定漢律曆，官至詹事，其人深中篤行君子。上方倚欲以爲相，會其病卒。〔一〕

〔一〕師古曰：「倚謂仗任之也，音於綺反。」

贊曰：竇嬰、田蚡皆以外戚重，灌夫用一時決策，〔一〕而各名顯，並位卿相，大業定矣。然嬰不知時變，夫亡術而不遜，〔二〕蚡負貴而驕溢。〔三〕凶德參會，待時而發，〔四〕藉福區區其間，惡能救斯敗哉！〔五〕以韓安國之見器，臨其摯而顛墜，〔六〕陵夷以憂死，〔七〕遇合有命，悲夫！若王恢爲兵首而受其咎，豈命也虖？〔八〕

〔一〕師古曰：「謂馳入吳軍，欲報父讎也。」

〔二〕師古曰：「遜，順也。」

〔三〕師古曰：「負，恃也。」

〔四〕師古曰：「三人相遇，故曰參會。」

〔五〕師古曰：「惡音烏，謂於何也。」

〔六〕李奇曰：「摯，極也。」

〔七〕師古曰：「陵夷，卽陵遲也，言漸卑替也。」

〔八〕師古曰：「言自己爲之，非由命也。」

校勘記

二三七七頁二行　（敬）〔故〕曰栗太子。　景祐、殿本都作「故」，此誤。

二三八一頁七行　言爲諸第之（長）〔最〕也。　景祐、殿本都作「最」。

二三八一頁一三行　諸公稍自引而怠（驚）〔驁〕，　景祐、殿本都作「驁」，注同。王先謙說作「驁」是。

二三八二頁一行　（常）〔嘗〕爲潁陰侯灌嬰舍人，　宋祁說南本、浙本「常」並作「嘗」。王先謙說南、浙本是。

二三八二頁八行　吳軍（敗）〔破〕，　景祐、殿本都作「破」。

二三八五頁四行　夜洒埽張具至旦。〔八〕　注〔八〕原在「張具」下。王先謙說，「至旦」二字連上爲文，言嬰洒埽張具，自夜達旦。

二三八七頁一〇行　「今日召宗室，有詔」，〔一七〕　注〔一七〕原在「宗室」下，景祐、汲古、局本同。今從殿本，以「有詔」連上，蚡與長史語止此。

二三八八頁一七行　於大坐中罵詈（不爲）〔爲不〕敬。　景祐、殿本都作「爲不」。

二三八九頁一三行　蚡得爲（胏）〔肺〕附，　殿本「胏」作「肺」，與上蚡傳同。而此及景祐本都作「胏」，與蚡傳異。「肺」「胏」蓋一字之異體。

二三九三頁一四行　卽（公）〔宮〕車晏駕，　景祐、殿本都作「宮」，史記同。王先謙說作「宮」是。

二三九五頁一四行　起（徙）〔徒〕中爲二千石。　景祐、殿本都作「徒」，史記同，此誤。

二三九六頁　六行　竇太后（所）〔聞〕，乃詔王以安國爲內史。　楊樹達說「所」是誤字，當從史記作「聞」。

二四〇五頁　七行　（故）〔古〕尉安之字正如此，　景祐、殿本都作「古」。王先謙說作「古」是。

二四〇五頁一六行　爲天子（尊）〔導〕引，　景祐、殿本都作「導」，此誤。

漢書卷五十三

景十三王傳第二十三

孝景皇帝十四男。王皇后生孝武皇帝。栗姬生臨江閔王榮、河間獻王德、臨江哀王閼。〔一〕程姬生魯共王餘、〔二〕江都易王非、〔三〕膠西于王端。〔四〕賈夫人生趙敬肅王彭祖、中山靖王勝。唐姬生長沙定王發。王夫人生廣川惠王越、膠東康王寄、清河哀王乘、常山憲王舜。〔五〕

〔一〕師古曰：「閼音烏葛反。」

〔二〕師古曰：「共讀曰恭。下皆類此。」

〔三〕師古曰：「易音改易之易。諡法云『好更故舊曰易』。」

〔四〕師古曰：「于，遠也，言其所行不善，遠乖道德，故以爲諡。」

〔五〕師古曰：「王夫人，卽王皇后之妹也。」

河間獻王德以孝景前二年立，修學好古，實事求是。〔一〕從民得善書，必爲好寫與之，留其眞，〔二〕加金帛賜以招之。繇是四方道術之人不遠千里，〔三〕或有先祖舊書，多奉以奏獻王者，〔四〕故得書多，與漢朝等。是時，淮南王安亦好書，所招致率多浮辯。〔五〕獻王所得書皆古文先秦舊書，〔六〕周官、尚書、禮、禮記、〔七〕孟子、老子之屬，皆經傳說記，七十子之徒所論。〔八〕其學舉六藝，〔九〕立毛氏詩、左氏春秋博士。修禮樂，被服儒術，造次必於儒者。〔一〇〕山東諸儒(者)〔多〕從而游。

〔一〕師古曰：「務得事實，每求眞是也。今流俗書本云求長長老，以是從人得善書，蓋妄加之耳。」

〔二〕師古曰：「眞，正也。留其正本。」

〔三〕師古曰：「不以千里爲遠，而自致也。繇與由同。」

〔四〕師古曰：「奏，進也。」

〔五〕師古曰：「言無實用耳。」

〔六〕師古曰：「先秦，猶言秦先，謂未焚書之前。」

〔七〕師古曰：「禮者，禮經也。禮記者，諸儒記禮之說也。」

〔八〕師古曰：「七十子，孔子弟子也，解具在藝文志。」

〔九〕師古曰：「此六藝謂六經。」

〔一〇〕師古曰：「被服，言常居處其中也。造次，謂所嚮(必)〔所〕行也。被音皮義反。造音千到反。」

武帝時，獻王來朝，獻雅樂，對三雍宮〔一〕及詔策所問三十餘事。其對推道術而言，得事之中，〔二〕文約指明。〔三〕

〔一〕應劭曰：「辟雍、明堂、靈臺也。雍，和也，言天地君臣人民皆和也。」

〔二〕師古曰：「中音竹仲反。」

〔三〕師古曰：「約，少也。指謂義之所趣，若人以手指物也。他皆類此。」

立二十六年薨。中尉常麗以聞，曰：「王身端行治，〔一〕溫仁恭儉，篤敬愛下，明知深察，惠于鰥寡。」大行令奏：「謚法曰『聰明睿知曰獻』，〔二〕宜謚曰獻王。」子共王不害嗣，四年薨。子剛王堪嗣，十二年薨。子頃王授嗣，〔三〕十七年薨。子孝王慶嗣，四十三年薨。子元嗣。

〔一〕師古曰：「端，直；治，理也。」

〔二〕師古曰：「睿，深也，通也。」

〔三〕師古曰：「頃音傾。諸爲謚者，皆類此也。」

元取故廣陵厲王、厲王太子及中山懷王故姬廉等以爲姬。甘露中，冀州刺史敞奏元，事下廷尉，逮召廉等。元迫脅凡七人，令自殺。有司奏請誅元，有詔削二縣，萬一千戶。後元怒少史留貴，留貴踰垣出，欲告元，元使人殺留貴母。有司奏元殘賊不改，不可君國子民。廢勿王，處漢中房陵。〔一〕居數年，坐與妻若共乘朱輪車，怒若，又笞擊，令自髡。漢中太守請治(元)，病死。立十七年，國除。

〔一〕師古曰：「房陵，漢中縣。」

絕五歲，成帝建始元年，復立元弟上郡庫令良，〔一〕是爲河間惠王。良修獻王之行，母太后薨，服喪如禮。哀帝下詔褒揚曰：「河間王良，喪太后三年，爲宗室儀表，其益封萬戶。」二十七年薨。子尙嗣，王莽時絕。

〔一〕如淳曰：「漢官北邊郡庫，官兵之所藏，故置令。」

臨江哀王閼以孝景前二年立，三年薨。無子，國除爲郡。

臨江閔王榮以孝景前四年爲皇太子，四歲廢爲臨江王。三歲，坐侵廟壖地爲宮，〔一〕上徵榮。榮行，祖於江陵北門，〔二〕既上車，軸折車廢。〔三〕江陵父老流涕竊言曰：「吾王不反矣！」榮至，詣中尉府對簿。中尉郅都簿責訊王，〔四〕王恐，自殺。葬藍田，燕數萬銜土置冢上，百姓憐之。

〔一〕師古曰：「壖音人緣反。解在食貨志及鼂錯傳。」

〔三〕師古曰：「祖者，送行之祭，因饗飲也。昔黄帝之子纍祖好遠游而死於道，故後人以爲行神也。」

〔三〕師古曰：「廢，壞也。」

〔四〕師古曰：「簿音薄戸反。訊，問也，音信。」

榮最長，亡子，國除。〔一〕地入于漢，爲南郡。

〔一〕師古曰：「榮實最長，而傳居二王之後者，以其從太子被廢，後乃立爲王也。」

魯恭王餘以孝景前二年立爲淮陽王。吴楚反破後，以孝景前三年徙王魯。好治宫室苑囿狗馬，季年好音，〔一〕不喜辭。〔二〕爲人口吃難言。〔三〕

〔一〕師古曰：「季年，末年也。」

〔二〕師古曰：「喜音許吏反。」

〔三〕師古曰：「吃音訖。」

二十八年薨。子安王光嗣，初好音樂輿馬，晚節遴，〔一〕唯恐不足於財。四十年薨。子孝王慶忌嗣，三十七年薨。子頃王勁嗣，二十八年薨。子文王晙嗣，十八年薨，亡子，國除。哀帝建平三年，復立頃王子晙弟郚鄉侯閔爲王。〔二〕王莽時絶。

〔一〕師古曰：「晚節猶言末時也。遴與吝同，猶言貪嗇也。」

〔三〕蘇林曰：「郚音魚，縣名也，屬東海郡。」師古曰：「文音吾。」

恭王初好治宮室，壞孔子舊宅以廣其宮，聞鐘磬琴瑟之聲，遂不敢復壞，於其壁中得古文經傳。

江都易王非以孝景前二年立爲汝南王。吳楚反時，非年十五，有材氣，上書自請擊吳。景帝賜非將軍印，擊吳。吳已破，徙王江都，治故吳國，〔一〕以軍功賜天子旗。元光中，匈奴大入漢邊，非上書願擊匈奴，上不許。非好氣力，治宮館，招四方豪桀，驕奢甚。二十七年薨，子建嗣。

〔一〕師古曰：「治謂都之。劉濞所居也。」

建爲太子時，邯鄲人梁蚡持女欲獻之易王，建聞其美，私呼之，因留不出。蚡宣言曰：「子乃與其公爭妻！」建使人殺蚡。蚡家上書，下廷尉考，會赦，不治。易王薨未葬，建居服舍，〔一〕召易王所愛美人淖姬等凡十人與姦。〔二〕建女弟徵臣爲蓋侯子婦，〔三〕以易王喪來歸，建復與姦。建異母弟定國爲淮陽侯，易王最小子也，其母幸立之，〔四〕具知建事，行錢使男子荼恬上書〔五〕告建淫亂，不當爲後。事下廷尉，廷尉治恬受人錢財爲上書，論棄市。建罪不治。後數使使至長安迎徵臣，魯恭王太后聞之，〔六〕遺徵臣書曰：「國中口語籍籍，愼無復至江都。」〔七〕後建使謁者吉請問共太后，〔八〕太后泣謂吉：「歸以吾言謂而王，〔九〕王前事漫漫，今當自謹，獨不聞燕齊事乎？〔一〇〕言吾爲而王泣也。」吉歸，致共太后語，建大怒，擊吉，斥之。〔一一〕

〔一〕師古曰：「倚廬堊室之次也。」

〔二〕鄭氏曰：「淖音卓王孫之卓。」蘇林曰：「淖音泥淖。」師古曰：「蘇說是，音女教反。」

〔三〕師古曰：「女弟，即妹也。」

〔四〕師古曰：「冀得立其子爲易王嗣。」

〔五〕蘇林曰：「荼音食邪反。」

〔六〕師古曰：「易王即魯恭王同母之弟，徵臣則太后之孫也，故與書戒之。」

〔七〕師古曰：「籍籍，諠聒之意。」

〔八〕師古曰：「謂請問起居也。」

〔九〕師古曰：「謂，告也。而，汝也。」

〔一〇〕張晏曰：「燕王定國、齊王次昌皆與子昆弟姦，發覺自殺也。」

〔一一〕師古曰：「斥謂退棄之。」

建游章臺宮，令四女子乘小船，建以足蹈覆其船，〔一〕四人皆溺，二人死。後游雷波，〔二〕天大風，建使郎二人乘小船入波中。船覆，兩郎溺，攀船，乍見乍沒。建臨觀大笑，令皆

死。〔三〕

〔一〕師古曰：「覂音芳目反。其下亦同。」

〔二〕師古曰：「波讀爲陂。雷陂，陂名。其下云入波中亦同。」

〔三〕師古曰：「不救止之，並死陂中也。」

宮人姬八子有過者，輒令臝立擊鼓，〔一〕或置樹上，久者三十日乃得衣；或髡鉗以鉛杵舂，〔二〕不中程，輒掠；〔三〕或縱狼令齧殺之，〔四〕建觀而大笑；或閉不食，令餓死。凡殺不辜三十五人。建欲令人與禽獸交而生子，彊令宮人臝而四據，與羝羊及狗交。〔五〕

〔一〕師古曰：「八子，姬妾官名也。臝者，露其形也，音來果反。」

〔二〕師古曰：「鉛者，錫之類也，音弋全反。」

〔三〕師古曰：「程者，作之課也。掠，笞擊也。」

〔四〕師古曰：「縱，放也。」

〔五〕師古曰：「羝羊，牡羊，音丁奚反。」

專爲淫虐，自知罪多，國中多欲告言者，建恐誅，心內不安，與其后成光共使越婢下神，祝詛上。與郎中令等語怨望：「漢廷使者即復來覆我，我決不獨死！」〔一〕

〔一〕師古曰：「覆，治也。不獨死，言欲反也。覆音芳目反。」

建亦頗聞淮南、衡山陰謀，恐一日發，爲所并，遂作兵器。號王后父胡應爲將軍。中大夫疾有材力，善騎射，〔一〕號曰靈武君。作治黃屋蓋；刻皇帝璽，鑄將軍、都尉金銀印；作漢使節二十，綬千餘；具置軍官品員，及拜爵封侯之賞；具天下之輿地及軍陳圖。遣人通越繇王閩侯，遺以錦帛奇珍，繇王閩侯亦遺建荃、葛、〔二〕珠璣、〔三〕犀甲、翠羽、蝯熊奇獸，數通使往來，約有急相助。〔四〕及淮南事發，治黨與，頗連及建，建使人多推金錢絕其獄。〔五〕

〔一〕師古曰：「疾者，中大夫之名。」

〔二〕蘇林曰：「荃音詮，細布屬也。」服虔曰：「音蓀，細葛也。」臣瓚曰：「荃，香草也。」師古曰：「服、瓚二說皆非也。許慎云『荃，細布也』。字本作絟，音千全反，又音千劣反，蓋今南方筩布之屬皆爲荃也。葛即今之葛布也。以荃及葛遺建也。」

〔三〕師古曰：「璣謂珠之不圜者也，音機，又音畿。」

〔四〕師古曰：「約謂言契也。」

〔五〕師古曰：「行賄賂以滅其蹤緒也。」

後復謂近臣曰：「我爲王，詔獄歲至，生又無驩怡日，壯士不坐死，欲爲人所不能爲耳。」〔一〕建時佩其父所賜將軍印，載天子旗出。積數歲，事發覺，漢遣丞相長史與江都相雜案，索得兵器璽綬節反具，〔二〕有司請捕誅建。制曰：「與列侯吏二千石博士議。」議皆曰：「建失臣子道，積久，輒蒙不忍，遂謀反逆。所行無道，雖桀紂惡不至於此。天誅所不赦，當以謀反法誅。」有詔宗正、廷尉即問建。〔三〕建自殺，后成光等皆棄市。六年國除，地入于漢，爲廣陵郡。

〔一〕師古曰：「亦言欲反也。」

〔二〕師古曰：「索，搜也。」

〔三〕師古曰：「即，就也，就其國問之。」

絕百二十一年，平帝時新都侯王莽秉政，興滅繼絕，立建弟盱眙侯子宮爲廣陵王，〔一〕奉易王後。莽篡，國絕。

〔一〕師古曰：「盱音許于反。眙音怡。」

膠西于王端，孝景前三年立。爲人賊盭，又陰痿，〔一〕一近婦人，病數月。有所愛幸少年，以爲郎。郎與後宮亂，端禽滅之，及殺其子母。數犯法，〔二〕漢公卿數請誅端，天子弗忍，而端所爲滋甚。〔三〕有司比再請，削其國，去太半。〔四〕端心慍，遂爲無訾省。〔五〕府庫壞漏，盡腐財物，以鉅萬計，終不得收徙。〔六〕令吏毋得收租賦。端皆去衞，封其宮門，從一門出入。數變名姓，爲布衣，之它國。〔七〕

〔一〕師古曰：「盭，古戾字也，言其性賊害而佷戾也。痿音萎。」

〔二〕師古曰：「數音所角反。次下亦同。」

〔三〕師古曰：「滋，益也。」

〔四〕張晏曰：「三分之二爲太半，一爲少半。」師古曰：「比，頻也。」

〔五〕蘇林曰：「爲無所省錄也。」師古曰：「訾，訾財也。省，視也。言不視訾財也。」

〔六〕師古曰：「不收又不徙置他處。」

〔七〕師古曰：「之，往也。」

相二千石至者，奉漢法以治，端輒求其罪告之，亡罪者詐藥殺之。所以設詐究變，〔一〕彊足以距諫，知足以飾非。相二千石從王治，則漢繩以法。故膠西小國，而所殺傷二千石甚衆。

〔一〕師古曰：「究，極也。」

立四十七年薨，無子，國除。地入于漢，爲膠西郡。

趙敬肅王彭祖以孝景前二年立爲廣川王。趙王遂反破後，徙王趙。彭祖爲人巧佞，卑諂足共，〔一〕而心刻深，好法律，持詭辯以中人。〔二〕多內寵姬及子孫。相二千石欲奉漢法以治，則害於王家。是以每相二千石至，彭祖衣帛布單衣，〔三〕自行迎除舍，〔四〕多設疑事以詐動之，得二千石失言，中忌諱，輒書之。二千石欲治者，則以此迫劫；不聽，乃上書告之，及汙以姦利事。彭祖立六十餘年，相二千石無能滿二歲，輒以罪去，大者死，小者刑。以故二千石莫敢治，而趙王擅權。使使即縣爲賈人榷會，〔五〕入多於國租稅。以是趙王家多金錢，然所賜姬諸子，亦盡之矣。

〔一〕師古曰：「共讀曰恭。足恭，謂便辟也。」
〔二〕師古曰：「詭辯，違道之辯也。中，傷也，音竹仲反。」
〔三〕師古曰：「或帛或布以爲單衣。」
〔四〕師古曰：「至除舍迎之也。除舍，謂初所至之舍。」
〔五〕韋昭曰：「平會兩家買賣之賈者。榷者，禁他家，獨王家得爲之也。」師古曰：「即，就也。就諸縣而專榷賈人之會，若今和市矣。榷音角。會音工外反。」

彭祖不好治宮室禨祥，〔一〕好爲吏。上書願督國中盜賊。〔二〕常夜從走卒行徼邯鄲中。〔三〕諸使過客，以彭祖險陂，莫敢留邯鄲。〔四〕

〔一〕服虔曰：「求福也。」師古曰：「禨，鬼俗也，字或作䰣。淮南子曰『荊人鬼，越人䰣』。禨祥，總謂鬼神之事也。服說失之。禨音居衣反。」
〔二〕師古曰：「督，視察也。」
〔三〕師古曰：「徼謂巡察也，音工釣反。」
〔四〕師古曰：「使謂京師使人也。過客，行客從趙過者也。陂謂傾側也，音彼義反。」

久之，太子丹與其女弟及同產姊姦。江充告丹淫亂，又使人椎埋攻剽，爲姦甚衆。〔一〕武帝遣使者發吏卒捕丹，下魏郡詔獄，治罪至死。彭祖上書冤訟丹，願從國中勇敢擊匈奴，〔二〕贖丹罪，上不許。久之，竟赦出。後彭祖入朝，因帝姊平陽隆慮公主，〔三〕求復立丹爲太子，上不許。

〔一〕師古曰：「椎殺人而埋之，故曰椎埋。剽，劫也。椎音直佳反，其字從木。剽音頻妙反，其字從刀。」

〔二〕師古曰：「以勇敢自隨。」

〔三〕師古曰：「慮音廬。」

彭祖取江都易王寵姬，王建所姦淖姬者，甚愛之，生一男，號淖子。彭祖以征和元年薨，謚敬肅王。彭祖薨時，淖姬兄爲漢宦者，上召問：「淖子何如？」對曰：「爲人多欲。」上曰：「多欲不宜君國子民。」問武始侯昌，曰：「無咎無譽。」上曰：「如是可矣。」遣使者立昌，是爲頃王，十九年薨。子懷王尊嗣，五年薨。無子，絕二歲。宣帝立尊弟高，是爲哀王，數月薨。子共王充嗣，五十六年薨。子隱嗣，王莽時絕。

初，武帝復以親親故，立敬肅王小子偃爲平干王，〔一〕是爲頃王，十一年薨。子繆王元嗣，二十五年薨。大鴻臚禹奏：「元前以刃賊殺奴婢，子男殺謁者，爲刺史所舉奏，罪名明白。病先令，令能爲樂奴婢從死，〔二〕迫脅自殺者凡十六人，暴虐不道。故春秋之義，誅君之子不宜立。元雖未伏誅，不宜立嗣。」奏可，國除。

〔一〕孟康曰：「今廣平。」

〔二〕師古曰：「先令者，預爲遺令也。能爲樂，作樂之人也。從死，以殉葬也。」

中山靖王勝以孝景前三年立。武帝初即位，大臣懲吳楚七國行事，議者（勿）〔多〕冤鼂錯之策，〔一〕皆以諸侯連城數十，泰强，欲稍侵削，數奏暴其過惡。〔二〕諸侯王自以骨肉至親，先帝所以廣封連城，犬牙相錯者，爲盤石宗也。〔三〕今或無罪，爲臣下所侵辱，有司吹毛求疵，〔四〕笞服其臣，使證其君，多自以侵冤。

〔一〕師古曰：「言錯策爲是，枉見殺也。」

〔二〕師古曰：「暴謂披布之。」

〔三〕師古曰：「錯，雜也，言其地相交雜。」

〔四〕師古曰：「疵，病也，音才斯反。」

建元三年，代王登、長沙王發、中山王勝、濟川王明來朝，天子置酒，勝聞樂聲而泣。問其故，勝對曰：

臣聞悲者不可爲絫欷，〔一〕思者不可爲歎息。〔二〕故高漸離擊筑易水之上，荆軻爲

之低而不食；〔三〕雍門子壹微吟，孟嘗君爲之於邑。〔四〕今臣心結日久，每聞幼眇之聲，不知涕泣之橫集也。〔五〕

〔一〕師古曰：「絫，古累字。累，重也。欷，歔欷也，音許既反。」

〔二〕師古曰：「言聞欷歎之聲，則悲思益甚。」

〔三〕應劭曰：「燕太子丹遣荆軻刺秦王，賓客祖於易水之上，漸離擊筑，士皆垂泣，荆卿不能復食也。」師古曰：「低謂俛首。」

〔四〕張晏曰：「齊之賢者，居雍門，因以爲號。」蘇林曰：「六國時人，名周，善鼓琴，母死無以葬，見孟嘗君而微吟也。」如淳曰：「雍門子以善鼓琴見孟嘗君，先說萬歲之後，高臺既已顛，曲池又已平，墳墓生荆棘，牧豎游其上，孟嘗君亦如是乎？孟嘗君喟然歎息也。」師古曰：「如說是也，蘇失之矣。於邑，短氣貌。於音烏。邑音一合反，或讀如本字。」

〔五〕師古曰：「幼音一笑反。眇音妙。幼妙，精微也。」

夫衆喣漂山，〔一〕聚蟁成靁，〔二〕朋黨執虎，十夫橈椎。〔三〕是以文王拘於牖里，孔子阨於陳、蔡。此乃烝庶之成風，增積之生害也。〔四〕臣身遠與寡，莫爲之先，〔五〕衆口鑠金，積毀銷骨，〔六〕叢輕折軸，羽翮飛肉，〔七〕紛驚逢羅，潸然出涕。〔八〕

〔一〕應劭曰：「喣，吹喣也。」師古曰：「漂，動也。喣音許句反，又音許于反。漂音匹遙反。」

〔二〕師古曰：「蟁，古蚊字。靁，古雷字。言衆蚊飛聲有若雷也。」

〔三〕師古曰：「橈，曲也，音女教反。」

〔四〕師古曰：「烝庶，謂衆人也。」

〔五〕師古曰：「身遠者，去帝京遠。與寡者，少黨與也。先謂素爲延譽也。」

〔六〕師古曰：「解在鄒陽傳。」

〔七〕師古曰：「言積載輕物，物多至令車軸毀折。而鳥之所以能飛翔者，以羽翮扇揚之故也。」

〔八〕晉灼曰：「言皆驚亂遇法罔，可爲出涕者也。」師古曰：「潸，垂涕貌，音所姦反。」

臣聞白日曬光，幽隱皆照；〔一〕明月曜夜，蟁蝱宵見。〔二〕然雲蒸列布，杳冥晝昏；塵埃抪覆，昧不〔見〕泰山。〔三〕何則？物有蔽之也。今臣雍閼不得聞，〔四〕讒言之徒蠭生。〔五〕道遼路遠，曾莫爲臣聞，臣竊自悲也。

〔一〕師古曰：「曬，暴也，舒也，音山豉反，又音力支反。」

〔二〕師古曰：「宵亦夜也。蝱音盲。」

〔三〕師古曰：「抪亦布散也。昧，暗也。抪音鋪。」

〔四〕師古曰：「雍讀曰壅。雍，塞也。閼猶止也，音烏曷反。」

〔五〕師古曰：「蠭生，言衆多也。一曰蠭與鋒同。」

臣聞社鼷不灌，屋鼠不熏。〔一〕何則？所託者然也。臣雖薄也，得蒙肺附；位雖卑也，得爲東藩，屬又稱兄。〔二〕今羣臣非有葭莩之親，鴻毛之重，〔三〕羣居黨議，朋友相爲，使夫宗室擯卻，骨肉冰釋。〔四〕斯伯奇所以流離，比干所以橫分也。〔五〕詩云「我心憂傷，惄焉如擣；假寐永歎，唯憂用老；心之憂矣，疢如疾首」，〔六〕臣之謂也。

〔一〕師古曰：「鼷，小鼠，音奚。」

〔二〕師古曰：「言於戚屬爲帝兄。」

〔三〕張晏曰：「葭，蘆〔葉〕也。莩，葉裏白皮也。」晉灼曰：「莩，葭裏之白皮也，皆取喻於輕薄也。」師古曰：「葭，蘆也。莩者，其筩中白皮至薄者也。葭莩喻（著）〔薄〕，鴻毛喻輕薄甚也。莩音孚。張言葉裏白皮非也。」

〔四〕師古曰：「擯卻，謂斥退也。冰釋，言銷散也。擯音必刃反。卻音丘略反。」

〔五〕師古曰：「伯奇，周尹吉甫之子也，事後母至孝，而後母譖之於吉甫。吉甫欲殺之，伯奇乃亡走山林。比干諫紂，紂怒，殺而剖其心，故云橫分也。」

〔六〕師古曰：「小雅小弁之詩也。惄，思也。擣，築也。不脫衣冠而寐曰假寐。永，長也。疢，病也。言我心中憂思，如被擣築，假寐長歎，以憂致老，至於苦病，如遇首疾也。」

具以吏所侵聞。於是上乃厚諸侯之禮，省有司所奏諸侯事，〔一〕加親親之恩焉。其後更用主父偃謀，令諸侯以私恩自裂地分其子弟，而漢爲定制封號，輒別屬漢郡。漢有厚恩，而諸侯地稍自分析弱小云。

〔一〕師古曰：「省，減也。」

勝爲人樂酒好內，〔一〕有子百二十餘人。常與趙王彭祖相非曰：「兄爲王，專代吏治事。

王者當日聽音樂，御聲色。」趙王亦曰：「中山王但奢淫，不佐天子拊循百姓，何以稱爲藩臣！」

〔一〕師古曰：「好內，躭於妻妾也。樂音五教反。」

四十三年薨。子哀王昌嗣，一年薨。子康王昆侈嗣，二十一年薨。子頃王輔嗣，四年薨。子憲王福嗣，十七年薨。子懷王循嗣，十五年薨，無子，絕四十五歲。成帝鴻嘉二年復立憲王弟孫利鄉侯子雲客，是爲廣德夷王。三年薨，無子，絕十四歲。哀帝復立雲客弟廣漢爲廣平王。薨，無後。平帝元始二年復立廣川惠王曾孫倫爲廣德王，奉靖王後。王莽時絕。

長沙定王發，母唐姬，故程姬侍者。景帝召程姬，程姬有所避，不願進，〔一〕而飾侍者唐兒使夜進。上醉，不知，以爲程姬而幸之，遂有身。已乃覺非程姬也。及生子，因名曰發。〔二〕以孝景前二年立。以其母微無寵，故王卑溼貧國。〔三〕

〔一〕師古曰：「謂月事。」

〔二〕張晏曰：「長沙王生，乃發寤己之繆幸唐姬。」

〔三〕應劭曰：「景帝後二年諸王來朝，有詔更前稱壽歌舞。定王但張袖小舉手，左右笑其拙。上怪問之，對曰：『臣國小地狹，不足回旋。』帝乃以武陵、零陵、桂陽益焉。」

二十八年薨。子戴王庸嗣，二十七年薨。子頃王鮒鮈嗣，〔一〕十七年薨。子剌王建德嗣，〔二〕宣帝時坐獵縱火燔民九十六家，〔三〕殺二人，又以縣官事怨內史，教人誣告以棄市罪，削八縣，罷中尉官。〔四〕三十四年薨。子煬王旦嗣，〔五〕二年薨。無子，絕歲餘。元帝初元三年復立旦弟宗，是爲孝王，五年薨。子魯人嗣，王莽時絕。

〔一〕服虔曰：「鮈音拘。」師古曰：「鮒音附。鮈音劬。字或作胕朐，其音同耳。」

〔二〕師古曰：「剌音來曷反。」

〔三〕師古曰：「縱，放也。」

〔四〕師古曰：「減其官屬，所以貶抑之。」

〔五〕師古曰：「煬音弋向反。」

廣川惠王越以孝景中二年立，十三年薨。子繆王齊嗣，〔一〕四十四年薨。初齊有幸臣乘距，已而有罪，欲誅距。距亡，齊因禽其宗族。距怨王，乃上書告齊與同產姦。〔二〕是後，齊數告言漢公卿及幸臣所忠等，〔三〕又告中尉蔡彭祖捕子明，〔四〕罵曰：「吾盡汝種矣！」〔五〕有司案驗，不如王言，劾齊誣罔，大不敬，請繫治。齊恐，上書願與廣川勇士奮擊匈奴，上許之。未發，病薨。有司請除國，奏可。

〔一〕師古曰「謚法曰『蔽仁傷善曰繆』。」

〔二〕師古曰：「謂其姊妹也。」

〔三〕師古曰：「所姓，忠名。解具在食貨志。」

〔四〕孟康曰：「彭祖子名明也。」師古曰：「孟說非也。明，廣川王子也。」

〔五〕師古曰：「王誣彭祖，駡明云然。」

後數月，下詔曰：「廣川惠王於朕爲兄，朕不忍絕其宗廟，其以惠王孫去爲廣川王。」去即繆王齊太子也，師受易、論語、孝經皆通，好文辭、方技、博弈、倡優。其殿門有成慶畫，短衣大絝長劍，〔一〕去好之，作七尺五寸劍，被服皆效焉。有幸姬王昭平、王地餘，許以爲后。去嘗疾，姬陽成昭信侍視甚謹，〔二〕更愛之。去與地餘戲，得褏中刀，〔三〕笞問狀，服欲與昭平共殺昭信。笞問昭平，不服，以鐵鍼鍼之，〔四〕彊服。乃會諸姬，去以劍自擊地餘，令昭信擊昭平，皆死。昭信曰：「兩姬婢且泄口。」復絞殺從婢三人。後昭信病，夢見昭平等，以狀告去。去曰：「虜乃復見畏我！〔五〕獨可燔燒耳。」掘出尸，皆燒爲灰。

〔一〕晉灼曰：「成慶，荆軻也，衞人謂之慶卿，燕人謂之荆卿。」師古曰：「成慶，古之勇士也，事見淮南子，非荆卿也。」

〔二〕師古曰：「陽成姓也，昭信名也。」

〔三〕師古曰：「褏，古衣袖字。」

〔四〕師古曰：「以鍼刺也。鍼音之林反。」
〔五〕師古曰：「言其見形令我畏忌也。見音胡電反。」

後去立昭信爲后，幸姬陶望卿爲脩靡夫人，主繒帛；崔脩成爲明貞夫人，主永巷。昭信復譖望卿曰：「與我無禮，衣服常鮮於我，〔一〕盡取善繒匄諸宮人。」〔二〕去曰：「若數惡望卿，不能減我愛；〔三〕設聞其淫，我亨之矣。」後昭信謂去曰：「前畫工畫望卿舍，望卿袒裼傅粉其傍。〔四〕又數出入南戶窺郎吏，疑有姦。」去曰：「善司之。」以故益不愛望卿。後與昭信等飲，諸姬皆侍，去爲望卿作歌曰：「背尊章，嫖以忽，〔五〕謀屈奇，起自絕。〔六〕行周流，自生患，諒非望，今誰怨！」〔七〕使美人相和歌之。去曰：「是中當有自知者。」昭信知去已怒，卽誣言望卿歷指郎吏臥處，具知其主名，又言郎中令錦被，疑有姦。去郎與昭信從諸姬至望卿所，臝其身，更擊之。〔八〕令諸姬各持燒鐵共灼望卿。望卿走，自投井死。昭信出之，椓杙其陰中，〔九〕割其鼻脣，斷其舌。謂去曰：「前殺昭平，反來畏我，〔一〇〕今欲靡爛望卿，使不能神。」〔一一〕與去共支解，置大鑊中，取桃灰毒藥并煮之，召諸姬皆臨觀，連日夜靡盡。復共殺其女弟都。

〔一〕師古曰：「鮮謂新華也。」
〔二〕師古曰：「匄，乞遺之也，音工艾反。」

〔三〕師古曰：「若，汝也。惡謂讒毀也。」
〔四〕師古曰：「袒裼，脫衣露其肩背也。袒音但。裼音錫。」
〔五〕孟康曰：「嫖音匹昭反。」師古曰：「尊章猶言舅姑也。今關中俗婦呼舅(姑)為鍾。鍾者章聲之轉也。」
〔六〕師古曰：「屈奇，奇異也。屈音其勿反。」
〔七〕師古曰：「諒，信也。言昔被愛寵，信非所望，今見罪責，無所怨也。」
〔八〕師古曰：「更音工衡反。」
〔九〕師古曰：「杙，橜也。椓音竹角反。杙音弋。」
〔一〇〕師古曰：「令我恐畏也。」
〔一一〕師古曰：「靡，碎也，音糜，其下亦同。」

後去數召姬榮愛與飲，昭信復譖之，曰：「榮姬視瞻，意態不善，疑有私。」時愛為去刺方領繡，〔一〕去取燒之。愛恐，自投井。出之未死，笞問愛，自誣與醫姦。去縛繫柱，燒刀灼潰兩目，〔二〕生割兩股，銷鉛灌其口中。愛死，支解以棘埋之。諸幸於去者，昭信輒譖殺之，凡十四人，皆埋太后所居長壽宮中。宮人畏之，莫敢復迕。〔三〕

〔一〕服虔曰：「如今小兒卻襲衣也。頸下施衿，領正方直。」晉灼曰：「今之婦人直領也。繡為方領，上刺作黼黻文。王莽傳曰『有人著赤繢方領』。方領，上服也。」師古曰：「晉說是也。」
〔二〕師古曰：「潰，決也。」

〔三〕師古曰：「迕，逆也，不敢逆昭信意。」

昭信欲擅愛，曰：「王使明貞夫人主諸姬，淫亂難禁。請閉諸姬舍門，無令出敖。」〔一〕使其大婢爲僕射，〔二〕主永巷，盡封閉諸舍，上籥於后，非大置酒召，不得見。去憐之，爲作歌曰：「愁莫愁，居無聊。〔三〕心重結，意不舒。內茀鬱，憂哀積。〔四〕上不見天，生何益！日崔隤，時不再。〔五〕願棄軀，死無悔。」令昭信聲鼓爲節，以教諸姬歌之，歌罷輒歸永巷，封門。獨昭信兄子初爲乘華夫人，得朝夕見。昭信與去從十餘奴博飲游敖。

〔一〕師古曰：「敖謂游戲也。」
〔二〕師古曰：「大婢，婢之長年也。」
〔三〕師古曰：「聊，賴也。」
〔四〕師古曰：「茀音拂。」
〔五〕師古曰：「崔隤猶言蹉跎也。崔音千回反。隤音頹。」

初去年十四五，事師受易，師數諫正去，〔一〕去益大，逐之。〔二〕內史請以爲掾，師數令內史禁切王家。去使奴殺師父子，不發覺。後去數置酒，令倡俳臝戲坐中〔三〕以爲樂。相彊劾繫倡，闌入殿門，〔四〕奏狀。事下考案，倡辭，本爲王教脩靡夫人望卿弟都歌舞。使者召望卿、都，去對皆淫亂自殺。會赦不治。望卿前亨煑，即取他死人與都死并付其母。〔五〕母曰：「都是，望卿非也。」數號哭求死，昭信令奴殺之。奴得，辭服。〔六〕本始三年，相內史奏狀，具言赦前所犯。天子遣大鴻臚、丞相長史、御史丞、廷尉正雜治鉅鹿詔獄，奏請逮捕去及后昭信。制曰：「王后昭信、諸姬奴婢證者皆下獄。」辭服。有司復請誅王。制曰：「與列侯、中二千石、二千石、博士議。」議者皆以爲去悖虐，聽后昭信讒言，燔燒亨煮，生割剝人，距師之諫，殺其父子。凡殺無辜十六人，至一家母子三人，逆節絕理。其十五人在赦前，大惡仍重，〔七〕當伏顯戮以示衆。制曰：「朕不忍致王於法，議其罰。」有司請廢勿王，與妻子徙上庸。奏可。與湯沐邑百戶。去道自殺，昭信棄市。

〔一〕師古曰：「數音所角反。其下亦同。」
〔二〕師古曰：「益大，謂年漸長大也。」
〔三〕師古曰：「倡，樂人也。俳，雜戲者也。」
〔四〕如淳曰：「彊，相名也。」
〔五〕師古曰：「死者，尸也。次下求其死亦同。」
〔六〕師古曰：「得者，爲吏所捕得。」
〔七〕師古曰：「仍，頻也。重音直用反。」

立二十二年，國除。後四歲，宣帝地節四年，復立去兄文，是爲戴王。文素正直，數諫王去，故上立焉，二年薨。子海陽嗣，十五年，坐畫屋爲男女嬴交接，置酒請諸父姊妹飲，令仰視晝；又海陽女弟爲人妻，而使與幸臣姦；又與從弟調等謀殺一家三人，已殺。甘露四年坐廢，徙房陵，國除。後十五年，平帝元始二年，復立戴王弟襄隄侯子瘉爲廣德王，〔一〕奉惠王後，二年薨。子赤嗣，王莽時絕。

〔一〕師古曰：「隄音丁奚反。瘉音愈。」

膠東康王寄以孝景中二年立，二十八年薨。淮南王謀反時，寄微聞其事，私作兵車鏃矢，〔一〕戰守備，備淮南之起。及吏治淮南事，辭出之。〔二〕寄於上最親，〔三〕意自傷，發病而死，不敢置後。於是上聞寄有長子賢，母無寵，少子慶，母愛幸，寄常欲立之，爲非次，因有過，遂無所言。上憐之，立賢爲膠東王，奉康王祀，而封慶爲六安王，王故衡山地。膠東王賢立十五年薨，謚爲哀王。子戴王通平嗣，二十四年薨。子頃王音嗣，五十四年薨。子共王授嗣，十四年薨。子殷嗣，王莽時絕。

〔一〕應劭曰：「樓車也，所以看敵國營壘之虛實也。」師古曰：「兵車止謂戰車耳。鏃矢，大鏃之矢，今所謂兵箭者也。鏃音子木反。」

〔二〕師古曰：「辭語所連，出其事。」

〔三〕師古曰：「寄母王夫人卽王皇后之妹，於上爲從母，故寄於諸兄弟之中又更親也。此下有常山王云『天子爲最親』，其義亦同。」

六安共王慶立三十八年薨。子夷王祿嗣，十年薨。子繆王定嗣，二十二年薨。子頃王光嗣，二十七年薨。子育嗣，王莽時絕。

清河哀王乘以孝景中三年立，十二年薨。無子，國除。

常山憲王舜以孝景中五年立。舜，帝少子，驕淫，數犯禁，上常寬之。三十三年薨，子勃嗣爲王。

初，憲王有不愛姬生長男梲，〔一〕梲以母無寵故，亦不得幸於王。王后脩生太子勃。王內多，所幸姬生子平、子商，王后稀得幸。及憲王疾甚，諸幸姬侍病，王后以妒媢不常在，〔二〕輒歸舍。醫進藥，太子勃不自嘗藥，又不宿留侍疾。及王薨，王后、太子乃至。憲王雅不以梲爲子數，〔三〕不分與財物。郎或說太子、王后，令分梲財，皆不聽。太子代立，又不收恤梲。梲怨王后及太子。漢使者視憲王喪，梲自言憲王病時，王后、太子不侍，及薨，六日出舍，〔四〕太子勃私姦、飲酒、博戲、擊筑，與女子載馳，環城過市，〔五〕入獄視囚。天子遣大行騫驗問，〔六〕逮諸證者，〔七〕王又匿之。吏求捕，勃使人致擊笞掠，擅出漢所疑囚。有司請誅勃及憲王后脩。上曰：「脩素無行，使棁陷之罪。勃無良師傅，不忍致誅。」有司請廢勿王，徙王勃以家屬處房陵，上許之。

〔一〕蘇林曰：「音奪。」師古曰：「音他活反，其字從木。」
〔二〕師古曰：「娟亦妒也。娟音冒。」
〔三〕師古曰：「雅，素也。數音所具反。」
〔四〕如淳曰：「出服舍也。」
〔五〕師古曰：「環，繞也，音宦。」
〔六〕師古曰：「張騫也。」
〔七〕師古曰：「逮捕之。」

勃王數月，廢，國除。月餘，天子爲最親，詔有司曰：「常山憲王早夭，后妾不和，適孽誣爭，〔一〕陷于不誼以滅國，朕甚閔焉。其封憲王子平三萬戶，爲眞定王；子商三萬戶，爲泗水王。」頃王平立二十五年薨。〔二〕子烈王偃嗣，十八年薨。子孝王由嗣，二十二年薨。子安王雍嗣，二十六年薨。子共王普嗣，十五年薨。子陽嗣，王莽時絕。

〔一〕師古曰：「適音嫡。孽，庶也。」
〔二〕師古曰：「眞定頃王也。」

泗水思王商立十〔一〕年薨。子哀王安世嗣，一年薨，無子。於是武帝憐泗水王絕，復立安世弟賀，是爲戴王。立二十二年薨，有遺腹子煖，〔一〕相內史不以聞。太后上書，昭帝閔之，抵相內史罪，立煖，是爲勤王。〔二〕立三十九年薨。子戾王駿嗣，三十一年薨。子靖嗣，王莽時絕。

〔一〕師古曰：「煖音許遠反。」

〔二〕師古曰：「勤，謚也。」

贊曰：昔魯哀公有言：「寡人生於深宮之中，長於婦人之手，未嘗知憂，未嘗知懼。」〔一〕信哉斯言也！雖欲不危亡，不可得已。〔二〕是故古人以宴安爲鴆毒，〔三〕亡德而富貴，謂之不幸。漢興，至于孝平，諸侯王以百數，率多驕淫失道。何則？沈溺放恣之中，居勢使然也。自凡人猶繫于習俗，而況哀公之倫乎！夫唯大雅，卓爾不羣，河間獻王近之矣。

〔一〕師古曰：「哀公與孔子言也。事見孫卿子。」

〔二〕師古曰：「已，語終辭。」

〔三〕師古曰：「左氏傳管敬仲云『宴安鴆毒，不可懷也』。」

校勘記

二四一〇頁六行　山東諸儒（者）〔多〕從而遊。　錢大昕說閩本「者」作「多」。按景祐、殿本都作「多」。

二四一〇頁一六行　造次，謂所嚮（必）〔所〕行也。　史記索隱「必」作「所」。王先謙說此誤。

二四一三頁二行　漢中太守請治（元），病死。　景祐、殿本都無「元」字。

二四一三頁四行　議者（勿）〔多〕冤鼂錯之策，　景祐、殿本都作「多」。王先謙說作「多」是。

二四二四頁八行　昧不〔見〕泰山。　錢大昭說，「泰山」上脫「見」字。按景祐、殿本都有「見」字。

二四二五頁五行　葭，蘆〔葉〕也。　景祐、殿本都有「葉」字。

二四二五頁六行　葭莩喻（著）〔薄〕，　景祐本作「薄」。

二四三〇頁三行　今關中俗婦呼舅（姑）爲鍾。　景祐、殿本都無「姑」字。

二四三六頁一行　泗水思王商立十〔二〕年薨。　景祐、殿本都有「二」字。史記作「十一年」。

漢書卷五十四

李廣蘇建傳第二十四

李廣，隴西成紀人也。其先曰李信，秦時爲將，逐得燕太子丹者也。廣世世受射。〔一〕孝文十四年，匈奴大入蕭關，〔二〕而廣以良家子從軍擊胡，用善射，殺首虜多，爲郎，騎常侍。〔三〕數從射獵，格殺猛獸，文帝曰：「惜廣不逢時，令當高祖世，萬戶侯豈足道哉！」

〔一〕師古曰：「受射法。」

〔二〕師古曰：「在上郡北。」

〔三〕師古曰：「官爲郎，常騎以侍天子，故曰騎常侍。」

景帝卽位，爲騎郎將。〔一〕吳楚反時，爲驍騎都尉，從太尉亞夫戰昌邑下，顯名。以梁王授廣將軍印，故還，賞不行。〔二〕爲上谷太守，數與匈奴戰。典屬國公孫昆邪爲上泣曰：〔三〕「李廣材氣，天下亡雙，自負其能，數與虜确，恐亡之。」〔四〕上乃徙廣爲上郡太守。

〔一〕師古曰：「爲騎郎之將，主騎郎。」

〔二〕文穎曰：「廣爲漢將，私受梁印，故不得賞也。」

〔三〕服虔曰：「昆邪，中國人也。」師古曰：「對上而泣也。昆音下溫反。」

〔四〕師古曰：「負，恃也。确謂競勝敗也。确音角。」

匈奴（入）〔侵〕上郡，上使中貴人從廣〔一〕勒習兵擊匈奴。中貴人者將數十騎從，〔二〕見匈奴三人，與戰。射傷中貴人，殺其騎且盡。中貴人走廣，〔三〕廣曰：「是必射鵰者也。」〔四〕廣乃從百騎往馳三人。〔五〕三人亡馬步行，行數十里。廣令其騎張左右翼，〔六〕而廣身自射彼三人者，殺其二人，生得一人，果匈奴射鵰者也。已縛之上山，望匈奴數千騎，見廣，以爲誘騎，驚，上山陳。〔七〕廣之百騎皆大恐，欲馳還走。廣曰：「我去大軍數十里，今如此走，匈奴追射，我立盡。今我留，匈奴必以我爲大軍之誘，不我擊。」〔八〕廣令曰：「前！」未到匈奴陳二里所，止，令曰：「皆下馬解鞍！」騎曰：「虜多如是，解鞍，卽急，柰何？」廣曰：「彼虜以我爲走，今解鞍以示不去，用堅其意。」〔九〕有白馬將出護兵。〔一〇〕廣上馬，與十餘騎奔射殺白馬將，而復還至其百騎中，解鞍，縱馬臥。〔一一〕時會暮，胡兵終怪之，弗敢擊。夜半，胡兵以爲漢有伏軍於傍欲夜取之，卽引去。平旦，廣乃歸其大軍。後徙爲隴西、北地、雁門、雲中太守。

〔一〕服虔曰：「內臣之貴幸者。」

〔二〕張晏曰：「放（從）〔縱〕遊獵也。」師古曰：「張讀作縱，此說非也。直言將數十騎自隨，在大軍前行而忽遇敵也。從音才用反。」

〔三〕師古曰：「走，趣也，音奏。」

〔四〕文穎曰：「鵰，鳥也，故使善射者射之。」師古曰：「鵰，大鷙鳥也，一名鷲，黑色，翮可以為箭羽，音彫。」

〔五〕師古曰：「疾馳而逐之。」

〔六〕師古曰：「旁引其騎，若鳥翼之為。」

〔七〕師古曰：「為陳以待廣也。」

〔八〕師古曰：「不我擊，不敢擊我也。」

〔九〕師古曰：「示以堅牢，令敵意知之。」

〔一〇〕師古曰：「將之乘白馬者也。護謂監視之。」

〔一一〕師古曰：「縱，放也。」

武帝即位，左右言廣名將也，由是入為未央衞尉，而程不識時亦為長樂衞尉。程不識故與廣俱以邊太守將屯。及出擊胡，而廣行無部曲行陳，〔一〕就善水草頓舍，人人自便，〔二〕不擊（刀）〔刁〕斗自衞，〔三〕莫府省文書，〔四〕然亦遠斥候，未嘗遇害。程不識正部曲行伍營陳，擊（刀）〔刁〕斗，吏治軍簿〔五〕至明，軍不得自便。不識曰：「李將軍極簡易，然虜卒犯之，無以禁；〔六〕而其士亦佚樂，〔七〕為之死。我軍雖煩擾，虜亦不得犯我。」是時漢邊郡李廣、程不識爲名將，然匈奴畏廣，士卒多樂從，而苦程不識。〔八〕不識孝景時以數直諫爲太中大夫，爲人廉，謹於文法。

〔一〕師古曰：「續漢書百官志云『將軍領軍，皆有部曲。大將軍營五部，部校尉一人。部下有曲，曲有軍候一人。』今廣尙於簡易，故行道之中而不立部曲也。」

〔二〕師古曰：「頓，止也。舍，息也。便，安利也，音頻面反。其下亦同。」

〔三〕孟康曰：「(刀)〔刁〕斗，以銅作鐎，受一斗。晝炊飯食，夜擊持行夜，名曰(刀)〔刁〕斗。今在滎陽庫中也。」蘇林曰：「形如鋗，無緣。」師古曰：「鐎音譙郡之譙，溫器也。鋗音火玄反。鋗即銚也。今俗或呼銅銚，音姚。」

〔四〕晉灼曰：「將軍職在征行，無常處，所在爲治，故言莫府也。莫，大也。或曰，衞青征匈奴，絕大莫，大克獲，帝就拜大將軍於幕中府，故曰莫府。莫府之名始於此也。」師古曰：「二說皆非也。莫府者，以軍幕爲義，古字通單用耳。軍旅無常居止，故以帳幕言之。廉頗、李牧市租皆入幕府，此則非因衞青始有其號。又莫訓大，於義乖矣。省，少也，音所領反。」

〔五〕師古曰：「簿，文簿，音步戶反。」

〔六〕師古曰：「卒讀曰猝。」

〔七〕師古曰：「佚與逸同。逸樂，謂閑豫也。」

〔八〕師古曰：「苦謂厭苦之也。」

後漢誘單于以馬邑城，使大軍伏馬邑傍，而廣爲驍騎將軍，屬護軍將軍。〔一〕單于覺之，去，漢軍皆無功。後四歲，廣以衞尉爲將軍，出雁門擊匈奴。匈奴兵多，破廣軍，生得廣。單于素聞廣賢，令曰：「得李廣必生致之。」胡騎得廣，廣時傷，置兩馬間，絡而盛〔之〕臥。行十餘里，廣陽死，睨其傍有一兒騎善馬，〔一〕暫騰而上胡兒馬，〔二〕因抱兒鞭馬南馳數十里，得其餘軍。匈奴騎數百追之，廣行取兒弓射殺追騎，〔四〕以故得脫。於是至漢，漢下廣吏。吏當廣亡失多，爲虜所生得，〔五〕當斬，贖爲庶人。

〔一〕師古曰：「睨，邪視也，音五係反。」
〔二〕師古曰：「騰，跳躍也。」
〔三〕師古曰：「韓安國。」
〔四〕師古曰：「且行且射也。」
〔五〕師古曰：「當謂處其罪也。」

數歲，與故潁陰侯屏居藍田南山中射獵。〔一〕嘗夜從一騎出，從人田間飲。還至亭，霸陵尉醉，呵止廣，廣騎曰：「故李將軍。」尉曰：「今將軍尚不得夜行，何故也！」宿廣亭下。居無何，匈奴入遼西，殺太守，敗韓將軍。〔二〕韓將軍後徙居右北平，死。於是上乃召拜廣爲右北平太守。廣請霸陵尉與俱，〔三〕至軍而斬之，上書自陳謝罪。上報曰：「將軍者，國之爪牙也。司馬法曰：『登車不式，遭喪不服，〔四〕振旅撫師，以征不服；率三軍之心，同戰士之力，故怒形則千里竦，威振則萬物伏；〔五〕是以名聲暴於夷貉，威稜憺乎鄰國。〔六〕夫報忿除害，捐殘去殺，朕之所圖於將軍也；若乃免冠徒跣，稽顙請罪，豈朕之指哉！〔七〕將軍其率師東轅，彌節白檀，〔八〕以臨右北平盛秋。」〔九〕廣在郡，匈奴號曰「漢飛將軍」，避之，數歲不入界。

〔一〕師古曰：「潁陰侯，灌嬰之孫，名彊。」

〔二〕蘇林曰：「韓安國。」

〔三〕師古曰：「奏請天子而將行。」

〔四〕服虔曰：「式，撫車之式以禮敬人也。式者，車前橫木也，字或作軾。」

〔五〕師古曰：「竦，驚也。」

〔六〕李奇曰：「神靈之威曰稜。憺猶動也。」蘇林曰：「陳留人語恐言憺之。」師古曰：「稜音來登反。憺音徒濫反。」

〔七〕師古曰：「指，意也。」

〔八〕孟康曰：「白檀，縣名也，屬右北平。」李奇曰：「彌節，少安之貌。」師古曰：「彌音亡俾反。」

〔九〕師古曰：「盛秋馬肥，恐虜爲寇，故令折衝禦難也。」

廣出獵，見草中石，以爲虎而射之，中石沒矢，視之，石也。他日射之，終不能入矣。廣所居郡聞有虎，常自射之。及居右北平射虎，虎騰傷廣，廣亦射殺之。

石建卒，上召廣代爲郎中令。元朔六年，廣復爲將軍，從大將軍出定襄。諸將多中首虜率爲侯者，〔一〕而廣軍無功。後三歲，廣以郎中令將四千騎出右北平，博望侯張騫將萬騎與廣俱，異道。行數百里，匈奴左賢王將四萬騎圍廣，廣軍士皆恐，廣乃使其子敢往馳之。敢從數十騎直貫胡騎，出其左右而還，報廣曰：「胡虜易與耳。」軍士乃安。爲圜陳外鄉，〔二〕胡急擊，矢下如雨。漢兵死者過半，漢矢且盡。廣乃令持滿毋發，〔三〕而廣身自以大黃射其裨將，〔四〕殺數人，胡虜益解。會暮，吏士無人色，〔五〕而廣意氣自如，〔六〕益治軍。〔七〕軍中服其勇也。明日，復力戰，而博望侯軍亦至，匈奴乃解去。漢軍罷，弗能追。〔八〕是時廣軍幾沒，〔九〕罷歸。漢法，博望侯後期，當死，贖爲庶人。廣軍自當，亡賞。〔一〇〕

〔一〕如淳曰：「中猶充也，充本法得首若干封侯也。」師古曰：「率謂軍功封賞之科著在法令者也。中音竹仲反。其下率亦同。」

〔二〕師古曰：「鄉讀曰嚮。」

〔三〕師古曰：「注矢於弓弩而引滿之，不發矢也。」

〔四〕服虔曰：「黃肩弩也。」孟康曰：「太公陷堅卻敵，以大黃參連弩也。」晉灼曰：「黃肩即黃間也，大黃其大者也。」師古曰：「服、晉二說是也。」

〔五〕師古曰：「言懼甚。」

〔六〕師古曰：「自如，猶云如舊。」

〔七〕師古曰：「巡部曲，整行陳也。」

〔八〕師古曰：「罷讀曰疲。」

〔九〕師古曰：「幾音鉅衣反。」

〔一〇〕師古曰：「自當，謂爲虜所勝，又能勝虜，功過相當也。」

初，廣與從弟李蔡俱爲郎，事文帝。景帝時，蔡積功至二千石。武帝元朔中，爲輕車將軍，從大將軍擊右賢王，有功中率，封爲樂安侯。〔一〕元狩二年，代公孫弘爲丞相。蔡爲人在下中，〔二〕名聲出廣下遠甚，然廣不得爵邑，官不過九卿。廣之軍吏及士卒或取封侯。廣與望氣王朔語云：「自漢擊匈奴，廣未嘗不在其中，而諸妄校尉已下，〔三〕材能不及中，〔四〕以軍功取侯者數十人。廣不爲後人，然終無尺寸功以得封邑者，何也？豈吾相不當侯邪？」朔曰：「將軍自念，豈嘗有恨者乎？」〔五〕廣曰：「吾爲隴西守，羌嘗反，吾誘降者八百餘人，詐而同日殺之，至今恨獨此耳。」朔曰：「禍莫大於殺已降，此乃將軍所以不得侯者也。」

〔一〕師古曰：「此傳及百官表並爲樂安侯，而功臣表作安樂侯，是功臣表誤也。」

〔二〕師古曰：「在下輩之中。」

〔三〕張晏曰：「妄猶凡也。」

〔四〕師古曰：「中謂中庸之人也。」

〔五〕師古曰：「恨，悔也。」

廣歷七郡太守，前後四十餘年，得賞賜，輒分其戲下，〔一〕飲食與士卒共之。家無餘財，終不言生產事。爲人長，爰臂，〔二〕其善射亦天性，雖子孫他人學者莫能及。廣吶口少言，〔三〕與人居，則畫地爲軍陳，射闊狹以飲。專以射爲戲。〔四〕將兵，乏絕處見水，士卒不盡飲，不近水，不盡餐，不嘗食。寬緩不苛，〔五〕士以此愛樂爲用。其射，見敵，非在數十步之內，度不中不發，〔六〕發卽應弦而倒。用此，其將數困辱，及射猛獸，亦數爲所傷云。

〔一〕師古曰：「戲讀曰麾，又音許宜反。」

〔二〕如淳曰：「臂如猨臂通肩也。或曰，似當爲緩臂也。」師古曰：「王國風菟爰之詩云『有菟爰爰』，爰爰，緩意也，其義兩通。」

〔三〕師古曰：「吶亦訥字。」

〔四〕如淳曰：「爲戲求疏密，持酒以飲不勝者也。」

〔五〕師古曰：「苛，細也。」

〔六〕師古曰：「度音待各反。中音竹仲反。」

元狩四年，大將軍票騎將軍大擊匈奴，廣數自請行。上以爲老，不許；良久乃許之，以爲前將軍。

大將軍青出塞，捕虜知單于所居，乃自以精兵走之，〔一〕而令廣幷於右將軍軍，出東道。〔二〕東道少回遠，〔三〕大軍行，水草少，其勢不屯行。〔四〕廣辭曰：「臣部爲前將軍，今大將軍乃徙臣出東道，且臣結髮而與匈奴戰，〔五〕乃今一得當單于，臣願居前，先死單于。」〔六〕

大將軍陰受上指，以爲李廣數奇，〔七〕毋令當單于，恐不得所欲。〔八〕是時公孫敖新失侯，爲中將軍，大將軍亦欲使敖與俱當單于，故徙廣。廣知之，固辭。大將軍弗聽，令長史封書與廣之莫府，〔九〕曰：「急詣部，如書。」廣不謝大將軍而起行，意象慍怒〔一〇〕而就部，引兵與右將軍食其合軍出東道。〔一一〕惑失道，後大將軍。〔一二〕大將軍與單于接戰，單于遁走，弗能得而還。南絕幕，乃遇兩將軍。〔一三〕廣已見大將軍，還入軍。大將軍使長史持糒醪遺廣，〔一四〕因問廣、食其失道狀，曰：「青欲上書報天子失軍曲折。」〔一五〕廣未對。大將軍長史急責廣之莫府上簿。〔一六〕廣曰：「諸校尉亡罪，乃我自失道。吾今自上簿。」

〔一〕師古曰：「走，趣也，音奏。」

〔二〕師古曰：「并，合也，合軍而同道。」

〔三〕師古曰：「回，遶也，曲也，音胡悔反。」

〔四〕張晏曰：「以水草少，不可羣輩也。」

〔五〕師古曰：「言始勝冠即在戰陳。」

〔六〕師古曰：「致死而取單于。」

〔七〕孟康曰：「奇，隻不耦也。」如淳曰：「數爲匈奴所敗，爲奇不耦。」師古曰：「言廣命隻不耦合也。孟說是矣。數音所角反。奇音居宜反。」

〔八〕師古曰：「謂不勝敵也。」

〔九〕師古曰：「之，往也。莫府，衞青行軍府。」

〔一〇〕師古曰：「言慍怒之色形於外也。」

〔一一〕師古曰：「趨食其也。食音異。其音基。」

〔一二〕師古曰：「惑，迷也。在後不及期也。」

〔一三〕師古曰：「絕，渡也。」

〔一四〕師古曰：「糒，乾飯也。醪，汁滓酒也。糒音備。醪音牢。」

〔一五〕師古曰：「曲折猶言委曲也。」

〔一六〕師古曰：「之，往也。簿謂文狀也，音步戶反。」

至莫府，謂其麾下曰：「廣結髮與匈奴大小七十餘戰，今幸從大將軍出接單于兵，而大將軍徙廣部行回遠，又迷失道，豈非天哉！且廣年六十餘，終不能復對刀筆之吏矣！」遂引刀自剄。百姓聞之，知與不知，老壯皆爲垂泣。〔一〕而右將軍獨下吏，當死，贖爲庶人。

〔一〕師古曰：「知謂素相識知也。」

廣三子，曰當戶、椒、敢，皆爲郎。上與韓嫣戲，嫣少不遜，〔一〕當戶擊嫣，嫣走，於是上以爲能。當戶蚤死，〔二〕乃拜椒爲代郡太守，皆先廣死。廣死軍中時，敢從票騎將軍。廣死明年，李蔡以丞相坐詔賜冢地陽陵當得二十畝，蔡盜取三頃，頗賣得四十餘萬，又盜取神道外壖地一畝葬其中，〔三〕當下獄，自殺。敢以校尉從票騎將軍擊胡左賢王，力戰，奪左賢王旗鼓，斬首多，賜爵關內侯，食邑二百戶，代廣爲郎中令。頃之，怨大將軍青之恨其父，〔四〕乃擊傷大將軍，大將軍匿諱之。居無何，敢從上雍，至甘泉宮獵，〔五〕票騎將軍去病怨敢傷青，射殺敢。去病時方貴幸，上爲諱，云鹿觸殺之。居歲餘，去病死。

〔一〕師古曰：「嫣音偃。」
〔二〕師古曰：「蚤，古早字。」
〔三〕師古曰：「壖音人椽反。」
〔四〕師古曰：「令其父恨而死也。」
〔五〕師古曰：「無何，謂未多時也。雍之所在，地形積高，故云上也。上音時掌反。他皆類此。」

敢有女爲太子中人，愛幸。敢男禹有寵於太子，然好利，亦有勇。嘗與侍中貴人飲，侵陵之，莫敢應。〔一〕後愬之上，上召禹，使刺虎，縣下圈中，未至地，有詔引出之。禹從落中以劍斫絕纍，欲刺虎。〔二〕上壯之，遂救止焉。而當戶有遺腹子陵，將兵擊胡，兵敗，降匈奴。後人告禹謀欲亡從陵，下吏死。

〔一〕師古曰：「言畏其勇氣。」
〔二〕師古曰：「落與絡同，謂當時繈絡之而下也。纍，索也，音力追反。」

陵字少卿，少爲侍中建章監。善騎射，愛人，謙讓下士，〔一〕甚得名譽。武帝以爲有廣之風，使將八百騎，深入匈奴二千餘里，過居延視地形，不見虜，還。拜爲騎都尉，將勇敢五千人，教射酒泉、張掖以備胡。數年，漢遣貳師將軍伐大宛，使陵將五校兵隨後。行至塞，會貳師還。上賜陵書，陵留吏士，與輕騎五百出敦煌，至鹽水，迎貳師還，復留屯張掖。

〔一〕師古曰：「下音胡亞反。」

天漢二年，貳師將三萬騎出酒泉，擊右賢王於天山。召陵，欲使爲貳師將輜重。〔一〕陵召見武臺，〔二〕叩頭自請曰：「臣所將屯邊者，皆荆楚勇士奇材劍客也，力扼虎，射命中，〔三〕願得自當一隊，〔四〕到蘭干山南以分單于兵，毋令專鄉貳師軍。」〔五〕上曰：「將惡相屬邪！吾發軍多，毋騎予女。」陵對：「無所事騎，〔六〕臣願以少擊衆，步兵五千人涉單于庭。」上壯而許之，因詔彊弩都尉路博德將兵半道迎陵軍。博德故伏波將軍，亦羞爲陵後距，奏言：「方秋匈奴馬肥，未可與戰，臣願留陵至春，俱將酒泉、張掖騎各五千人並擊東西浚稽，可必禽也。」〔七〕書奏，上怒，疑陵悔不欲出而教博德上書，乃詔博德：「吾欲予李陵騎，云『欲以少擊衆』。今虜入西河，其引兵走西河，遮鉤營之道。」〔八〕詔陵：「以九月發，出遮虜鄣，〔九〕至東浚稽山南龍勒水上，徘徊觀虜，即亡所見，從浞野侯趙破奴故道抵受降城休士，〔一〇〕因騎置以聞。〔一一〕所與博德言者云何？〔一二〕具以書對。」陵於是將其步卒五千人出居延，北行三十日，至浚稽山止營，舉圖所過山川地形，使麾下騎陳步樂還以聞。步樂召見，道陵將率得士死力，上甚說，〔一三〕拜步樂爲郎。

〔一〕師古曰：「重音直用反。」
〔二〕師古曰：「未央宮有武臺殿。」
〔三〕師古曰：「扼謂捉持之也。命中者，所指名處即中之也。扼音厄。」
〔四〕師古曰：「隊，部也，音徒內反。」
〔五〕師古曰：「鄉讀曰向。」
〔六〕師古曰：「猶言不事須騎也。」
〔七〕師古曰：「浚稽，山名。時虜分居此兩山也。浚音峻。稽音雞。」
〔八〕張晏曰：「胡來要害道，令博德遮之。」師古曰：「走音奏。」
〔九〕師古曰：「鄣者，塞上險要之處，往往修築，別置候望之人，所以自鄣蔽而伺敵也。遮虜，鄣名也。」
〔一〇〕師古曰：「抵，歸也。受降城本公孫敖所築。休，息也。浞音仕角反。」
〔一一〕師古曰：「騎置，謂驛騎也。」
〔一二〕張晏曰：「天子疑陵敎博德上書求至春乃俱西也。」
〔一三〕師古曰：「說讀曰悅。」

陵至浚稽山，與單于相直，騎可三萬圍陵軍。軍居兩山間，以大車爲營。陵引士出營外爲陳，前行持戟盾，後行持弓弩，〔一〕令曰：「聞鼓聲而縱，聞金聲而止。」〔二〕虜見漢軍少，直前就營。陵搏戰攻之，〔三〕千弩俱發，應弦而倒。虜還走上山，漢軍追擊，殺數千人。單于大驚，召左右地兵八萬餘騎攻陵。陵且戰且引，南行數日，抵山谷中。〔四〕連戰，士卒中矢傷，三創者載輦，兩創者將車，一創者持兵戰。陵曰：「吾士氣少衰而鼓不起者，何也？〔五〕軍中豈有女子乎？」始軍出時，關東羣盜妻子徙邊者隨軍爲卒妻婦，大匿車中。陵搜得，皆劍斬之。明日復戰，斬首三千餘級。引兵東南，循故龍城道行，四五日，抵大澤葭葦中，〔六〕虜從上風縱火，陵亦令軍中縱火以自救。〔七〕南行至山下，單于在南山上，使其子將騎擊陵。陵軍步鬬樹木間，復殺數千人，因發連弩射單于，〔八〕單于下走。是日捕得虜，言「單于曰：『此漢精兵，擊之不能下，日夜引吾南近塞，得毋有伏兵乎？』諸當戶君長皆言〔九〕『單于自將數萬騎擊漢數千人不能滅，後無以復使邊臣，令漢益輕匈奴。復力戰山谷間，尚四五十里得平地，不能破，乃還。』」

〔一〕師古曰：「行並音胡剛反。」

〔二〕師古曰：「金謂鉦也，一名鐲，鐲音濁。」

〔三〕如淳曰：「手對戰也。」

〔四〕師古曰：「抵，當也，至也。其下亦同。」

〔五〕師古曰：「擊鼓進士而士氣不起也。一曰，士卒以有妻婦，故聞鼓音而不時起也。」

〔六〕師古曰：「葭卽蘆也，音家。」

〔七〕師古曰：「預自燒其旁草木，令虜火不得延及也。」

〔八〕服虔曰：「三十弩共一弦也。」張晏曰：「三十絭共一臂也。」師古曰：「張說是也。絭音去權反，又音眷。」

〔九〕師古曰：「當戶，匈奴官名也。」

是時陵軍益急，匈奴騎多，戰一日數十合，復傷殺虜二千餘人。虜不利，欲去，會陵軍候管敢爲校尉所辱，亡降匈奴，具言「陵軍無後救，射矢且盡，獨將軍麾下及成安侯校各八百人爲前行，以黃與白爲幟，〔一〕當使精騎射之卽破矣。」成安侯者，潁川人，父韓千秋，故濟南相，奮擊南越戰死，武帝封子延年爲侯，以校尉隨陵。單于得敢大喜，使騎並攻漢軍，疾呼曰：「李陵、韓延年趣降！」〔二〕遂遮道急攻陵。陵居谷中，虜在山上，四面射，矢如雨下。漢軍南行，未至鞮汗山，〔三〕一日五十萬矢皆盡，卽棄車去。士尚三千餘人，徒斬車輻而持之，〔四〕軍吏持尺刀，抵山入陿谷。單于遮其後，乘隅下壘石，〔五〕士卒多死，不得行。昏後，陵便衣獨步出營，〔六〕止左右：「毋隨我，丈夫一取單于耳！」〔七〕良久，陵還，大息曰：「兵敗，死矣！」軍吏或曰：「將軍威震匈奴，天命不遂，後求道徑還歸，如浞野侯爲虜所得，後亡還，天子客遇之，況於將軍乎！」陵曰：「公止！吾不死，非壯士也。」於是盡斬旌旗，及珍寶埋地中，陵歎曰：「復得數十矢，足以脫矣。今無兵復戰，〔八〕天明坐受縛矣！各鳥獸散，猶有得脫歸報天子者。」〔九〕令軍士人持二升糒，一半冰，〔一〇〕期至遮虜鄣者相待。夜半時，擊鼓起士，鼓不鳴。陵與韓延年俱上馬，壯士從者十餘人。虜騎數千追之，韓延年戰死。陵曰：「無面目報陛下！」遂降。軍人分散，脫至塞者四百餘人。

〔一〕師古曰：「幟，旗也，音式志反。」

〔二〕師古曰：「且攻且呼也。呼音火故反。趣讀曰促。」

〔三〕師古曰：「鞮音丁奚反。」

〔四〕師古曰：「徒，但也。」

〔五〕服虔曰：「山名也。」師古曰：「此說非也。言放石以投人，因山隅曲而下也。壘音盧對反。」

〔六〕蘇林曰：「褰衣卷褏而行也。」師古曰：「此說非也。便衣，謂著短衣小褏也。」

〔七〕師古曰：「言一身獨取也。」

〔八〕師古曰：「兵卽謂矢及矛戟之屬也。」

〔九〕師古曰：「脫，免也，音吐活反。次下亦同。」

〔一〇〕如淳曰：「半讀曰片，或曰五升曰半。」師古曰：「半讀曰判。判，大片也。時冬寒有冰，持之以備渴也。」

陵敗處去塞百餘里，邊塞以聞。上欲陵死戰，召陵母及婦，使相者視之，無死喪色。後聞陵降，上怒甚，責問陳步樂，步樂自殺。羣臣皆罪陵，上以問太史令司馬遷，遷盛言：「陵事親孝，與士信，常奮不顧身以殉國家之急。〔一〕其素所畜積也，〔二〕有國士之風。今舉事一不幸，全軀保妻子之臣隨而媒櫱其短，〔三〕誠可痛也！且陵提步卒不滿五千，深輮戎馬之地，〔四〕抑數萬之師，虜救死扶傷不暇，悉舉引弓之民共攻圍之。轉鬭千里，矢盡道窮，士張空拳，〔五〕冒白刃，北首爭死敵，〔六〕得人之死力，雖古名將不過也。身雖陷敗，然其所摧敗亦足暴於天下。〔七〕彼之不死，宜欲得當以報漢也。」〔八〕初，上遣貳師大軍出，財令陵爲助兵，〔九〕及陵與單于相值，而貳師功少。上以遷誣罔，欲沮貳師，爲陵游說，〔一〇〕下遷腐刑。

〔一〕師古曰：「殉，營也，一曰從也。」

〔二〕師古曰：「畜讀曰蓄。」

〔三〕服虔曰：「媒音欺，謂詆欺也。」孟康曰：「媒，酒敎；櫱，麴也。謂釀成其罪也。」師古曰：「孟說是也。齊人名麴餅曰媒。」

〔四〕師古曰：「輮，踐也，音人九反。」

〔五〕文穎曰：「拳，弓弩拳也。」師古曰：「拳字與絭同，音去權反，又音眷。」

〔六〕師古曰：「冒，犯也。北首，北嚮也。冒音莫北反。首音式救反。」

〔七〕師古曰：「所摧敗，敗匈奴之兵也。暴猶章也。」

〔八〕師古曰：「言欲立功以當其罪也。」

〔九〕師古曰：「財與纔同，謂淺也，僅也。史傳通用字。他皆類此。」

〔一〇〕師古曰：「沮謂毀壞之，音才呂反。」

久之，上悔陵無救，曰：「陵當發出塞，乃詔彊弩都尉令迎軍。坐預詔之，得令老將生姦詐。」〔一〕乃遣使勞賜陵餘軍得脫者。

〔一〕孟康曰：「坐預詔彊弩都尉路博德迎陵，博德老將，出塞不至，令陵見沒也。」

陵在匈奴歲餘，上遣因杅將軍公孫敖〔一〕將兵深入匈奴迎陵。敖軍無功還，曰：「捕得生口，言李陵教單于爲兵以備漢軍，故臣無所得。」上聞，於是族陵家，母弟妻子皆伏誅。隴西士大夫以李氏爲愧。〔二〕其後，漢遣使使匈奴，陵謂使者曰：「吾爲漢將步卒五千人橫行匈奴，以亡救而敗，何負於漢而誅吾家？」使者曰：「漢聞李少卿教匈奴爲兵。」陵曰：「乃李緒，非我也。」李緒本漢塞外都尉，居奚侯城，匈奴攻之，緒降，而單于客遇緒，常坐陵上。陵痛其家以李緒而誅，使人刺殺緒。大閼氏欲殺陵，〔三〕單于匿之北方，大閼氏死乃還。

〔一〕孟康曰：「因杅，胡地名也。」師古曰：「杅音于。」

〔二〕師古曰：「恥其不能死節，累及家室。」

〔三〕師古曰：「大閼氏，單于之母。」

單于壯陵，以女妻之，立爲右校王，衞律爲丁靈王，〔一〕皆貴用事。衞律者，父本長水胡人。律生長漢，善協律都尉李延年，延年薦言律使匈奴。使還，會延年家收，律懼并誅，亡還降匈奴。匈奴愛之，常在單于左右。陵居外，有大事，乃入議。

〔一〕師古曰：「丁靈，胡之別種也。立爲王而主其人也。」

昭帝立，大將軍霍光、左將軍上官桀輔政，素與陵善，遣陵故人隴西任立政等三人〔一〕俱至匈奴招陵。立政等至，單于置酒賜漢使者，李陵、衞律皆侍坐。立政等見陵，未得私語，即目視陵，〔二〕而數數自循其刀環，〔三〕握其足，陰諭之，言可還歸漢也。後陵、律持牛酒勞漢使，博飲，〔四〕兩人皆胡服椎結。〔五〕立政大言曰：「漢已大赦，中國安樂，主上富於春秋，〔六〕霍子孟、上官少叔用事。」〔七〕以此言微動之。陵墨不應，孰視而自循其髮，答曰：「吾已胡服矣！」有頃，律起更衣，立政曰：「咄，少卿良苦！〔八〕霍子孟、上官少叔謝女。」〔九〕陵曰：「霍與上官無恙乎？」〔一〇〕立政曰：「請少卿來歸故鄉，毋憂富貴。」陵字立政曰：「少公，〔一一〕歸易耳，恐再辱，柰何！」語未卒，衞律還，頗聞餘語，曰：「李少卿賢者，不獨居一國。范蠡徧遊天下，由余去戎入秦，今何語之親也！」因罷去。立政隨謂陵曰：「亦有意乎？」〔一二〕陵曰：「丈夫不能再辱。」

〔一〕師古曰：「故人，謂舊與相知者。」

〔二〕師古曰：「以目相視而感動之，今俗所謂眼語者也。」

〔三〕師古曰：「循謂摩順也。」

〔四〕蘇林曰：「博且飲也。」師古曰：「勞音來到反。」

〔五〕師古曰：「結讀曰髻，一撮之髻，其形如椎。」

〔六〕師古曰：「言天子年少。」

〔七〕師古曰：「子孟，光之字；少叔，桀之字也。」

〔八〕師古曰：「言甚勞苦。」

〔九〕師古曰：「謝，以辭相問也。」

〔10〕師古曰：「恙，憂病也。」

〔11〕師古曰：「呼其字。」

〔12〕師古曰：「隨其後而語之。」

陵在匈奴二十餘年，元平元年病死。

蘇建，杜陵人也。以校尉從大將軍青擊匈奴，封平陵侯。以將軍築朔方。後以衞尉爲游擊將軍，從大將軍出朔方。後一歲，以右將軍再從大將軍出定襄，亡翕侯，〔一〕失軍當斬，贖爲庶人。其後爲代郡太守，卒官。有三子：嘉爲奉車都尉，賢爲騎都尉，中子武最知名。

〔一〕服虔曰：「趙信也。」

武字子卿，少以父任，兄弟並爲郎，稍遷至栘中廄監。〔一〕時漢連伐胡，數通使相窺觀，匈奴留漢使郭吉、路充國等，前後十餘輩。匈奴使來，漢亦留之以相當。天漢元年，且鞮侯單于初立，〔二〕恐漢襲之，乃曰：「漢天子我丈人行也。」〔三〕盡歸漢使路充國等。武帝嘉其義，乃遣武以中郎將使持節送匈奴使留在漢者，因厚（輅）〔賂〕單于，答其善意。武與副中郎將張勝及假吏常惠等〔四〕募士斥候百餘人俱。〔五〕既至匈奴，置幣遺單于。單于益驕，非漢所望也。

〔一〕師古曰：「栘中，廄名，爲之監也。栘音移。」

〔二〕師古曰：「且音子閭反。鞮音丁奚反。」

〔三〕師古曰：「丈人，尊老之稱。行音胡浪反。」

〔四〕師古曰：「假吏猶言兼吏也。時權爲使之吏，若今之差人充使典矣。」

〔五〕師古曰：「募人以充士卒，及在道爲斥候者。」

方欲發使送武等，會緱王與長水虞常等謀反匈奴中。〔一〕緱王者，昆邪王姊子也，〔二〕與昆邪王俱降漢，後隨浞野侯沒胡中。〔三〕及衞律所將降者，陰相與謀劫單于母閼氏歸漢。會武等至匈奴，虞常在漢時素與副張勝相知，私候勝曰：「聞漢天子甚怨衞律，常能爲漢伏弩射殺之。吾母與弟在漢，幸蒙其賞賜。」張勝許之，以貨物與常。後月餘，單于出獵，獨閼氏子弟在。虞常等七十餘人欲發，其一人夜亡，告之。單于子弟發兵與戰。緱王等皆死，虞常生得。〔四〕

〔一〕師古曰：「緱音工侯反。」

〔二〕師古曰：「昆音胡門反。」
〔三〕師古曰：「從趙破奴擊匈奴，兵敗而降。」
〔四〕師古曰：「被執獲也。」

單于使衞律治其事。張勝聞之，恐前語發，以狀語武。武曰：「事如此，此必及我。見犯乃死，重負國。」欲自殺，〔一〕勝、惠共止之。虞常果引張勝。單于怒，召諸貴人議，欲殺漢使者。左伊秩訾曰：〔二〕「卽謀單于，何以復加？〔三〕宜皆降之。」單于使衞律召武受辭，〔四〕武謂惠等：「屈節辱命，雖生，何面目以歸漢！」引佩刀自刺。衞律驚，自抱持武，馳召毉。鑿地爲坎，置熅火，〔五〕覆武其上，〔六〕蹈其背以出血。武氣絕，半日復息。〔七〕惠等哭，輿歸營。單于壯其節，朝夕遣人候問武，而收繫張勝。

〔一〕師古曰：「言被匈奴侵犯，然後乃死，是爲更負漢國，故欲先自殺也。重音直用反。」
〔二〕臣瓚曰：「胡官之號也。」
〔三〕師古曰：「言謀〔殺〕衞律而殺之，其罰太重也。」
〔四〕師古曰：「致單于之命，而取其對也。」
〔五〕師古曰：「熅謂聚火無焱者也，音於云反。焱音弋贍反。」
〔六〕師古曰：「覆身於坎上也。覆音芳目反。」
〔七〕師古曰：「息謂出氣也。」

武益愈，單于使使曉武。〔一〕會論虞常，欲因此時降武。劍斬虞常已，律曰：「漢使張勝謀殺單于近臣，〔二〕當死，單于募降者赦罪。」舉劍欲擊之，勝請降。律謂武曰：「副有罪，當相坐。」武曰：「本無謀，又非親屬，何謂相坐？」復舉劍擬之，武不動。律曰：「蘇君，律前負漢歸匈奴，幸蒙大恩，賜號稱王，擁衆數萬，馬畜彌山，富貴如此。〔三〕蘇君今日降，明日復然。空以身膏草野，誰復知之！」武不應。律曰：「君因我降，與君爲兄弟，今不聽吾計，後雖欲復見我，尙可得乎？」武罵律曰：「女爲人臣子，不顧恩義，畔主背親，爲降虜於蠻夷，何以女爲見？〔四〕且單于信女，使決人死生，不平心持正，反欲鬬兩主，觀禍敗。南越殺漢使者，屠爲九郡；宛王殺漢使者，頭縣北闕；朝鮮殺漢使者，卽時誅滅。獨匈奴未耳。若知我不降明，〔五〕欲令兩國相攻，匈奴之禍從我始矣。」

〔一〕師古曰：「諭說令降也。」

〔二〕師古曰：「衞律自謂也。」

〔三〕師古曰：「彌，滿也。」

〔四〕師古曰：「言何用見女爲也。」

〔五〕師古曰：「若，汝也。言汝知我不肯降明矣。」

律知武終不可脅，白單于。單于愈益欲降之，乃幽武置大窖中，〔一〕絕不飲食。〔二〕天雨雪，武臥齧雪與旃毛幷咽之，〔三〕數日不死，匈奴以爲神，乃徙武北海上無人處，使牧羝，羝乳乃得歸。〔四〕別其官屬常惠等，各置他所。

〔一〕師古曰：「舊米粟之窖而空者也，音工孝反。」

〔二〕師古曰：「飮音於禁反。食讀曰飤。」

〔三〕師古曰：「咽，吞也，音宴。」

〔四〕師古曰：「羝，牡羊也。羝不當產乳，故設此言，示絕其事。若燕太子丹烏白頭、馬生角之比也。羝音丁奚反。乳音人喩反。」

武既至海上，廩食不至，〔一〕掘野鼠去屮實而食之。〔二〕杖漢節牧羊，臥起操持，節旄盡落。積五六年，單于弟於靬王弋射海上。〔三〕武能網紡繳，檠弓弩，〔四〕於靬王愛之，給其衣食。三歲餘，王病，賜武馬畜服匿穹廬。〔五〕王死後，人衆徙去。其冬，丁令盜武牛羊，〔六〕武復窮厄。

〔一〕師古曰：「無人給飤之。」

〔二〕蘇林曰：「取鼠所去草實而食之。」張晏曰：「取鼠及草實幷而食之。」師古曰：「蘇說是也。屮，古草字。去謂藏之也，音丘呂反。」

〔三〕師古曰：「靬音居言反。」

〔四〕師古曰：「繳，生絲縷也，可以弋射。檠謂輔正弓弩也。繳音斫。檠音警，又音巨京反。」

〔五〕劉德曰：「服匿如小旃帳。」孟康曰：「服匿如罌，小口大腹方底，用受酒酪。穹廬，旃帳也。」晉灼曰：「河東北界人呼小石罌受二斗所曰服匿。」師古曰：「孟、晉二說是也。」

〔六〕師古曰：「令音零。丁令，即上所謂丁靈耳。」

初，武與李陵俱爲侍中，武使匈奴明年，陵降，不敢求武。久之，單于使陵至海上，爲武置酒設樂，因謂武曰：「單于聞陵與子卿素厚，故使陵來說足下，虛心欲相待。終不得歸漢，空自苦亡人之地，信義安所見乎？前長君爲奉車，〔一〕從至雍棫陽宮，扶輦下除，〔二〕觸柱折轅，劾大不敬，伏劍自刎，〔三〕賜錢二百萬以葬。孺卿從祠河東后土，〔四〕宦騎與黃門駙馬爭船，〔五〕推墮駙馬河中溺死，宦騎亡，詔使孺卿逐捕不得，惶恐飲藥而死。來時，大夫人已不幸，〔六〕陵送葬至陽陵。子卿婦年少，聞已更嫁矣。獨有女弟二人，兩女一男，今復十餘年，存亡不可知。人生如朝露，〔七〕何久自苦如此！陵始降時，忽忽如狂，自痛負漢，加以老母繫保宮，〔八〕子卿不欲降，何以過陵？且陛下春秋高，法令亡常，大臣亡罪夷滅者數十家，安危不可知，子卿尚復誰爲乎？願聽陵計，勿復有云。」武曰：「武父子亡功德，皆爲陛下所成就，位列將，爵通侯，兄弟親近，常願肝腦塗地。今得殺身自效，雖蒙斧鉞湯鑊，誠甘樂之。臣事君，猶子事父也，子爲父死亡所恨。願勿復再言。」陵與武飲數日，復曰：「子卿壹聽陵言。」武曰：「自分已死久矣！〔九〕王必欲降武，請畢今日之驩，效死於前！」〔一〇〕陵見

其至誠，喟然歎曰：「嗟乎，義士！陵與衞律之罪上通於天。」因泣下霑衿，與武決去。〔一一〕

〔一〕服虔曰：「武兄嘉。」
〔二〕張晏曰：「主扶輦下除道也。」師古曰：「除謂門屛之間。」
〔三〕師古曰：「刎，斷也，斷其頸也，音武粉反。」
〔四〕張晏曰：「武弟賢。」
〔五〕師古曰：「宦騎，宦者而爲騎也。黃門駙馬，天子駙馬之在黃門者。駙，副也。金日磾傳曰『養馬於黃門』也。」
〔六〕師古曰：「不幸亦謂死。」
〔七〕師古曰：「朝露見日則晞，人命短促亦如之。」
〔八〕師古曰：「百官公卿表云少府屬官有居室，武帝太初元年更名保宮。」
〔九〕師古曰：「分音扶問反。」
〔一〇〕師古曰：「效，致也。」
〔一一〕師古曰：「決，別也。」

陵惡自賜武，〔一〕使其妻賜武牛羊數十頭。後陵復至北海上，語武：「區脫捕得雲中生口，〔二〕言太守以下吏民皆白服，曰上崩。」武聞之，南鄉號哭，歐血，旦夕臨。〔三〕

〔一〕師古曰：「謂若示己於匈奴中富饒以夸武。」
〔二〕服虔曰：「區脫，土室，胡兒所作以候漢者也。」李奇曰：「匈奴邊境羅落守衞官也。」晉灼曰：「匈奴傳東胡與匈奴間有棄地千餘里，各居其邊爲區脫。又云漢得區脫王，發人民屯區脫以備漢，此爲因邊境以爲官。李說是也。」

師古曰：「匈奴邊境爲候望之室，服說是也。本非官號，甌脫王者，以其所部居甌脫之處，因呼之耳。李、晉二說皆失之。區讀（曰）〔與〕甌同，音一侯反。脫音土活反。」

〔三〕師古曰：「鄉讀曰嚮。臨，哭也，音力禁反。」

數月，昭帝即位。數年，匈奴與漢和親。漢求武等，匈奴詭言武死。後漢使復至匈奴，常惠請其守者與俱，得夜見漢使，具自陳道。教使者謂單于，言天子射上林中，得雁，足有係帛書，言武等在某澤中。使者大喜，如惠語以讓單于。〔一〕單于視左右而驚，謝漢使曰：「武等實在。」於是李陵置酒賀武曰：「今足下還歸，揚名於匈奴，功顯於漢室，雖古竹帛所載，丹青所畫，何以過子卿！陵雖駑怯，令漢且貰陵罪，〔二〕全其老母，使得奮大辱之積志，庶幾乎曹柯之盟，〔三〕此陵宿昔之所不忘也。收族陵家，爲世大戮，陵尚復何顧乎？已矣！令子卿知吾心耳。異域之人，壹別長絕！」陵起舞，歌曰：「徑萬里兮度沙幕，爲君將兮奮匈奴。路窮絕兮矢刃摧，士衆滅兮名已隤。老母已死，雖欲報恩將安歸！」〔四〕陵泣下數行，因與武決。單于召會武官屬，〔五〕前以降及物故，凡隨武還者九人。〔六〕

〔一〕師古曰：「讓，責也。」

〔二〕師古曰：「貰，寬也。」

〔三〕李奇曰：「欲劫單于，如曹劌劫齊桓公柯盟之時。」

〔四〕師古曰：「隤，墜也，音大回反。」

〔五〕師古曰：「會謂集聚也。」

〔六〕師古曰：「物故謂死也，言其同於鬼物而故也。一說，不欲斥言，但云其所服用之物皆已故耳。而說者妄欲改物爲勿，非也。」

武以（元始）〔始元〕六年春至京師。詔武奉一太牢謁武帝園廟，拜爲典屬國，秩中二千石，賜錢二百萬，公田二頃，宅一區。常惠、徐聖、趙終根皆拜爲中郎，賜帛各二百匹。其餘六人老歸家，賜錢人十萬，復終身。〔一〕常惠後至右將軍，封列侯，自有傳。武留匈奴凡十九歲，始以彊壯出，及還，須髮盡白。

〔一〕師古曰：「復音芳目反。」

武來歸明年，上官桀子安與桑弘羊及燕王、蓋主謀反。武子男元與安有謀，坐死。初桀、安與大將軍霍光爭權，數疏光過失予燕王，〔一〕令上書告之。又言蘇武使匈奴二十年不降，還乃爲典屬國，〔二〕大將軍長史無功勞，爲搜粟都尉，光顓權自恣。〔三〕及燕王等反誅，窮治黨與，武素與桀、弘羊有舊，數爲燕王所訟，子又在謀中，廷尉奏請逮捕武。霍光寢其奏，免武官。

〔一〕師古曰：「疏謂條錄之。」

〔二〕師古曰：「實十九年，而言二十者，欲久其事以見寃屈，故多言也。」

〔三〕師古曰：「顓與專同。」

數年，昭帝崩，武以故二千石與計謀立宣帝，〔一〕賜爵關內侯，食邑三百戶。久之，衞將軍張安世薦武明習故事，奉使不辱命，先帝以爲遺言。宣帝卽時召武待詔宦者署，〔二〕數進見，復爲右曹典屬國。以武著節老臣，令朝朔望，號稱祭酒，〔三〕甚優寵之。

〔一〕師古曰：「與讀曰預。」

〔二〕師古曰：「百官公卿表少府屬官有宦者令丞。以其署親近，故令於此待詔也。」

〔三〕師古曰：「加祭酒之號，所以示優尊也。祭酒，已解在伍被傳。」

武所得賞賜，盡以施予昆弟故人，家不餘財。皇后父平恩侯、帝舅平昌侯、樂昌侯、〔一〕車騎將軍韓增、丞相魏相、御史大夫丙吉皆敬重武。武年老，子前坐事死，上閔之，問左右：「武在匈奴久，豈有子乎？」武因平恩侯自白：「前發匈奴時，胡婦適產一子通國，有聲問來，願因使者致金帛贖之。」上許焉。後通國隨使者至，上以爲郎。又以武弟子爲右曹。武年八十餘，神爵二年病卒。

〔一〕師古曰：「平恩侯許伯，平昌侯王無故，樂昌侯王武也。」

甘露三年，單于始入朝。上思股肱之美，乃圖畫其人於麒麟閣，〔一〕法其形貌，署其官爵姓名。〔二〕唯霍光不名，曰大司馬大將軍博陸侯姓霍氏，次曰衞將軍富平侯張安世，次曰車騎將軍龍頟侯韓增，次曰後將軍營平侯趙充國，次曰丞相高平侯魏相，次曰丞相博陽侯丙吉，次曰御史大夫建平侯杜延年，次曰宗正陽城侯劉德，次曰少府梁丘賀，次曰太子太傅蕭望之，次曰典屬國蘇武。皆有功德，知名當世，是以表而揚之，明著中興輔佐，列於方叔、召虎、仲山甫焉。〔三〕凡十一人，皆有傳。自丞相黃霸、廷尉于定國、大司農朱邑、京兆尹張敞、右扶風尹翁歸及儒者夏侯勝等，皆以善終，著名宣帝之世，然不得列於名臣之圖，以此知其選矣。

〔一〕張晏曰：「武帝獲麒麟時作此閣，圖畫其象於閣，遂以爲名。」師古曰：「漢宮閣疏名云蕭何造。」

〔二〕師古曰：「署，表也，題也。」

〔三〕師古曰：「三人皆周宣王之臣，有文武之功，佐宣王中興者也。言宣帝亦重興漢室，而霍光等並爲名臣，皆比於方叔之屬。召讀曰邵。」

贊曰：李將軍恂恂如鄙人，口不能出辭，〔一〕及死之日，天下知與不知皆爲流涕，彼其中心誠信於士大夫也。諺曰：「桃李不言，下自成蹊。」〔二〕此言雖小，可以喩大。然三代之將，道家所忌，自廣至陵，遂亡其宗，哀哉！孔子稱「志士仁人，有殺身以成仁，無求生以害仁」，「使於四方，不辱君命」，〔三〕蘇武有之矣。

〔一〕師古曰：「恂恂，誠謹貌也，音荀。」

〔二〕師古曰：「蹊謂徑道也。言桃李以其華實之故，非有所召呼，而人爭歸趣，來往不絕，其下自然成徑，以喻人懷誠信之心，故能潛有所感也。蹊音奚。」

〔三〕師古曰：「皆論語載孔子之言。」

校勘記

二四四〇頁四行　匈奴(入)〔侵〕上郡，　景祐、殿本都作「侵」。

二四四一頁一行　放(從)〔縱〕遊獵也。　殿本作「縱」。王先謙說作「縱」是。

二四四一頁一四行　不擊(刀)〔刁〕斗自衞，　景祐、殿本都作「刁」，注同。王先謙說作「刁」是。

二四四三頁二行　絡而盛(之)臥，　宋祁說越本無「之」字。按景祐本亦無「之」字。

二四四五頁六行　是時廣軍幾沒，(九)罷歸。　注〔九〕原在「罷」字下。王先謙說此師古誤讀，「罷」字連「歸」爲文。

二四六〇頁一行　因厚(輅)〔賂〕單于，　景祐、殿、局本都作「賂」。王先謙說「輅」譌字。

二四六一頁一三行　言謀〔殺〕衞律而殺之，　景祐本有「殺」字。

二四六六頁二行　區讀(曰)〔與〕甌同，　景祐、殿本都作「與」。王先謙說作「與」是。

二四六七頁四行　武以(元始)〔始元〕六年春至京師。　景祐、殿本都作「始元」，此誤倒。

漢書卷五十五

衞青霍去病傳第二十五

衞青字仲卿。其父鄭季，河東平陽人也，以縣吏給事侯家。平陽侯曹壽尙武帝姊陽信長公主。〔一〕季與主家僮衞媼通，〔二〕生青。青有同母兄衞長君及姊子夫，子夫自平陽公主家得幸武帝，故青冒姓爲衞氏。〔三〕衞媼長女君孺，次女少兒，次女則子夫。子夫男弟步廣，皆冒衞氏。〔四〕

〔一〕師古曰：「壽姓曹，爲平陽侯，當是曹參之後，然參傳及功臣侯表並無之，未詳其意也。」

〔二〕師古曰：「僮者，婢女之總稱也。媼者，後年老之號，非當時所呼也。衞者，舉其夫家姓也。」

〔三〕師古曰：「冒謂假稱，若人首之有覆冒也。」

〔四〕師古曰：「言步廣及青二人皆不姓衞，而冒稱。」

青爲侯家人，少時歸其父，父使牧羊。民母之子皆奴畜之，不以爲兄弟數。〔一〕青嘗從人至甘泉居室，〔二〕有一鉗徒相青曰：「貴人也，官至封侯。」青笑曰：「人奴之生，得無笞罵卽足矣，安得封侯事乎！」

〔一〕服虔曰：「民母，嫡母也。」師古曰：「言鄭季正妻本在編戶之間，以別於公主家也。今流俗書本云『牧羊人閒，先母之子不以爲兄弟數』，妄增也。」

〔二〕張晏曰：「居室，甘泉中徒所居也。」

青壯，爲侯家騎，從平陽主。建元二年春，青姊子夫得入宮幸上。皇后，大長公主女也，〔一〕無子，妒。大長公主聞衞子夫幸，有身，妒之，乃使人捕青。青時給事建章，〔二〕未知名。大長公主執囚青，欲殺之。其友騎郎公孫敖與壯士往篡之，〔三〕故得不死。上聞，乃召青爲建章監，侍中。及母昆弟貴，賞賜數日間累千金。君孺爲太僕公孫賀妻。少兒故與陳掌通，〔四〕上召貴掌。公孫敖由此益顯。子夫爲夫人。青爲太中大夫。

〔一〕文穎曰：「陳皇后，武帝姑女也。」

〔二〕師古曰：「建章宮中。」

〔三〕師古曰：「逆取曰篡。」

〔四〕師古曰：「掌即陳平曾孫也。」

元光六年，拜爲車騎將軍，擊匈奴，出上谷；公孫賀爲輕車將軍，出雲中；太中大夫公孫敖爲騎將軍，出代郡；衞尉李廣爲驍騎將軍，出雁門：軍各萬騎。青至籠城，〔一〕斬首虜數百。騎將軍敖亡七千騎，衞尉廣爲虜所得，得脫歸，皆當斬，贖爲庶人。賀亦無功。唯青賜爵關內侯。是後匈奴仍侵犯邊。〔三〕語在匈奴傳。

〔二〕師古曰：「籠讀與龍同。」

〔三〕師古曰：「仍，頻也。」

元朔元年春，衞夫人有男，立爲皇后。其秋，青復將三萬騎出雁門，李息出代郡。青斬首虜數千。明年，青復出雲中，西至高闕，〔一〕遂至於隴西，捕首虜數千，畜百餘萬，走白羊、樓煩王。遂取河南地爲朔方郡。〔二〕以三千八百戶封青爲長平侯。青校尉蘇建爲平陵侯，張次公爲岸頭侯。〔三〕使建築朔方城。〔四〕上曰：「匈奴逆天理，亂人倫，暴長虐老，〔五〕以盜竊爲務，行詐諸蠻夷，造謀籍兵，數爲邊害。〔六〕故興師遣將，以征厥罪。詩不云乎？『薄伐獫允，至于太原』；〔七〕『出車彭彭，城彼朔方』。〔八〕今車騎將軍青度西河至高闕，獲首二千三百級，車輜畜產畢收爲鹵，已封爲列侯，遂西定河南地，案榆谿舊塞，〔九〕絕梓領，梁北河，討蒲泥，破符離，〔一〇〕斬輕銳之卒，捕伏聽者〔一一〕三千一十七級。〔一二〕執訊獲醜，〔一三〕敺馬牛羊百有餘萬，全甲兵而還，益封青三千八百戶。」其後匈奴比歲入代郡、雁門、定襄、上郡、朔方，〔一四〕所殺略甚衆。語在匈奴傳。

〔一〕師古曰：「高闕，山名也，一曰塞名也，在朔方之北。」

〔二〕師古曰：「當北地郡之北，黄河之南也。」

〔三〕晉灼曰：「河東皮氏亭也。」
〔四〕師古曰：「蘇建築之也。」
〔五〕師古曰：「謂其俗貴少壯而賤長老也。」
〔六〕張晏曰：「從蠻夷借兵鈔邊。」
〔七〕師古曰：「小雅六月之詩，美宣王北(代)〔伐〕也。薄伐者，言逐出之也。獫允，北狄名，即匈奴也。獫音險。」
〔八〕師古曰：「小雅出車之詩也。彭彭，衆車聲也。朔方，北方也。此詩人美出車而征，因築城以攘獫允也。」
〔九〕如淳曰：「案，尋也。榆谿，舊塞名也。」師古曰：「上郡之北有諸次山，諸次水出焉，東經榆林塞爲榆谿。言軍尋此塞而行也。」
〔一〇〕如淳曰：「絕，度也。爲北河作橋梁也。」晉灼曰：「蒲泥、符離，二王號也。」師古曰：「符離，塞名也。」
〔一一〕張晏曰：「伏於隱處，聽軍虛實。」
〔一二〕師古曰：「本以斬敵一首拜爵一級，故謂一首爲一級，因復名生獲一人爲一級也。」
〔一三〕師古曰：「執訊者，謂生執其人而訊問之也。獲醜者，得其衆也。一曰醜，惡也。訊音信。」
〔一四〕師古曰：「比，頻也。」

元朔五年春，令青將三萬騎出高闕，衞尉蘇建爲遊擊將軍，左內史李沮爲彊弩將軍，〔一〕太僕公孫賀爲騎將軍，代相李蔡爲輕車將軍，皆領屬車騎將軍，俱出朔方。大行李息、岸頭侯張次公爲將軍，俱出右北平。匈奴右賢王當青等兵，以爲漢兵不能至此，飲醉，漢兵夜至，圍右賢王。右賢王驚，夜逃，獨與其愛妾一人騎數百馳，潰圍北去。漢輕騎校尉郭成等追數百里，弗得，得右賢裨王十餘人，〔二〕衆男女萬五千餘人，畜數十百萬，〔三〕於是引兵而還。至塞，天子使使者持大將軍印，卽軍中拜青爲大將軍，〔四〕諸將皆以兵屬，立號而歸。上曰：「大將軍青躬率戎士，師大捷，獲匈奴王十有餘人，益封青八千七百戶。」而封青子伉爲宜春侯，〔五〕子不疑爲陰安侯，子登爲發干侯。青固謝曰：〔六〕「臣幸得待罪行間，賴陛下神靈，軍大捷，皆諸校力戰之功也。陛下幸已益封臣青，臣青子在繈褓中，未有勤勞，上幸裂地封爲三侯，非臣待罪行間所以勸士力戰之意也。伉等三人何敢受封！」上曰：「我非忘諸校功也，今固且圖之。」乃詔御史曰：「護軍都尉公孫敖三從大將軍擊匈奴，常護軍傅校獲王，〔七〕封敖爲合騎侯。〔八〕都尉韓說從大將軍出窳渾，〔九〕至匈奴右賢王庭，爲戲下〔一〇〕搏戰獲王，〔一一〕封說爲龍頟侯。〔一二〕騎將軍賀從大將軍獲王，封賀爲南窌侯。〔一三〕輕車將軍李蔡再從大將軍獲王，封蔡爲樂安侯。校尉李朔、趙不虞、公孫戎奴各三從大將軍獲王，封朔爲陟軹侯，不虞爲隨成侯，戎奴爲從平侯。將軍李沮、李息及校尉豆如意、中郎將綰皆有功，賜爵關內侯。沮、息、如意食邑各三百戶。」其秋，匈奴入代，殺都尉。

〔一〕文穎曰：「沮音組。」

〔二〕師古曰：「裨王，小王也，若言裨將也。裨音頻移反。」

〔三〕師古曰：「數十萬以至百萬。」

〔四〕師古曰：「即，就也。」

〔五〕師古曰：「伉音抗，又音工郎反。」

〔六〕師古曰：「固謂再三也。」

〔七〕師古曰：「傅讀曰附。言敖總護諸軍，每附部校，以致克捷而獲王也。校者，營壘之稱，故謂軍之一部爲一校。或曰幡旗之名，非也。每軍一校，則別爲幡耳，不名校也。」

〔八〕晉灼曰：「猶冠軍從票之名也。」

〔九〕服虔曰：「塞名也。」師古曰：「說讀曰悅。窴音田。渾音魂。」

〔一〇〕師古曰：「戲讀曰麾，又音許宜反。言在大將軍麾旗之下，不別統衆也。」

〔一一〕師古曰：「搏戰，擊戰。」

〔一二〕師古曰：「頟字或作額。」

〔一三〕臣瓚曰：「茂陵中書云南窌侯，此本字也。」師古曰：「窌音普教反。窌亦同字。」

明年春，大將軍青出定襄，合騎侯敖爲中將軍，太僕賀爲左將軍，翕侯趙信爲前將軍，衞尉蘇建爲右將軍，郎中令李廣爲後將軍，左內史李沮爲彊弩將軍，咸屬大將軍，斬首數千級而還。月餘，悉復出定襄，斬首虜萬餘人。蘇建、趙信并軍三千餘騎，獨逢單于兵，與戰一日餘，漢兵且盡。信故胡人，降爲翕侯，見急，匈奴誘之，遂將其餘騎可八百犇降單于。〔一〕

蘇建盡亡其軍，獨以身得亡去，自歸青。青問其罪正閎、長史安、議郎周霸等：〔一〕「建當云何？」〔二〕霸曰：「自大將軍出，未嘗斬裨將，今建棄軍，可斬，以明將軍之威。」閎、安曰：「不然。兵法『小敵之堅，大敵之禽也』。〔三〕今建以數千當單于數萬，力戰一日餘，士皆不敢有二心。自歸而斬之，是示後無反意也。不當斬。」〔四〕青曰：「青幸得以肺附待罪行間，〔五〕不患無威，而霸說我以明威，甚失臣意。且使臣職雖當斬將，以臣之尊寵而不敢自擅專誅於境外，其歸天子，天子自裁之，於以風爲人臣不敢專權，不亦可乎？」〔六〕軍吏皆曰「善」。遂囚建行在所。

〔一〕師古曰：「犇，古奔字也。」

〔二〕張晏曰：「正，軍正也。閎，名也。」如淳曰：「律，都軍官長史一人。」

〔三〕師古曰：「謂處斷其罪法何至也？」

〔四〕師古曰：「言衆寡不敵，以其堅戰無有退心，故士卒喪盡也。一說，若建恥敗而不自歸，則亦被匈奴禽之而去。」

〔五〕師古曰：「肺附，謂親戚也。解在田蚡傳也。」

〔六〕師古曰：「風讀曰諷。」

是歲也，霍去病始侯。

霍去病，大將軍青姊少兒子也。其父霍仲孺先與少兒通，生去病。及衞皇后尊，少兒更爲詹事陳掌妻。去病以皇后姊子，年十八爲侍中。善騎射，再從大將軍。大將軍受詔，予壯士，爲票姚校尉，〔一〕與輕勇騎八百直棄大(將)軍數百里赴利，斬捕首虜過當。〔二〕於是上曰：「票姚校尉去病斬首捕虜二千二十八級，得相國、當戶，斬單于大父行藉若侯產，〔三〕捕季父羅姑比，再冠軍，〔四〕以二千五百戶封去病爲冠軍侯。上谷太守郝賢四從大將軍，捕首虜千三百級，封賢爲終利侯。騎士孟已有功，賜爵關內侯，邑二百戶。」

〔一〕服虔曰：「音飄搖。」師古曰：「票音頻妙反。姚音羊召反。票姚，勁疾之貌也。荀悅漢紀作票鷂字。去病後爲票騎將軍，尚取票姚之字耳。今讀者音飄遙，則不當其義也。」

〔二〕師古曰：「言計其所將人數，則捕首虜爲多，過於所當也。一曰漢軍失亡者少，而殺獲匈奴數多，故曰過當也。其下並同。」

〔三〕張晏曰：「藉若，胡侯也。產，名也。」師古曰：「此人單于祖父之行也。行音胡浪反。」

〔四〕師古曰：「亦單于之季父也，羅姑，其名也。比，頻也。」

是歲失兩將軍，亡翕侯，功不多，故青不益封。蘇建至，上弗誅，贖爲庶人。青賜千金。是時王夫人方幸於上，甯乘說青曰：〔一〕「將軍所以功未甚多，身食萬戶，三子皆爲侯者，以皇后故也。今王夫人幸而宗族未富貴，願將軍奉所賜千金爲王夫人親壽。」〔二〕青以五百金爲王夫人親壽。上聞，問青，青以實對。上乃拜甯乘爲東海都尉。

〔一〕師古曰：「史記云甯乘齊人。」

〔二〕師古曰：「親，母也。」

校尉張騫從大將軍，以嘗使大夏，留匈奴中久，道軍，知善水草處，〔一〕軍得以無飢渴，因前使絕國功，封騫爲博望侯。

〔一〕師古曰：「道讀曰導。」

去病侯三歲，元狩(三)〔二〕年春爲票騎將軍，將萬騎出隴西，有功。上曰：「票騎將軍率戎士隃烏盭，〔一〕討遬濮，〔二〕涉狐奴，〔三〕歷五王國，輜重人衆攝讋者弗取，〔四〕幾獲單于子。〔五〕轉戰六日，過焉支山千有餘里，合短兵，鏖皋蘭下，〔六〕殺折蘭王，斬盧侯王，〔七〕鋭悍者誅，全甲獲醜，執渾邪王子〔八〕及相國、都尉，捷首虜八千九百六十級，收休屠祭天金人，〔九〕師率減什七，〔一〇〕益封去病二千二百戶。」

〔一〕師古曰：「隃與踰同。盭，古戾字也。烏盭，山名也。」

〔二〕師古曰：「遬，古速字也。遬濮，匈奴部落名也。」

〔三〕晉灼曰：「水名也。」

〔四〕師古曰：「攝讋，謂振動失志氣。言距戰者誅，服者則赦也。讋音之涉反。」

〔五〕師古曰：「幾音距衣反。」

〔六〕應劭曰：「隴西白石縣塞外河名也。」蘇林曰：「匈奴中山關名也。」李奇曰：「鏖音麃，津名也。」晉灼曰：「世俗謂盡死殺人爲鏖糟。」文穎曰：「鏖音意曹反。」師古曰：「鏖字本從金麃聲，轉寫訛耳。鏖謂苦擊而多殺也。皋蘭，山名也。言苦戰於皋蘭山下而多殺虜也。晉說文音皆得之。今俗猶謂打擊之甚者曰鏖。麃，牡鹿也，音於求反。」

〔七〕張晏曰：「折蘭、盧侯，胡國名也。殺者，殺之而已。斬者，獲其首也。」師古曰：「折蘭，匈奴中姓也。今鮮卑有是蘭姓者，卽其種也。折音上列反。」

〔八〕師古曰：「全甲，謂軍中之甲不喪失也。渾音下昆反。」

〔九〕如淳曰：「祭天以金人爲主也。」張晏曰：「佛徒祠金人也。」師古曰：「今之佛像是也。休音許虯反。屠音儲。」

〔一〇〕師古曰：「言其破敵，故匈奴之師十減其七也。一曰，漢兵失亡之數。下皆類此也。」

其夏，去病與合騎侯敖俱出北地，異道。博望侯張騫、郎中令李廣俱出右北平，異道。廣將四千騎先至，騫將萬騎後。匈奴左賢王將數萬騎圍廣，廣與戰二日，死者過半，所殺亦過當。騫至，匈奴引兵去。騫坐行留，當斬，贖爲庶人。〔一〕而去病出北地，遂深入，合騎侯失道，不相得。去病至祁連山，〔二〕捕首虜甚多。上曰：「票騎將軍涉鈞耆，濟居延，〔三〕遂臻小月氏，〔四〕攻祁連山，揚武乎鱳得，〔五〕得單于單桓、酋涂王，〔六〕及相國、都尉以衆降下者二千五百人，可謂能舍服知成而止矣。〔七〕捷首虜三萬二百，獲五王，王母、單于閼氏、王子五十九人，相國、將軍、當戶、都尉六十三人，師大率減什三，益封去病五千四百戶。賜校尉從至小月氏者爵左庶長。〔八〕鷹擊司馬破奴〔九〕再從票騎將軍斬遬濮王，捕稽且王，〔一○〕右千騎將〔得〕王、王母各一人，王子以下四十一人，捕虜三千三百三十人，前行捕虜千四百人，〔一一〕封破奴爲從票侯。〔一二〕校尉高不識從票騎將軍捕呼于耆王王子以下十一人，捕虜千七百六十八人，封不識爲宜冠侯。校尉僕多有功，封爲煇渠侯。」〔一三〕合騎侯敖坐行留不與票騎將軍會，當斬，贖爲庶人。諸宿將所將士馬兵亦不如去病，〔一四〕去病所將常選，〔一五〕然亦敢深入，常與壯騎先其大軍，軍亦有天幸，未嘗困絕也。然而諸宿將常留落不耦。〔一六〕由此去病日以親貴，比大將軍。

〔一〕師古曰：「軍行而輒稽留，故坐法。」

〔二〕師古曰：「祁連山即天山也，匈奴呼天爲祁連。祁音上夷反。」

〔三〕張晏曰：「鈞耆、居延，皆水名也。淺曰涉。深曰濟。」師古曰：「涉謂人馬涉度也。濟謂以舟船。」

〔四〕師古曰：「臻，至也。氏音支。」

〔五〕鄭氏曰：「觻音鹿，張掖縣也。」師古曰：「鄭說非也。此觻得，匈奴中地名，而張掖縣轉取其名耳。」

〔六〕張晏曰：「單桓、酋涂，皆胡王也。」師古曰：「酋音才由反。涂音塗。」

〔七〕師古曰：「服而舍之，功成則止也。」

〔八〕師古曰：「第十爵。」

〔九〕師古曰：「趙破奴。」

〔一〇〕師古曰：「且音子閭反。」
〔一一〕師古曰：「前行，謂在軍之前而行。」
〔一二〕張晏曰：「從票騎將軍有功，因以爲號。」
〔一三〕師古曰：「功臣侯表作僕朋，今此作多，轉寫者誤也。煇音暉也。」
〔一四〕師古曰：「宿，舊也。兵，兵器也。」
〔一五〕師古曰：「選取驍鋭。」
〔一六〕師古曰：「留謂遲留，落謂墜落，故不諧耦而無功也。」

其後，單于怒渾邪王居西方數爲漢所破，亡數萬人，以票騎之兵也，欲召誅渾邪王。渾邪王與休屠王等謀欲降漢，使人先要道邊。〔一〕是時大行李息將城河上，得渾邪王使，即馳傳以聞。〔二〕上恐其以詐降而襲邊，乃令去病將兵往迎之。去病既度河，與渾邪衆相望。渾邪裨王將見漢軍而多欲不降者，〔三〕頗遁去。去病乃馳入，得與渾邪王相見，斬其欲亡者八千人，遂獨遣渾邪王乘傳先詣行在所，盡將其衆度河，降者數萬人，號稱十萬。既至長安，天子所以賞賜數十鉅萬。封渾邪王萬戶，爲漯陰侯。〔四〕封其裨王呼毒尼爲下摩侯，〔五〕雁疵爲煇渠侯，〔六〕禽黎爲河綦侯，〔七〕大當戶調雖爲常樂侯。〔八〕於是上嘉去病之功，曰：「票騎將軍去病率師征匈奴，西域王渾邪王及厥衆萌咸犇於率，〔九〕以軍糧接食，并將控弦萬有餘人，〔一〇〕誅獟悍，〔一一〕捷首虜八千餘級，降異國之王三十二。戰士不離傷，〔一二〕十萬之衆畢懷集服。仍興之勞，爰及河塞，庶幾亡患。〔三〕以千七百戶益封票騎將軍。減隴西、北地、上郡戍卒之半，以寬天下繇役。」乃分處降者於邊五郡故塞外，而皆在河南，因其故俗爲屬國。〔四〕其明年，匈奴入右北平、定襄，殺略漢千餘人。

〔一〕師古曰：「道猶言也。先爲要約來言之於邊界。」

〔二〕師古曰：「傳音張戀反。次下亦同。」

〔三〕師古曰：「恐被掩覆也。」

〔四〕如淳曰：「漯陰，平原縣也。」師古曰：「漯音吐合反。」

〔五〕文穎曰：「呼毒尼，胡王名也。」

〔六〕文穎曰：「雁音鷹。疵音庇蔭之庇。」師古曰：「疵音匹履反，其字從疒，非庇蔭之庇。疒音女革反。」

〔七〕師古曰：「功臣侯表作烏黎，今此作禽黎，轉寫誤耳。」

〔八〕師古曰：「功臣侯表作稠雎，今此傳作調雖，表傳不同，當有誤者。」

〔九〕師古曰：「萌字與甿同。犇，古奔字也。」

〔一〇〕師古曰：「言能引弓皆堪戰陣。」

〔一一〕師古曰：「獟，健行輕貌也，字或作趬。悍，勇也。獟音丘昭反，又音丘召反。」

〔一二〕師古曰：「離，遭也。」

〔一三〕師古曰：「重興軍旅之勞，及北河沙塞之表，可得寧息無憂患也。」

〔一四〕師古曰：「不改其本國之俗而屬於漢，故號屬國。」

其明年，上與諸將議曰：「翕侯趙信爲單于畫計，常以爲漢兵不能度幕輕留，〔一〕今大發卒，其勢必得所欲。」是歲元狩四年也。春，上令大將軍青、票騎將軍去病各五萬騎，步兵轉者踵軍數十萬，〔二〕而敢力戰深入之士皆屬去病。去病始爲出定襄，當單于。捕虜，虜言單于東，乃更令去病出代郡，令青出定襄。郎中令李廣爲前將軍，太僕公孫賀爲左將軍，主爵趙食其爲右將軍，〔三〕平陽侯襄爲後將軍，〔四〕皆屬大將軍。趙信爲單于謀曰：「漢兵即度幕，人馬罷，〔五〕匈奴可坐收虜耳。」〔六〕乃悉遠北其輜重，〔七〕皆以精兵待幕北。而適直青軍出塞千餘里，〔八〕見單于兵陳而待，〔九〕於是青令武剛車自環爲營，〔一〇〕而縱五千騎往當匈奴，匈奴亦（從）〔縱〕萬騎。會日且入，〔一一〕而大風起，沙礫擊面，〔一二〕兩軍不相見，漢益縱左右翼繞單于。〔一三〕單于視漢兵多，而士馬尚彊，戰而匈奴不利，薄莫，單于遂乘六羸，壯騎可數百，直冒漢圍西北馳去。〔一四〕昏，漢匈奴相紛挐，〔一五〕殺傷大當。〔一六〕漢軍左校捕虜，言單于未昏而去，漢軍因發輕騎夜追之，青因隨其後。匈奴兵亦散走。會明，行二百餘里，不得單于，頗捕斬首虜萬餘級，遂至窴顏山趙信城，〔一七〕得匈奴積粟食軍。〔一八〕軍留一日而還，悉燒其城餘粟以歸。

〔一〕師古曰：「言輕易漢軍，故留而不去也。一曰，謂漢兵不能輕入而久留也。」

〔二〕師古曰：「轉者謂運輜重也。踵，接也。」

〔三〕師古曰：「食音異。其音基。」
〔四〕師古曰：「曹襄。」
〔五〕師古曰：「罷讀曰疲。」
〔六〕師古曰：「言收虜取漢軍人馬，可不費力，故言坐。」
〔七〕師古曰：「送輜重遠去，令處北也。」
〔八〕師古曰：「直讀曰值。」
〔九〕師古曰：「爲行陳而待。」
〔10〕張晏曰：「兵車也。」師古曰：「環，繞也。」
〔一一〕師古曰：「言日欲沒也。」
〔一二〕師古曰：「礫，小石也，音歷。」
〔一三〕師古曰：「翼謂左右舒引其兵，如鳥之翅翼。」
〔一四〕師古曰：「贏者，驢種馬子，堅忍。單于自乘善走贏，而壯騎隨之也。冒，犯也。贏音來戈反。冒音莫克反。」
〔一五〕師古曰：「紛拏，亂相持搏也。拏音女居反。」
〔一六〕師古曰：「各大相殺傷。」
〔一七〕如淳曰：「趙信前降匈奴，匈奴築城居之。」
〔一八〕師古曰：「食讀曰飤。」

青之與單于會也，而前將軍廣、右將軍食其軍别從東道，或失道。〔一〕大將軍引還，過幕南，乃相逢。青欲使使歸報，令長史簿責廣，〔三〕廣自殺。食其贖爲庶人。青軍入塞，凡斬首虜萬九千級。

〔一〕師古曰：「或，迷也。」

〔二〕師古曰：「簿音步戶反。」

是時匈奴衆失單于十餘日，右谷蠡王自立爲單于。〔一〕單于後得其衆，右王乃去單于之號。〔二〕

〔一〕師古曰：「谷音鹿。蠡音盧奚反。」

〔二〕師古曰：「去，除也，音丘呂反。」

去病騎兵車重與大將軍軍等，〔一〕而亡裨將。悉以李敢等爲大校，當裨將，出代、右北平二千餘里，直左方兵，〔二〕所斬捕功已多於青。

〔一〕師古曰：「重音直用反。」

〔二〕師古曰：「直，當也。」

既皆還，上曰：「票騎將軍去病率師躬將所獲葷允之士，〔一〕約輕齎，絕大幕，〔二〕涉獲單于章渠，〔三〕以誅北車耆，〔四〕轉擊左大將雙，獲旗鼓，歷度難侯，〔五〕濟弓盧，〔六〕獲屯頭王、韓王等三人，〔七〕將軍、相國、當戶、都尉八十三人，封狼居胥山，禪於姑衍，登臨翰海，〔八〕

執訊獲醜七萬有四百四十三級，師率減什二，取食於敵，卓行殊遠而糧不絕。〔九〕以五千八百戶益封票騎將軍。右北平太守路博德屬票騎將軍，會興城，不失期，從至檮余山，〔一〇〕斬首捕虜二千八百級，封博德爲邳離侯。北地都尉衞山從票騎將軍獲王，封山爲義陽侯。故歸義侯因淳王復陸支、〔一一〕樓剸王伊卽軒〔一二〕皆從票騎將軍有功，封復陸支爲杜侯，伊卽軒爲衆利侯。從票侯破奴、昌武侯安稽從票騎有功，益封各三百戶。漁陽太守解、校尉敢皆獲鼓旗，賜爵關內侯，解食邑三百戶，敢二百戶。校尉自爲爵左庶長。」軍吏卒爲官，賞賜甚多。而青不得益封，吏卒無封者。唯西河太守常惠、雲中太守遂成受賞，遂成秩諸侯相，賜食邑二百戶，黃金百斤，惠爵關內侯。

〔一〕服虔曰：「葷音熏。葷允，熏鬻也。堯時曰熏鬻，周曰獫允，秦曰匈奴。」師古曰：「葷字與熏同。鬻音弋六反。」

〔二〕師古曰：「輕齎者，不以輜重自隨，而所齎糧食少也。一曰齎字與資同，謂資裝也。」

〔三〕師古曰：「涉謂涉水也。章渠，單于之近臣也，涉水而破獲之。」

〔四〕晉灼曰：「王號也。」

〔五〕師古曰：「山名也。」

〔六〕晉灼曰：「水名也。」

〔七〕李奇曰：「皆匈奴王號。」

〔八〕張晏曰：「登海邊山以望海也。有大功，故增山而廣地也。」如淳曰：「翰海，北海名也。」師古曰：「積土增山曰封，爲墠祭地曰禪也。」

〔九〕師古曰：「卓亦遠意。」

〔一〇〕師古曰：「檮音籌，其字從木。」

〔一一〕師古曰：「復音芳福反。」

〔一二〕師古曰：「剸音之兗反。軒音居言反。」

兩軍之出塞，塞閱官及私馬凡十四萬匹，而後入塞者不滿三萬匹。乃置大司馬位，大將軍、票騎將軍皆爲大司馬。〔一〕定令，令票騎將軍秩祿與大將軍等。自是後，青日衰而去病日益貴。青故人門下多去事去病，輒得官爵，唯獨任安不肯去。〔二〕

〔一〕晉灼曰：「悉加大司馬者，欲令票騎將軍去病與大將軍青等耳。」

〔二〕師古曰：「安，滎陽人，後爲益州刺史，即遺司馬遷書者。」

去病爲人少言不泄，有氣敢往。上嘗欲教之吳孫兵法，〔一〕對曰：「顧方略何如耳，不至學古兵法。」〔二〕上爲治第，令視之，對曰：「匈奴不滅，無以家爲也。」由此上益重愛之。然少而侍中，貴不省士。〔三〕其從軍，上爲遣太官齎數十乘，〔四〕既還，重車餘棄粱肉，〔五〕而士有飢者。其在塞外，卒乏糧，或不能自振，〔六〕而去病尚穿域蹋鞠也。〔七〕事多此類。青仁，喜士退讓，〔八〕以和柔自媚於上，然於天下未有稱也。

〔一〕師古曰：「吳，吳起也。孫，孫武也。」

〔二〕師古曰：「顧，念也。」

〔三〕師古曰：「省，視也。不恤視也。」

〔四〕師古曰：「齎與資同。解已在前也。」

〔五〕師古曰：「粱，粟類也，米之善者。重音直用反。」

〔六〕師古曰：「振，舉也。」

〔七〕服虔曰：「穿地作鞠室也。」師古曰：「鞠，以皮為之，實以毛，蹵蹋而戲也。蹋音徒臘反。鞠音鉅六反。」

〔八〕師古曰：「喜音許吏反。」

去病自四年軍後三歲，元狩六年薨。上悼之，發屬國玄甲，軍陳自長安至茂陵，〔一〕為冢象祁連山。〔二〕謚之并武與廣地曰景桓侯。〔三〕子嬗嗣。〔四〕嬗字子侯，上愛之，幸其壯而將之。為奉車都尉，從封泰山而薨。無子，國除。

〔一〕師古曰：「送其葬，所以寵衞之也。屬國，即上所云分處降者於邊五郡者也。玄甲，謂甲之黑色也。」

〔二〕師古曰：「在茂陵旁，冢上有（堅）〔豎〕石，冢前有石人馬者是也。」

〔三〕蘇林曰：「景，武謚也。桓，廣地謚也。義見謚法。」張晏曰：「謚法『布義行剛曰景，辟土服遠曰桓』也。」

〔四〕師古曰：「嬗音上戰反。」

自去病死後，青長子宜春侯伉坐法失侯。後五歲，伉弟二人，陰安侯不疑、發干侯登，皆坐酎（伉）〔金〕失侯。後二歲，冠軍侯國絕。後四年，元封五年，青薨，謚曰烈侯。子伉嗣，六年坐法免。

自青圍單于後十四歲而卒，竟不復擊匈奴者，以漢馬少，又方南誅兩越，東伐朝鮮，擊羌、西南夷，以故久不伐胡。

初，青既尊貴，而平陽侯曹壽有惡疾就國，長公主問：「列侯誰賢者？」左右皆言大將軍。主笑曰：「此出吾家，常騎從我，柰何？」左右曰：「於今尊貴無比。」於是長公主風白皇后，〔一〕皇后言之，上乃詔青尚平陽主，〔二〕與主合葬，起冢象廬山云。〔三〕

〔一〕師古曰：「風讀曰諷。」

〔二〕如淳曰：「本陽信長公主也，爲平陽侯所尙，故稱平陽主。」

〔三〕師古曰：「在茂陵東，次去病冢之西，相併者是也。」

最〔一〕大將軍青凡七出擊匈奴，斬捕首虜五萬餘級。一與單于戰，收河南地，置朔方郡。再益封，凡萬六千三百戶；封三子爲侯，侯千三百戶，并之二萬二百戶。其裨將及校尉侯者九人，爲特將者十五人，〔二〕李廣、張騫、公孫賀、李蔡、曹襄、韓說、蘇建皆自有傳。〔三〕

〔一〕師古曰：「最亦凡也。」

〔二〕師古曰：「特將，謂獨別爲將而出征也。」
〔三〕師古曰：「七人自有傳，八人今列於此下，凡十五人也。說讀曰悅。」

李息，郁郅人也，〔一〕事景帝。至武帝立八歲，爲材官將軍，軍馬邑；後六歲，爲將軍，出代；後三歲，爲將軍，從大將軍出朔方：皆無功。凡三爲將軍，其後常爲大行。

〔一〕師古曰：「北地之縣也。郅音之日反。」

公孫敖，義渠人，以郎事景帝。至武帝立十二歲，爲騎將軍，出代，亡卒七千人，當斬，贖爲庶人。後五歲，以校尉從大將軍，封合騎侯。後一歲，以中將軍從大將軍再出定襄，無功。後二歲，以將軍出北地，後票騎，失期當斬，贖爲庶人。後二歲，以校尉從大將軍，無功。後十四歲，以因（杆）〔杅〕將軍築受降城。七歲，復以因杅將軍再出擊匈奴，至余吾，〔一〕亡士多，下吏，當斬，詐死，亡居民間五六歲。後覺，復繫。坐妻爲巫蠱，族。凡四爲將軍。

〔一〕師古曰：「水名也，在朔方北。」

李沮，雲中人，〔一〕事景帝。武帝立十七歲，以左內史爲彊弩將軍。後一歲，復爲彊弩將軍。

〔一〕〔師古曰〕：「沮音組。」

張次公，河東人，以校尉從大將軍，封岸頭侯。其後太后崩，爲將軍，軍北軍。後一歲，復從大將軍。凡再爲將軍，後坐法失侯。

趙信，以匈奴相國降，爲侯。武帝立十八年，爲前將軍，與匈奴戰，敗，降匈奴。

趙食其，祋祤人。〔一〕武帝立十八年，以主爵都尉從大將軍，斬首六百六十級。元狩三年，賜爵關內侯，黃金百斤。明年，爲右將軍，從大將軍出定襄，迷失道，當斬，贖爲庶人。

〔一〕師古曰：「馮翊之縣也。祋音丁活反，又音丁外反。祤音許羽反。」

郭昌，雲中人，以校尉從大將軍。元封四年，以太中大夫爲拔胡將軍，屯朔方。還擊昆明，無功，奪印。

荀彘，太原廣武人，以御見，侍中，〔一〕用校尉數從大將軍。元封三年，爲左將軍擊朝鮮，無功，坐捕樓船將軍誅。

〔一〕師古曰：「以善御得見，因爲侍中也。御謂御車也。」

最票騎將軍去病凡六出擊匈奴，其四出以將軍，〔一〕斬首虜十一萬餘級。渾邪王以衆降數萬，開河西酒泉之地，西方益少胡寇。四益封，凡萬七千七百戶。其校尉吏有功侯者六人，爲將軍者二人。

〔一〕師古曰：「再出爲票姚校尉也。」

路博德，西河平州人，以右北平太守從票騎將軍，封邳離侯。票騎死後，博德以衞尉爲伏波將軍，伐破南越，益封。其後坐法失侯。爲彊弩都尉，屯居延，卒。

趙破奴，太原人。嘗亡入匈奴，已而歸漢，爲票騎將軍司馬。出北地，封從票侯，坐酎金失侯。後一歲，爲匈河將軍，攻胡至匈河水，無功。後一歲，擊虜樓蘭王，後爲浞野侯。後六歲，以浚稽將軍將二萬騎擊匈奴左王。左王與戰，兵八萬騎圍破奴，破奴爲虜所得，遂沒其軍。居匈奴中十歲，復與其太子安國亡入漢。後坐巫蠱，族。

自衞氏興，大將軍青首封，其後支屬五人爲侯。凡二十四歲而五侯皆奪國。征和中，戾太子敗，衞氏遂滅。而霍去病弟光貴盛，自有傳。

贊曰：蘇建嘗說責「大將軍至尊重，而天下之賢士大夫無稱焉，〔一〕願將軍觀古名將所招選者，勉之哉！」〔二〕青謝曰：「自魏其、武安之厚賓客，天子常切齒。彼親待士大夫，招賢黜不肖者，人主之柄也。人臣奉法遵職而已，何與招士！」〔三〕票騎亦方此意，爲將如此。〔四〕

〔一〕師古曰：「言不爲賢士大夫所稱譽。」

〔二〕師古曰：「勸令招賢薦士也。」

〔三〕師古曰：「與讀曰豫。」

〔四〕師古曰：「方，比類也。」

校勘記

二四七四頁五行　美宣王北(代)〔伐〕也。　景祐、殿、局本都作「伐」，此誤。

二四七八頁三行　與輕勇騎八百直棄大(將)軍數百里赴利，　劉攽說「大將軍」衍「將」字。

二四七八頁五行　捕季父羅姑比，再冠軍，　史記索隱說顏氏云「羅姑比，單于季父名也」。小顏云「比，頻也」。案下文既云「再冠軍」，無容更言頻也。王先謙說索隱說是。

二四七九頁七行　元狩(三)〔二〕年春　宋祁說，「三」越本作「二」。王念孫說越本是，景祐本及史記並作「元狩二年」。

二四八一頁二行　右千騎將〔得〕王、王母各一人，　史記有「得」字，索隱說此千騎將是漢之將。王先謙說，此文自是右千騎將得王、王母各一人，本書脫「得」字。

二四八四頁八行　匈奴亦(從)〔縱〕萬騎。　王先謙說「從」當作「縱」，史記作「匈奴亦縱可萬騎」。

二四八九頁三行　冢上有(堅)〔豎〕石，　景祐、殿本都作「豎」，此誤。

二四八九頁一六行　皆坐酎(伉)〔金〕失侯。　王先謙說「伉」字誤。按景祐、殿、局本都作「金」。

二四九一頁九行　以因(杅)〔杆〕將軍築受降城。　景祐、殿、局本都作「杆」。王先謙說作「杆」是。

二四九一頁一四行　〔師古曰〕：「沮音組。」　王先謙說，脫「師古曰」三字。按各本都脫。

漢書卷五十六

董仲舒傳第二十六

董仲舒，廣川人也。少治春秋，孝景時爲博士。下帷講誦，弟子傳以久次相授業，或莫見其面。〔一〕蓋三年不窺園，其精如此。〔二〕進退容止，非禮不行，學士皆師尊之。

〔一〕師古曰：「言新學者但就其舊弟子受業，不必親見仲舒。」

〔二〕師古曰：「雖有園圃，不窺視之，言專學也。」

武帝卽位，舉賢良文學之士前後百數，〔一〕而仲舒以賢良對策焉。

〔一〕師古曰：「數音所具反。」

制曰：朕獲承至尊休德，〔一〕傳之亡窮，而施之罔極，〔二〕任大而守重，是以夙夜不皇康寧，〔三〕永惟萬事之統，猶懼有闕。〔四〕故廣延四方之豪儁，郡國諸侯公選賢良修絜博習之士，〔五〕欲聞大道之要，至論之極。〔六〕今子大夫褎然爲舉首，〔七〕朕甚嘉之。子大夫其精心致思，朕垂聽而問焉。

〔一〕師古曰：「休，美也。言承先帝極尊之位至美之德也。」
〔二〕師古曰：「罔亦無也。極，盡也。」
〔三〕師古曰：「皇，暇也。康，樂也。」
〔四〕師古曰：「永，深也。惟，思也。統，緒也。」
〔五〕師古曰：「郡，郡守也。國，王國也。諸侯，列侯也。郡國及諸侯，總謂四方在外者。公選，謂以公正之道選士，無偏私也。」
〔六〕師古曰：「極，中也。」
〔七〕服虔曰：「子，男子之美號也。」張晏曰：「褎，進也，爲舉賢良之首也。」師古曰：「褎然，盛服貌也。詩邶風旄丘之篇曰『褎如充耳』。褎音弋授反。」

蓋聞五帝三王之道，改制作樂而天下洽和，百王同之。當虞氏之樂莫盛於韶，〔一〕於周莫盛於勺。〔二〕聖王已沒，鐘鼓筦絃之聲未衰，〔三〕而大道微缺，陵夷至虖桀紂之行，〔四〕王道大壞矣。夫五百年之間，守文之君，當塗之士，欲則先王之法以戴翼其世者甚衆，〔五〕然猶不能反，日以仆滅，〔六〕至後王而後止，豈其所持操或誖繆而失其統與？〔七〕固天降命不可復反，必推之於大衰而後息與？〔八〕烏虖！〔九〕凡所爲屑屑，夙興夜寐，務法上古者，又將無補與？〔一〇〕三代受命，其符安在？災異之變，何緣而起？性命之情，或夭或壽，或仁或鄙，〔一一〕習聞其號，未燭厥理。〔一二〕伊欲風流而令行，刑輕而姦改，〔一二〕百姓和樂，政事宣昭，何脩何飭而膏露降，百穀登，〔一三〕德潤四海，澤臻屮木，〔一四〕三光全，寒暑平，受天之祜，〔一五〕享鬼神之靈，〔一六〕德澤洋溢，施虖方外，延及羣生？〔一七〕

〔一〕師古曰：「韶，舜樂。」

〔二〕張晏曰：「勺，周頌篇也，言能成先祖之功以養天下也。」師古曰：「勺讀與酌同。」

〔三〕師古曰：「筦與管字同。」

〔四〕師古曰：「陵夷，言漸穨替也。解在成紀。」

〔五〕師古曰：「翼，助也。」

〔六〕師古曰：「反，還也。還於正道也。仆，斃也，音赴。」

〔七〕師古曰：「操，執也。誖，乖也。統，緒也。操音千高反。與讀曰歟。後皆類此。」

〔八〕師古曰：「息，止也。」

〔九〕師古曰：「虖讀曰呼。嗚呼，歎辭也。」

〔一〇〕師古曰：「屑屑，動作之貌。補，益也。」

〔一一〕師古曰：「夭壽，命也。仁鄙，性也。鄙謂不通也。」

〔一二〕師古曰：「燭，照也。」

〔一三〕師古曰：「伊，惟也。」

〔一四〕師古曰：「登，成也。」

〔一五〕師古曰：「臻，至也。屮，古草字也。」

〔六〕師古曰：「祜，福也，音怙。」
〔七〕師古曰：「爲鬼神所歆饗。」
〔八〕師古曰：「施亦延也。洋音羊。施音弋豉反。」

子大夫明先聖之業，習俗化之變，終始之序，講聞高誼之日久矣，其明以諭朕。〔一〕科別其條，勿猥勿并，〔二〕取之於術，愼其所出。乃其不正不直，不忠不極，枉于執事，書之不泄，興于朕躬，毋悼後害。〔三〕子大夫其盡心，靡有所隱，朕將親覽焉。

〔一〕師古曰：「諭謂曉告也。」
〔二〕師古曰：「猥，積也。并，合也。欲其一二疏理而言之。」
〔三〕師古曰：「極，中也。公卿執事有不忠直而阿枉者，皆令言之。朕自發書，不有漏泄，勿懼有後害而不言也。」

仲舒對曰：

陛下發德音，下明詔，求天命與情性，皆非愚臣之所能及也。臣謹案春秋之中，視前世已行之事，以觀天人相與之際，甚可畏也。國家將有失道之敗，而天乃先出災害以譴告之，〔一〕不知自省，又出怪異以警懼之，〔二〕尙不知變，而傷敗乃至。以此見天心之仁愛人君而欲止其亂也。自非大亡道之世者，天盡欲扶持而全安之，事在彊勉而已矣。〔三〕彊勉學問，則聞見博而知益明；彊勉行道，則德日起而大有功：此皆可使還至而（立）有效者也。〔四〕詩曰「夙夜匪解」，〔五〕書云「茂哉茂哉！」〔六〕皆彊勉之謂也。

〔一〕師古曰：「譴，責也。」

〔二〕師古曰：「省，視也。」

〔三〕師古曰：「彊音其兩反。此下並同。」

〔四〕師古曰：「還讀曰旋。旋，速也。」

〔五〕師古曰：「大雅烝人之詩也。夙，早也。解讀曰懈。懈，怠也。其下亦同。」

〔六〕師古曰：「虞書咎繇謨之辭也。茂，勉也。」

道者，所繇適於治之路也，〔一〕仁義禮樂皆其具也。故聖王已沒，而子孫長久安寧數百歲，此皆禮樂教化之功也。王者未作樂之時，乃用先王之樂宜於世者，而以深入教化於民。教化之情不得，雅頌之樂不成，故王者功成作樂，樂其德也。樂者，所以變民風，化民俗也；其變民也易，其化人也著。〔二〕故聲發於和而本於情，接於肌膚，臧於骨髓。故王道雖微缺，而筦絃之聲未衰也。夫虞氏之不爲政久矣，然而樂頌遺風猶有存者，是以孔子在齊而聞韶也。夫人君莫不欲安存而惡危亡，然而政亂國危者甚衆，所任者非其人，而所繇者非其道，〔三〕是以政日以仆滅也。夫周道衰於幽厲，非道亡也，幽厲不繇也。至於宣王，思昔先王之德，興滯補弊，明文武之功業，周道粲然復興，詩人美之而作，上天祐之，爲生賢佐，後世稱誦，至今不絕。此夙夜不解行善之所致也。孔子曰「人能弘道，非道弘人」也。〔四〕故治亂廢興在於己，非天降命不可得反，其所操持誖謬失其統也。

〔一〕師古曰：「繇讀與由同。由，從也。適，往也。」

〔二〕師古曰：「著，明也。易音弋豉反。著音竹筋反。」

〔三〕師古曰：「繇讀與由同。下亦類此。」

〔四〕師古曰：「論語載孔子之言也。言明智之人則能行道。內無其質，非道所化。」

臣聞天之所大奉使之王者，必有非人力所能致而自至者，此受命之符也。天下之人同心歸之，若歸父母，故天瑞應誠而至。書曰「白魚入于王舟，有火復于王屋，流爲烏」，〔一〕此蓋受命之符也。周公曰「復哉復哉」，〔二〕孔子曰「德不孤，必有鄰」，〔三〕皆積善絫德之效也。〔四〕及至後世，淫佚衰微，〔五〕不能統理羣生，諸侯背畔，殘賊良民以爭壤土，廢德教而任刑罰。刑罰不中，則生邪氣；〔六〕邪氣積於下，怨惡畜於上。〔七〕上下不和，則陰陽繆盭而妖孽生矣。〔八〕此災異所緣而起也。

〔一〕師古曰：「今文尚書泰誓之辭也。謂伐紂之時有此瑞也。復，歸也，音扶目反。」

〔二〕師古曰：「周公視火烏之瑞，乃曰：『復哉復哉！』復，報也，言周有盛德，故天報以此瑞也。亦見今文泰誓也。」

〔三〕師古曰：「論語載孔子之言也。鄰，近也。言修德者不獨空爲之而已，必有近助也。」

〔四〕師古曰：「絫，古累字。」

〔五〕師古曰：「佚與逸同。」

〔六〕師古曰：「中音竹仲反。」

〔七〕師古曰：「畜讀曰蓄。蓄，聚也。」

〔八〕師古曰：「盭，古戾字。孽，災也。」

臣聞命者天之令也，性者生之質也，情者人之欲也。或夭或壽，或仁或鄙，陶冶而成之，不能粹美，〔一〕有治亂之所生，故不齊也。孔子曰：「君子之德風（也），小人之德屮（也），屮上之風必偃。」〔二〕故堯舜行德則民仁壽，桀紂行暴則民鄙夭。夫上之化下，下之從上，猶泥之在鈞，唯甄者之所爲；〔三〕猶金之在鎔，唯治者之所鑄。〔四〕「綏之斯俫，動之斯和」，此之謂也。〔五〕

〔一〕師古曰：「陶以喻造瓦，冶以喻鑄金也。言天之生人有似於此也。粹，純也。」

〔二〕師古曰：「論語載孔子之言也。言人之從化，若屮遇風則偃仆也。」

〔三〕師古曰：「甄，作瓦之人也。鈞，造瓦之法其中旋轉者。甄音吉延反。」

〔四〕師古曰：「鎔謂鑄器之模範也。鎔音容。」

〔五〕師古曰：「論語載子貢對陳子禽之言也。綏，安也。言治國家者，安之則競來，動之則和悅耳。」

臣謹案春秋之文，求王道之端，得之於正。〔一〕正次王，王次春。〔二〕春者，天之所爲也；正者，王之所爲也。其意曰，上承天之所爲，而下以正其所爲，正王道之端云爾。然則王者欲有所爲，宜求其端於天。天道之大者在陰陽。陽爲德，陰爲刑；刑主殺而德主生。是故陽常居大夏，而以生育養長爲事；陰常居大冬，而積於空虛不用之處。以此見天之任德不任刑也。天使陽出布施於上而主歲功，使陰入伏於下而時出佐陽；陽不得陰之助，亦不能獨成歲。終陽以成歲爲名，〔三〕此天意也。王者承天意以從事，故任德教而不任刑。刑者不可任以治世，猶陰之不可任以成歲也。爲政而任刑，不順於天，故先王莫之肯爲也。今廢先王德教之官，而獨任執法之吏治民，毋乃任刑之意與！〔四〕孔子曰：「不教而誅謂之虐。」〔五〕虐政用於下，而欲德教之被四海，故難成也。

〔一〕師古曰：「謂正月也，音之成反。」
〔二〕師古曰：「解春秋書『春王正月』之一句也。」
〔三〕蘇林曰：「卒以陽名歲，尙德不尙刑也。」師古曰：「謂年首稱春也。即上文所云『王次春』者是也。」
〔四〕師古曰：「與讀曰歟。」
〔五〕師古曰：「論語載孔子之言。」

臣謹案春秋謂一元之意，〔一〕一者萬物之所從始也，元者辭之所謂大也。〔二〕謂一爲元者，視大始而欲正本也。〔三〕春秋深探其本，而反自貴者始。故爲人君者，正心以正朝廷，正朝廷以正百官，正百官以正萬民，正萬民以正四方。四方正，遠近莫敢不壹於正，而亡有邪氣奸其間者。〔四〕是以陰陽調而風雨時，羣生和而萬民殖，五穀孰而屮木茂，天地之間被潤澤而大豐美，四海之內聞盛德而皆徠臣，諸福之物，可致之祥，莫不畢至，而王道終矣。

〔一〕師古曰：「釋公始卽位何不稱一年而言元年也。」
〔二〕師古曰：「易稱『元者善之長也』，故曰辭之所謂大也。」
〔三〕師古曰：「視讀曰示。」
〔四〕師古曰：「奸，犯也，音干。」

孔子曰：「鳳鳥不至，河不出圖，吾已矣夫！」〔一〕自悲可致此物，而身卑賤不得致也。〔二〕今陛下貴爲天子，富有四海，居得致之位，操可致之勢，〔三〕又有能致之資，〔四〕行高而恩厚，知明而意美，愛民而好士，可謂誼主矣。然而天地未應而美祥莫至者，何也？凡以教化不立而萬民不正也。夫萬民之從利也，如水之走下，〔五〕不以教化隄防之，不能止也。是故教化立而姦邪皆止者，其隄防完也；教化廢而姦邪並出，刑罰不能勝者，其隄防壞也。古之王者明於此，是故南面而治天下，莫不以教化爲大務。立大學以教於國，設庠序以化於邑，〔六〕漸民以仁，摩民以誼，〔七〕節民以禮，故其刑罰甚輕而禁不犯者，教化行而習俗美也。

〔一〕師古曰：「論語載孔子之言。」

〔二〕師古曰：「鳳鳥河圖，皆王者之瑞。仲尼自歎有德無位，故不至也。」

〔三〕師古曰：「操，執持也，音千高反。」

〔四〕師古曰：「資，材質也。」

〔五〕師古曰：「走音奏。」

〔六〕師古曰：「庠序，教學之處也，所以養老而行禮焉。禮學記曰『古之教者，家有塾，黨有庠，術有序，國有學』也。」

〔七〕師古曰：「漸謂浸潤之，摩謂砥礪之也。」

聖王之繼亂世也，埽除其迹而悉去之，〔一〕復修教化而崇起之。教化已明，習俗已成，子孫循之，〔二〕行五六百歲尚未敗也。至周之末世，大爲亡道，以失天下。秦繼其後，獨不能改，又益甚之，重禁文學，不得挾書，棄捐禮誼而惡聞之，其心欲盡滅先王之道，而顓爲自恣苟簡之治，〔三〕故立爲天子十四歲而國破亡矣。自古以倈，未嘗有以亂濟亂，大敗天下之民如秦者也。〔四〕其遺毒餘烈，至今未滅，使習俗薄惡，人民嚚頑，抵冒殊扞，〔五〕孰爛如此之甚者也。孔子曰：「腐朽之木不可彫也，糞土之牆不可圬也。」〔六〕今漢繼秦之後，如朽木糞牆矣，雖欲善治之，亡可柰何。法出而姦生，令下而詐起，〔七〕如以湯止沸，抱薪救火，愈甚亡益也。竊譬之琴瑟不調，甚者必解而更張之，乃可鼓也；爲政而不行，甚者必變而更化之，乃可理也。當更張而不更張，雖有良工不能善調也；當更化而不更化，雖有大賢不能善治也。故漢得天下以來，常欲善治而至今不可善治者，失之於當更化而不更化也。古人有言曰：「臨淵羡魚，不如(蛛)〔退〕而結網。」〔八〕今臨政而願治七十餘歲矣，不如退而更化；更化則可善治，善治則災害日去，福祿日來。詩云：「宜民宜人，受祿于天。」〔九〕爲政而宜於民者，固當受祿于天。夫仁誼禮知信五常之道，王者所當脩飭也；五者脩飭，故受天之祐，而享鬼神之靈，德施于方外，延及羣生也。

〔一〕師古曰：「去亦除也，音丘呂反。」

〔二〕師古曰：「循，順也，順而行之。」

〔三〕蘇林曰：「苟爲簡易之治也。」師古曰：「此說非也。苟謂苟於權利也，簡謂簡於仁義也。簡易乾坤之德，豈秦所行乎？顓與專同。」

〔四〕師古曰：「濟，益也。」

〔五〕文穎曰：「扞，突也。」師古曰：「口不道忠信之言爲嚚。心不則德義之經爲頑。抵，觸也。冒，犯也。殊，絕也。扞，距也。冒讀如字，又音莫克反。」

〔六〕師古曰：「論語載孔子之言也。圬，鏝也，所以泥飾牆也。言內質敗壞不(能)〔可〕修治也。圬音一胡反。鏝音莫干反。」

〔七〕師古曰：「下音胡亞反。」

〔八〕師古曰：「言當自求之。」

〔九〕師古曰：「大雅假樂之詩也。」

天子覽其對而異焉，乃復册之曰：

制曰：蓋聞虞舜之時，游於巖郎之上，〔一〕垂拱無爲，而天下太平。周文王至於日昃不暇食，〔二〕而宇內亦治。夫帝王之道，豈不同條共貫與？〔三〕何逸勞之殊也？

〔一〕文穎曰：「巖郎，殿下小屋也。」晉灼曰：「堂邊廡巖郎，謂嚴峻之郎也。」師古曰：「晉說是也。」

〔二〕師古曰：「昃亦（昊）〔昗〕字。」

〔三〕師古曰：「與讀曰歟。」

蓋儉者不造玄黃旌旗之飾。及至周室，設兩觀，乘大路，朱干玉戚，八佾陳於庭，〔一〕而頌聲興。夫帝王之道豈異指哉？〔二〕或曰良玉不瑑，〔三〕又曰非文無以輔德，二端異焉。

〔一〕師古曰：「兩觀，謂闕也。大路，玉路之車也。干，盾也。戚，鉞也。朱丹其盾，玉爲戚柲也。佾，列也，舞者之行列也。一列八人，天子八列，六十四人也。」

〔二〕師古曰：「言意趣不同。」

〔三〕師古曰：「瑑謂彫刻爲文也，音篆。下皆類此。」

殷人執五刑以督姦，傷肌膚以懲惡。〔一〕成康不式，四十餘年〔二〕天下不犯，囹圄空虛。秦國用之，死者甚衆，刑者相望，秏矣哀哉！〔三〕

〔一〕師古曰：「督，視責也。懲，止也。」
〔二〕師古曰：「式，用也。成康之時刑措不用。」
〔三〕師古曰：「秏，虛也。言用刑酷烈，誅殺甚衆，天下空虛也。秏音呼到反。或曰秏，不明也，言刑罰闇亂，音莫報反。」

烏虖！〔一〕朕夙寤晨興，〔二〕惟前帝王之憲，〔三〕永思所以奉至尊，章洪業，〔四〕皆在力本任賢。〔五〕今朕親耕藉田以爲農先，勸孝弟，崇有德，使者冠蓋相望，問勤勞，恤孤獨，盡思極神，功烈休德未始云獲也。今陰陽錯繆，氛氣充塞，〔六〕羣生寡遂，黎民未濟，〔七〕廉恥貿亂，賢不肖渾（淆）〔殽〕，〔八〕未得其眞，故詳延特起之士，（意）庶幾乎！〔九〕今子大夫待詔百有餘人，或道世務而未濟，稽諸上古之不同，考之于今而難行，毋乃牽於文繫而不得騁（歟）〔與〕？〔一〇〕將所繇異術，所聞殊方與？〔一一〕各悉對，著于篇，〔一二〕毋諱有司。〔一三〕明其指略，切磋究之，以稱朕意。〔一四〕

〔一〕師古曰：「虖讀曰呼。」
〔二〕師古曰：「夙，早也。寤，寐之覺也。興，起也。覺音工孝反。」
〔三〕師古曰：「憲，法也。」

〔四〕師古曰：「永，深也。章，明也。洪，大也。」
〔五〕師古曰：「力本，謂勤力行於本業也。本謂農也。」
〔六〕師古曰：「氛，惡氣也。充，滿也。」
〔七〕師古曰：「遂，成也。」
〔八〕師古曰：「貿，易也。渾殽，雜也。貿音武又反。渾音胡本反。」
〔九〕師古曰：「詳，盡也，一曰審也。」
〔一〇〕師古曰：「牽於文繫，謂𢥞於文吏之法。與讀曰歟。其下類此。」
〔一一〕師古曰：「繇讀與由同。方謂道也。」
〔一二〕師古曰：「悉謂盡意而對也。」
〔一三〕師古曰：「言不當忌畏有司而不極言。」
〔一四〕師古曰：「究，極也。磋音千何反。」

仲舒對曰：

臣聞堯受命，以天下為憂，而未以位為樂也，故誅逐亂臣，務求賢聖，是以得舜、禹、稷、卨、咎繇。衆聖輔德，賢能佐職，教化大行，天下和洽，萬民皆安仁樂誼，各得其宜，動作應禮，從容中道。〔一〕故孔子曰「如有王者，必世而後仁」，此之謂也。〔二〕堯在位七十載，乃遜于位以禪虞舜。堯崩，天下不歸堯子丹朱而歸舜。舜知不可辟，〔三〕乃卽天子之位，以禹爲相，因堯之輔佐，繼其統業，是以垂拱無爲而天下治。孔子曰「韶盡美矣，又盡善（也）〔矣〕」，〔四〕此之謂也。至於殷紂，逆天暴物，殺戮賢知，殘賊百姓。伯夷、太公皆當世賢者，隱處而不爲臣。守職之人皆奔走逃亡，入于河海。〔五〕天下秏亂，萬民不安，〔六〕故天下去殷而從周。文王順天理物，師用賢聖，是以閎夭、大顛、散宜生等亦聚於朝廷。〔七〕愛施兆民，天下歸之，故太公起海濱而即三公也。〔八〕當此之時，紂尚在上，尊卑昏亂，百姓散亡，故文王悼痛而欲安之，是以日昃而不暇食也。孔子作春秋，先正王而繫萬事，見素王之文焉。〔九〕繇此觀之，〔一〇〕帝王之條貫同，然而勞逸異者，所遇之時異也。孔子曰「武盡美矣，未盡善也」，〔一一〕此之謂也。

〔一〕師古曰：「從音千容反。中音竹仲反。」

〔二〕師古曰：「論語載孔子之言也。言如有受命王者，必三十年，仁政乃成。」

〔三〕師古曰：「辟讀曰避。」

〔四〕師古曰：「論語載孔子之言。韶，舜樂也。孔子嘉舜之德，故聽其樂，而云盡善盡美矣。」

〔五〕師古曰：「謂若鼓方叔、播鼗武、少師陽之屬也。事在禮樂志。」

〔六〕師古曰：「秏，不明也，音莫報反。」

〔七〕臣瓚曰：「皆文王賢臣。」

〔八〕師古曰：「濱，涯也。即，就也。濱音賓，又音頻。」

〔九〕師古曰：「見，顯示也。」
〔一〇〕師古曰：「繇讀與由同。」
〔一一〕師古曰：「亦論語載孔子之言也。武，周武王樂也。以其用兵伐紂，故有慙德，未盡善也。」

臣聞制度文采玄黃之飾，所以明尊卑，異貴賤，而勸有德也。故春秋受命所先制者，改正朔，易服色，所以應天也。然則宮室旌旗之制，有法而然者也。故孔子曰：「奢則不遜，儉則固。」〔一〕儉非聖人之中制也。臣聞良玉不瑑，資質潤美，不待刻瑑，此亡異於達巷黨人不學而自知也。〔二〕然則常玉不瑑，不成文章；君子不學，不成其德。

〔一〕師古曰：「論語載孔子之言。遜，順也。固，陋也。」
〔二〕孟康曰：「人，項橐也。」

臣聞聖王之治天下也，少則習之學，長則材諸位，〔一〕爵祿以養其德，刑罰以威其惡，故民曉於禮誼而恥犯其上。武王行大誼，平殘賊，周公作禮樂以文之，至於成康之隆，囹圄空虛四十餘年。此亦教化之漸而仁誼之流，非獨傷肌膚之效也。至秦則不然。師申商之法，行韓非之說，〔二〕憎帝王之道，以貪狼爲俗，〔三〕非有文德以教訓於（天）下也。誅名而不察實，〔四〕爲善者不必免，而犯惡者未必刑也。是以百官皆飾（空言）虛辭而不顧實，外有事君之禮，內有背上之心，造僞飾詐，趣利無恥；又好用憯酷之吏，〔五〕

賦斂亡度，竭民財力，百姓散亡，不得從耕織之業，羣盜並起。是以刑者甚衆，死者相望，而姦不息，俗化使然也。故孔子曰「導之以政，齊之以刑，民免而無恥」，〔六〕此之謂也。

〔一〕服虔曰：「在位當知材知日有益於政也。」應劭曰：「隨其材之優劣而授之位也。」師古曰：「應說近之。謂授之位以試其材也。」

〔二〕師古曰：「申，申不害也。商，商鞅也。」

〔三〕師古曰：「狼性皆貪，故謂貪爲貪狼也。」

〔四〕師古曰：「誅，責也。」

〔五〕師古曰：「憯，痛也，音千感反。」

〔六〕師古曰：「論語載孔子之言也。言以政法教導之，以刑戮整齊之，則人苟免而已，無恥愧也。」

今陛下并有天下，海內莫不率服，廣覽兼聽，極羣下之知，盡天下之美，至德昭然，施於方外。夜郎、康居，殊方萬里，說德歸誼，〔一〕此太平之致也。然而功不加於百姓者，殆王心未加焉。曾子曰：「尊其所聞，則高明矣；行其所知，則光大矣。高明光大，不在於它，在乎加之意而已。」〔二〕願陛下因用所聞，設誠於內而致行之，則三王何異哉！

〔一〕師古曰：「夜郎，西南夷也。康居，西域國也。說讀曰悅。」

〔三〕師古曰：「曾子之書也。曾子，曾參。」

陛下親耕藉田以爲農先，夙寤晨興，憂勞萬民，思惟往古，而務以求賢，此亦堯舜之用心也，然而未云獲者，士素不厲也。〔一〕夫不素養士而欲求賢，譬猶不(瑑)〔琢〕玉而求文采也。故養士之大者，莫大(虖)〔虖〕太學；太學者，賢士之所關也，〔二〕教化之本原也。今以一郡一國之衆，對亡應書者，〔三〕是王道往往而絕也。臣願陛下興太學，置明師，以養天下之士，數考問以盡其材，則英俊宜可得矣。今之郡守、縣令，民之師帥，所使承流而宣化也；故師帥不賢，則主德不宣，恩澤不流。今吏既亡教訓於下，或不承用主上之法，暴虐百姓，與姦爲市，〔四〕貧窮孤弱，冤苦失職，甚不稱陛下之意。是以陰陽錯繆，氛氣充塞，羣生寡遂，黎民未濟，皆長吏不明，使至於此也。

〔一〕師古曰：「厲謂勸勉之也。一曰砥礪其行也。」
〔二〕師古曰：「關，由也。」
〔三〕師古曰：「書謂舉賢良文學之詔書也。」
〔四〕師古曰：「言小吏有爲姦欺者，守令不舉，乃反與之交易求利也。」

夫長吏多出於郎中、中郎，吏二千石子弟選郎吏，又以富訾，未必賢也。〔一〕且古所謂功者，以任官稱職爲差，〔二〕非(所)謂積日絫久也。故小材雖絫日，不離於小官；賢材雖未久，不害爲輔佐。〔三〕是以有司竭力盡知，務治其業而以赴功。今則不然。(累)〔絫〕日以取貴，積久以致官，是以廉恥貿亂，賢不肖渾殽，未得其眞。臣愚以爲使諸列侯、郡守、二千石各擇其吏民之賢者，歲貢各二人以給宿衞，且以觀大臣之能；所貢賢者有賞，所貢不肖者有罰。夫如是，諸侯、吏二千石皆盡心於求賢，天下之士可得而官使也。〔四〕徧得天下之賢人，則三王之盛易爲，而堯舜之名可及也。毋以日月爲功，實試賢能爲上，量材而授官，錄德而定位，〔五〕則廉恥殊路，賢不肖異處矣。陛下加惠，寬臣之罪，令勿牽制於文，使得切磋究之，臣敢不盡愚！

〔一〕師古曰：「訾與資同。」
〔二〕師古曰：「差，次也。」
〔三〕師古曰：「害猶妨也。」
〔四〕師古曰：「授之以官，以使其材也。」
〔五〕師古曰：「錄謂存視也。」

於是天子復册之。

制曰：蓋聞「善言天者必有徵於人，〔一〕善言古者必有驗於今」。故朕垂問乎天人之應，上嘉唐虞，下悼桀紂，寖微寖滅寖明寖昌之道，〔二〕虛心以改。今子大夫明於陰陽所以造化，習於先聖之道業，然而文采未極，豈惑虖當世之務哉？條貫靡竟，統紀未終，意朕之不明與？聽若眩與？〔三〕夫三王之教所祖不同，而皆有失，〔四〕或謂久而不易者道也，意豈異哉？今子大夫既已著大道之極，陳治亂之端矣，其悉之究之，孰之復之。〔五〕詩不云虖？「嗟爾君子，毋常安息，神之聽之，介爾景福。」〔六〕朕將親覽焉，子大夫其茂明之。〔七〕

〔一〕師古曰：「徵，證也。」

〔二〕師古曰：「寖，古浸字。寖，漸也。」

〔三〕師古曰：「眩，惑也，音郡縣之縣。與讀皆曰歟。」

〔四〕師古曰：「祖，始也。」

〔五〕師古曰：「悉，盡也。究，竟也。復，反復重言之也。復音扶目反。」

〔六〕師古曰：「小雅小明之詩也。安息，安處也。介，助也。景，大也。言人君不當苟自安處而已，若能靖恭其位，直道而行，則神聽而知之，助以大福也。」

〔七〕師古曰：「茂，勉也。」

仲舒復對曰：

臣聞論語曰：「有始有卒者，其唯聖人虖！」〔一〕今陛下幸加惠，留聽於承學之臣，〔二〕復下明册，以切其意，而究盡聖德，非愚臣之所能具也。前所上對，條貫靡竟，統紀不終，辭不別白，指不分明，此臣淺陋之罪也。

〔一〕師古曰：「論語載孔子之言。卒，終也，言終始如一者，唯聖人能之。」

〔二〕師古曰：「言轉承師說而學之，蓋謙辭也。」

冊曰：「善言天者必有徵於人，善言古者必有驗於今。」臣聞天者羣物之祖也，故偏覆包函而無所殊，〔一〕建日月風雨以和之，經陰陽寒暑以成之。故聖人法天而立道，亦溥愛而亡私，〔二〕布德施仁以厚之，設誼立禮以導之。春者天之所以生也，仁者君之所以愛也；夏者天之所以長也，德者君之所以養也；霜者天之所以殺也，刑者君之所以罰也。繇此言之，〔三〕天人之徵，古今之道也。孔子作春秋，上揆之天道，下質諸人情，參之於古，考之於今。故春秋之所譏，災害之所加也；春秋之所惡，怪異之所施也。書邦家之過，兼災異之變，以此見人之所爲，其美惡之極，乃與天地流通而往來相應，此亦言天之一端也。古者修教訓之官，務以德善化民，民已大化之後，天下常亡一人之獄矣。今世廢而不脩，亡以化民，民以故棄行誼而死財利，是以犯法而罪多，一歲之獄以萬千數。以此見古之不可不用也，〔四〕故春秋變古則譏之。天令之謂命，命非聖人不行；質樸之謂性，性非教化不成；人欲之謂情，情非度制不節。是故王者上謹於承天意，以順命也；下務明教化民，以成性也；正法度之宜，別上下之序，以防欲也；脩此三者，而大本舉矣。人受命於天，固超然異於羣生，入有父子兄弟之親，出有君臣上下之誼，會聚相遇，則有耆老長幼之施；〔五〕粲然有文以相接，〔六〕驩然有恩以相愛，此人之所以貴也。生五穀以食之，桑麻以衣之，〔七〕六畜以養之，服牛乘馬，圈豹檻虎，是其得天之靈，貴於物也。故孔子曰：「天地之性人爲貴。」〔八〕明於天性，知自貴於物；知自貴於物，然後知仁誼；知仁誼，然後重禮節；重禮節，然後安處善；〔九〕安處善，然後樂循理；〔一〇〕樂循理，然後謂之君子。故孔子曰「不知命，亡以爲君子」，〔一一〕此之謂也。

〔一〕師古曰：「函與含同。殊，異也。」

〔二〕師古曰：「溥，徧也，音普。」

〔三〕師古曰：「繇讀與由同。下皆類此。」

〔四〕師古曰：「古謂古法也。」

〔五〕師古曰：「施，設也，陳設其序。」

〔六〕師古曰：「粲，明貌。」

〔七〕師古曰：「食讀曰飤。衣音於旣反。」

〔八〕師古曰：「孝經載孔子之言也。性，生也。」

〔九〕師古曰：「處於善道以爲安。」

〔一〇〕師古曰：「循，順也。」

〔一一〕師古曰：「論語載孔子之言也。」

册曰：「上嘉唐虞，下悼桀紂，寖微寖滅寖明寖昌之道，虛心以改。」臣聞衆少成多，積小致鉅，〔一〕故聖人莫不以晻致明，以微致顯。〔二〕是以堯發於諸侯，〔三〕舜興虖深山，〔四〕非一日而顯也，蓋有漸以致之矣。言出於己，不可塞也；行發於身，不可掩也。言行，治之大者，君子之所以動天地也。故盡小者大，愼微者著。〔五〕詩云：「惟此文王，小心翼翼。」〔六〕故堯兢兢日行其道，而舜業業日致其孝，〔七〕善積而名顯，德章而身尊，此其寖明寖昌之道也。積善在身，猶長日加益，而人不知也；〔八〕積惡在身，猶火之銷膏，而人不見也。非明虖情性察虖流俗者，孰能知之？此唐虞之所以得令名，而桀紂之可爲悼懼者也。夫善惡之相從，如景鄉之應形聲也。〔九〕故桀紂暴謾，〔一〇〕讒賊並進，賢知隱伏，惡日顯，國日亂，晏然自以如日在天，〔一一〕終陵夷而大壞。夫暴逆不仁者，非一日而亡也，亦以漸至，故桀、紂雖亡道，然猶享國十餘年，此其寖微寖滅之道也。

〔一〕師古曰：「鉅，大也。」

〔二〕師古曰：「晻與暗同。」

〔三〕師古曰：「謂從唐侯升天子之位。」

〔四〕孟康曰：「舜耕於歷山。」
〔五〕師古曰：「能蓄衆小，則致高大；能慎至微，則著明也。」
〔六〕師古曰：「大雅大明之詩也。翼翼，恭肅貌。」
〔七〕師古曰：「兢兢，戒慎也。業業，危懼也。」
〔八〕師古曰：「長言身形之脩短，自幼及壯也。」
〔九〕師古曰：「鄉讀曰響。」
〔10〕師古曰：「謾與慢同。」
〔11〕師古曰：「晏然，自安意也。如日在天，言終不墜亡也。」

冊曰：「三王之教所祖不同，而皆有失，或謂久而不易者道也，意豈異哉？」臣聞夫樂而不亂復而不厭者謂之道；〔一〕道者萬世亡弊，弊者道之失也。〔二〕先王之道必有偏而不起之處，故政有眊而不行，〔三〕舉其偏者以補其弊而已矣。三王之道所祖不同，非其相反，將以捄溢扶衰，所遭之變然也。〔四〕故孔子曰：「亡為而治者，其舜虖！」〔五〕改正朔，易服色，以順天命而已；其餘盡循堯道，何更為哉！故王者有改制之名，亡變道之實。然夏上忠，殷上敬，周上文者，所繼之捄，當用此也。〔六〕孔子曰：「殷因於夏禮，所損益可知也；周因於殷禮，所損益可知也；其或繼周者，雖百世可知也。」〔七〕此言百王之用，以此三者矣。夏因於虞，而獨不言所損益者，其道如一而所上同也。道之大原出於天，天不變，道亦不變，是以禹繼舜，舜繼堯，三聖相受而守一道，亡救弊之政也，〔八〕故不言其所損益也。繇是觀之，繼治世者其道同，繼亂世者其道變。今漢繼大亂之後，若宜少損周之文致，〔九〕用夏之忠者。

〔一〕師古曰：「復謂反復行之也，音扶目反。」

〔二〕師古曰：「言有弊非道，由失道故有弊。」

〔三〕師古曰：「眊，不明也，音莫報反。」

〔四〕師古曰：「捄，古救字。」

〔五〕師古曰：「論語載孔子之言。」

〔六〕師古曰：「繼謂所受先代之次也。救謂救其弊也。」

〔七〕師古曰：「論語載孔子之言。謂忠敬與文因循爲敎，立政垂則，不遠此也。」

〔八〕師古曰：「言政和平，不須救弊也。」

〔九〕師古曰：「致，至極也。」

陛下有明德嘉道，愍世俗之靡薄，悼王道之不昭，〔一〕故舉賢良方正之士，論（誼）〔議〕考問，將欲興仁誼之休德，明帝王之法制，〔二〕建太平之道也。臣愚不肖，述所聞，誦所學，道師之言，廑能勿失耳。〔三〕若乃論政事之得失，察天下之息耗，〔四〕此大臣輔佐之職，三公九卿之任，非臣仲舒所能及也。然而臣竊有怪者。夫古之天下亦今之天下，今之天下亦古之天下，共是天下，古(亦)〔以〕大治，上下和睦，習俗美盛，不令而行，不禁而止，吏亡姦邪，民亡盜賊，囹圄空虛，德潤草木，澤被四海，鳳皇來集，麒麟來游，以古準今，壹何不相逮之遠也！安所繆盭而陵夷若是？〔五〕意者有所失於古之道與？有所詭於天之理與？〔六〕試迹之〔於〕古，返之於天，黨可得見乎？〔七〕

〔一〕師古曰：「靡，散也。薄，輕也。昭，明也。」
〔二〕師古曰：「休，美也。」
〔三〕師古曰：「厪與僅同。僅，少也。」
〔四〕師古曰：「息，生也。秏，虛也。秏音呼到反。」
〔五〕師古曰：「安，焉也。」
〔六〕師古曰：「與讀皆曰歟。詭，違也。」
〔七〕師古曰：「(反)〔返〕謂還歸之也。黨音他朗反。」

夫天亦有所分予，予之齒者去其角，〔一〕傅其翼者兩其足，〔二〕是所受大者不得取小也。古之所予祿者，不食於力，不動於末，〔三〕是亦受大者不得取小，與天同意者也。夫已受大，又取小，天不能足，而況人乎！此民之所以囂囂苦不足也。〔四〕身寵而載高位，家溫而食厚祿，〔五〕因乘富貴之資力，以與民爭利於下，民安能如之哉！是故衆其奴婢，多其牛羊，廣其田宅，博其產業，畜其積委，〔六〕務此而亡已，以迫蹵民，〔七〕民日削月朘，〔八〕寖以大窮。富者奢侈羨溢，貧者窮急愁苦；〔九〕窮急愁苦而上不救，則民不樂生；民不樂生，尚不避死，安能避罪！此刑罰之所以蕃而姦邪不可勝者也。〔一〇〕故受祿之家，食祿而已，不與民爭業，然後利可均布，而民可家足。此上天之理，而亦太古之道，天子之所宜法以爲制，大夫之所當循以爲行也。故公儀子相魯，〔一一〕之其家見織帛，怒而出其妻，食於舍而茹葵，慍而拔其葵，〔一二〕曰：「吾已食祿，又奪園夫紅女利虖！」〔一三〕古之賢人君子在列位者皆如是，是故下高其行而從其敎，民化其廉而不貪鄙。及至周室之衰，其卿大夫緩於誼而急於利，亡推讓之風而有爭田之訟。故詩人疾而刺之，曰：「節彼南山，惟石巖巖，赫赫師尹，民具爾瞻。」〔一四〕爾好誼，則民鄉仁而俗善；〔一五〕爾好利，則民好邪而俗敗。由是觀之，天子大夫者，下民之所視效，遠方之所四面而內望也。近者視而放之，遠者望而效之，〔一六〕豈可以居賢人之位而爲庶人行哉！夫皇皇求財利常恐乏匱者，庶人之意也；〔一七〕皇皇求仁義常恐不能化民者，大夫之意也。易曰：「負且乘，致寇至。」〔一八〕乘車者君子之位也，負擔者小人之事也，此言居君子之位而爲庶人之行者，其患禍必至也。若居君子之位，當君子之行，則舍公儀休之相魯，亡可爲者矣。〔一九〕

〔一〕師古曰：「謂牛無上齒則有角，其餘無角者則有上齒。」

〔二〕師古曰：「傅讀曰附。附，箸也。言鳥不四足。」

〔三〕師古曰：「末謂工商之業也。」

〔四〕師古曰：「囂讀與謷同，音敖。謷謷，衆怨愁聲也。」

〔五〕師古曰：「載亦乘也。」

〔六〕師古曰：「畜讀曰蓄。」

〔七〕師古曰：「蹵音子育反。」

〔八〕孟康曰：「朘音揎，謂轉褰踧也。」蘇林曰：「朘音鐫石。俗語謂縮朒爲朘縮。」師古曰：「孟說是也。揎音宣。踧音子六反。」

〔九〕師古曰：「羨，饒也，讀與衍同，音弋戰反。」

〔一〇〕師古曰：「蕃，多也，音扶元反。」

〔一一〕師古曰：「公儀休。」

〔一二〕師古曰：「食菜曰茹，音（洳）〔汝〕。」

〔一三〕師古曰：「紅讀曰工。」

〔一四〕師古曰：「小雅節南山之詩也。節，高峻貌。巖巖，積石貌。赫赫，顯盛也。師尹，周太師尹氏也。言三公之位，人所瞻仰，若山之高也。節音才結反。」

〔一五〕師古曰：「爾，汝也。鄉讀曰嚮。」

〔一六〕師古曰：「放，依也，音甫往反。」

〔七〕師古曰：「皇皇，急速之貌也。」

〔八〕師古曰：「此易解卦六〔二〕〔三〕爻辭也。」

〔九〕師古曰：「舍，廢也。言爲君子之行者，當如公儀休。若廢其所行，則無可爲也。」

春秋大一統者，天地之常經，古今之通誼也。〔一〕今師異道，人異論，百家殊方，指意不同，是以上亡以持一統；法制數變，下不知所守。臣愚以爲諸不在六藝之科孔子之術者，皆絕其道，勿使並進。邪辟之說滅息，〔二〕然後統紀可一而法度可明，民知所從矣。

〔一〕師古曰：「一統者，萬物之統皆歸於一也。春秋公羊傳：『隱公元年，春王正月。何言乎王正月？大一統也。』此言諸侯皆繫統天子，不得自專也。」

〔二〕師古曰：「辟讀曰僻。」

對既畢，天子以仲舒爲江都相，事易王。易王，帝兄，素驕，好勇。仲舒以禮誼匡正，王敬重焉。久之，王問仲舒曰：「粵王句踐與大夫泄庸、種、蠡謀伐吳，〔一〕遂滅之。孔子稱殷有三仁，寡人亦以爲粵有三仁。〔二〕桓公決疑於管仲，寡人決疑於君。」仲舒對曰：「臣愚不足以奉大對。〔三〕聞昔者魯君問柳下惠：〔四〕『吾欲伐齊，何如？』柳下惠曰：『不可。』歸而有憂色，曰：『吾聞伐國不問仁人，此言何爲至於我哉！』徒見問耳，且猶羞之，〔五〕況設詐以伐吳虖？繇此言之，粵本無一仁。夫仁人者，正其誼不謀其利，明其道不計其功，是以仲尼之門，五尺之童羞稱五伯，〔六〕爲其先詐力而後仁誼也。苟爲詐而已，故不足稱於大君子之門也。〔七〕五伯比於他諸侯爲賢，其比三王，猶武夫之與美玉也。」〔八〕王曰：「善。」

〔一〕師古曰：「種，大夫種也。蠡，范蠡也。種音之勇反。蠡音禮。」
〔二〕師古曰：「泄庸一也，大夫種二也，范蠡三也。」
〔三〕師古曰：「大對，謂對大問也。」
〔四〕師古曰：「魯大夫展禽也。柳下，所食（菜）〔采〕邑之名。惠，諡也。」
〔五〕師古曰：「徒，但也。」
〔六〕師古曰：「伯讀曰霸。次下亦同。」
〔七〕張晏曰：「仲尼之門，故稱大也。」
〔八〕應劭曰：「武夫，石而似玉者也。」

仲舒治國，以春秋災異之變推陰陽所以錯行，故求雨，閉諸陽，縱諸陰，其止雨反是；〔一〕行之一國，未嘗不得所欲。中廢爲中大夫。先是遼東高廟、長陵高園殿災，仲舒居家推說其意，屮槀未上，〔二〕主父偃候仲舒，私見，嫉之，竊其書而奏焉。上召視諸儒，〔三〕仲舒弟子呂步舒不知其師書，以爲大愚。於是下仲舒吏，當死，詔赦之。仲舒遂不敢復言災異。

〔一〕師古曰：「謂若閉南門，禁舉火，及開北門，水灑人之類是也。」
〔二〕師古曰：「所作起草爲稾也。」
〔三〕師古曰：「視讀曰示。」

仲舒爲人廉直。是時方外攘四夷，〔一〕公孫弘治春秋不如仲舒，而弘希世用事，〔二〕位至公卿。仲舒以弘爲從諛，弘嫉之。膠西王亦上兄也，尤縱恣，數害吏二千石。弘乃言於上曰：「獨董仲舒可使相膠西王。」膠西王聞仲舒〔三〕大儒，善待之，仲舒恐久獲辠，病免。凡相兩國，輒事驕王，正身以率下，數上疏諫爭，教令國中，所居而治。及去位歸居，終不問家產業，以修學著書爲事。

〔一〕師古曰：「攘，卻也。」
〔二〕師古曰：「希，覰相也。」
〔三〕師古曰：「素聞其賢也。」

仲舒在家，朝廷如有大議，使使者及廷尉張湯就其家而問之，其對皆有明法。自武帝初立，魏其、武安侯爲相而隆儒矣。及仲舒對册，推明孔氏，抑黜百家。立學校之官，〔一〕州郡舉茂材孝廉，皆自仲舒發之。年老，以壽終於家。家徙茂陵，子及孫皆以學至大官。

〔一〕師古曰：「校音下教反。」

仲舒所著，皆明經術之意，及上疏條教，凡百二十三篇。而說春秋事得失，聞舉、玉杯、

蕃露、清明、竹林之屬，〔一〕復數十篇，十餘萬言，皆傳於後世。掇其切當世施朝廷者著于篇。〔二〕

〔一〕師古曰：「皆其所著書名也。杯音布回反。蕃音扶元反。」

〔二〕師古曰：「掇，采拾也，音丁活反。」

贊曰：劉向稱「董仲舒有王佐之材，雖伊呂亡以加，〔一〕筦晏之屬，伯者之佐，殆不及也。」〔二〕至向子歆以爲「伊呂乃聖人之耦，〔三〕王者不得則不興。故顏淵死，孔子曰『噫！天喪余。』〔四〕唯此一人爲能當之，自宰我、子贛、子游、子夏不與焉。〔五〕仲舒遭漢承秦滅學之後，六經離析，下帷發憤，潛心大業，令後學者有所統壹，爲羣儒首。然考其師友淵源所漸，猶未及乎游夏，〔六〕而曰筦晏弗及，伊呂不加，過矣。」至向曾孫龔，篤論君子也，以歆之言爲然。

〔一〕師古曰：「伊，伊尹。呂，呂望也。」

〔二〕師古曰：「筦，筦仲也。晏，晏嬰也。伯者，齊桓、晉文之屬也。伯讀曰霸。」

〔三〕師古曰：「耦，對也。」

〔四〕師古曰：「事見論語。噫，歎聲也。言失其輔佐也。噫音於其反。」

〔五〕師古曰：「與讀曰豫。」

〔六〕師古曰：「漸，浸潤也。游，子游。夏，子夏也。」

校勘記

二四九八頁一五行　此皆可使還至而(立)有效者也。　宋祁說越本無「立」字。按景祐本亦無。

二五〇一頁七行　君子之德風(也)，小人之德屮(也)，　宋祁說越本無兩「也」字。按景祐本亦無。

二五〇五頁三行　不如(蛛)〔退〕而結網。　景祐、殿本都作「退」。

二五〇五頁一五行　言內質敗壞不(能)〔可〕修治也。　景祐、殿本都作「可」。王先謙說，依正文則作「可」是。

二五〇六頁八行　昃亦(昊)〔昗〕字。　景祐、殿、局本都作「昗」，此誤。

二五〇七頁一〇行　賢不肖渾(淆)〔殽〕，　景祐、殿、局本都作「殽」。王先謙說「淆」字後人妄改。

二五〇七頁一〇行　故詳延特起之士，(意)庶幾乎！　宋祁說，古浙本有「意」字，他本無。按景祐本無。

二五〇七頁一三行　毋乃牽於文繫而不得騁(歟)〔與〕？　殿本作「與」。據注作「與」是。景祐本亦誤。

二五〇九頁二行　韶盡美矣，又盡善(也)〔矣〕，　景祐本作「矣」。王念孫說，據顏注，則正文本是「矣」字。

二五一〇頁一三行　非有文德以敎訓於(天)下也。　宋祁說景德本無「天」字。按景祐本亦無。

二五一〇頁一四行　是以百官皆飾(空言)虛辭而不顧實，　景祐本無「空言」二字。

二五一三頁三行　譬猶不(瑑)〔琢〕玉而求文采也。　景祐本作「琢」。宋祁說當從此本。按通鑑亦作「琢」。

二五一二頁四行　故養士之大者，莫大(虖)〔虖〕太學；　景祐、汲古、殿、局本都作「虖」，此誤。

二五一二頁一五行　且古所謂功者，以任官稱職爲差，非(所)謂積日絫久也。　景祐本無下「所」字。　王念孫說下「所」字涉上「所」字而衍。

二五一三頁二行　(累)〔絫〕日以取貴，　景祐本亦作「累」。　殿本作「絫」，則與上文一致。

二五一九頁一三行　論(誼)〔議〕考問，　王先謙說此「誼」字不可通，蓋涉下「誼」字而誤。　治要引作「論議考問」，當從之。

二五二〇頁一行　共是天下，古(亦)〔以〕大治，　錢大昭說「亦」閩本作「以」。　王先謙說閩本是，治要正作「古以大治」。

二五二〇頁四行　試迹之〔於〕古，　宋祁說姚本「古」上有「於」字。

二五二〇頁一二行　(反)〔返〕謂還歸之也。　殿本作「返」。　王先謙說作「返」是。

二五二二頁一三行　食菜曰茹，音(洳)〔汝〕。　景祐、殿本都作「汝」。

二五二三頁二行　此易解卦六(二)〔三〕爻辭也。　景祐、殿本都作「二」，此誤。

二五二四頁七行　柳下，所食(菜)〔采〕邑之名。　殿本作「采」，此誤，景祐本亦誤。

二五二五頁六行　膠西王聞仲舒〔三〕大儒，善待之。　景祐、殿本都無「儒」字。　宋祁說古本「大」字下有「儒」字，但不當於「仲舒」下作注，蓋顏注時已失之矣。

漢書卷五十七上

司馬相如傳第二十七上

師古曰：「近代之讀相如賦者多矣，皆改易文字，競爲音說，致失本眞。徐廣、鄒誕生、諸詮之、陳武之屬是也。今依班書舊文爲正，於彼數家，並無取焉。自喻巴蜀之後分爲下卷。」

司馬相如字長卿，蜀郡成都人也。少時好讀書，學擊劍，〔一〕名犬子。〔二〕相如既學，慕藺相如之爲人也，更名相如。〔三〕以訾爲郎，事孝景帝，爲武騎常侍，非其好也。〔四〕會景帝不好辭賦，是時梁孝王來朝，從游說之士齊人鄒陽、淮陰枚乘、吳嚴忌夫子之徒，〔五〕相如見而說之，〔六〕因病免，客游梁，得與諸侯游士居，數歲，乃著子虛之賦。

〔一〕師古曰：「擊劍者，以劍遥擊而中之，非斬刺也。」

〔二〕師古曰：「父母愛之，不欲稱斥，故爲此名也。」

〔三〕師古曰：「藺相如，六國時趙人也，義而有勇，故追慕之。」

〔四〕師古曰：「訾讀與貲同。貲，財也。以家財多得拜爲郎也。武騎常侍秩六百石。」

〔五〕師古曰：「嚴忌本姓莊，當時尊尙，號曰夫子。史家避漢明帝諱，故遂爲嚴耳。」
〔六〕師古曰：「說讀曰悅。」

會梁孝王薨，相如歸，而家貧無以自業。素與臨卭令王吉相善，吉曰：「長卿久宦游，不遂而困，〔一〕來過我。」於是相如往舍都亭。〔二〕臨卭令繆爲恭敬，〔三〕日往朝相如。相如初尙見之，後稱病，使從者謝吉，吉愈益謹肅。

〔一〕師古曰：「遂，達也。」
〔二〕師古曰：「臨卭所治都之亭。」
〔三〕師古曰：「繆，詐也。」

臨卭多富人，卓王孫僮客八百人，〔一〕程鄭亦數百人，〔二〕乃相謂曰：「令有貴客，爲具召之。〔三〕并召令。」令既至，卓氏客以百數，至日中請司馬長卿，長卿謝病不能臨。臨卭令不敢嘗食，身自迎相如，相如爲不得已而强往，〔四〕一坐盡傾。〔五〕酒酣，臨卭令前奏琴曰：「竊聞長卿好之，願以自娛。」〔六〕相如辭謝，爲鼓一再行。〔七〕是時，卓王孫有女文君新寡，好音，故相如繆與令相重而以琴心挑之。〔八〕相如時從車騎，雍容閒雅，〔九〕甚都。〔一〇〕及飮卓氏弄琴，文君竊從戶窺，心說而好之，〔一一〕恐不得當也。〔一二〕既罷，相如乃令侍人重賜文君侍者通殷勤。文君夜亡奔相如，相如與馳歸成都。家徒四壁立。〔一三〕卓王孫大怒曰：「女不材，我不忍殺，一錢不分也！」人或謂王孫，王孫終不聽。文君久之不樂，謂長卿曰：「弟俱如臨邛，〔一四〕從昆弟假貸，猶足以爲生，〔一五〕何至自苦如此！」相如與俱之臨邛，盡賣車騎，買酒舍，乃令文君當盧。〔一六〕相如身自著犢鼻褌，〔一七〕與庸保雜作，〔一八〕滌器於市中。〔一九〕卓王孫恥之，爲杜門不出。〔二〇〕昆弟諸公更謂王孫曰：〔二一〕「有一男兩女，所不足者非財也。〔二二〕今文君既失身於司馬長卿，長卿故倦游，〔二三〕雖貧，其人材足依也。且又令客，奈何相辱如此！」〔二四〕卓王孫不得已，〔二五〕分與文君僮百人，錢百萬，及其嫁時衣被財物。文君乃與相如歸成都，買田宅，爲富人。

〔一〕師古曰：「僮謂奴。」

〔二〕師古曰：「程鄭，亦人姓名。言其家富亞王孫也。」

〔三〕師古曰：「具謂酒食之具。召，請也。」

〔四〕師古曰：「示衆人以此意也。」

〔五〕師古曰：「皆傾慕其風采也。」

〔六〕師古曰：「奏，進也。」

〔七〕師古曰：「行謂曲引也。古樂府長歌行短歌行，此其義也。」

〔八〕師古曰：「寄心於琴聲以挑動之也。挑音徒了反。」

〔九〕師古曰：「閒讀曰閑。」

〔一〇〕張揖曰：「甚得都士之節也。」韋昭曰：「都邑之容也。」師古曰：「都，閑美之稱也。張說近之。詩鄭風有女同車之篇曰『洵美且都』，山有扶蘇之篇又云『不見子都』，則知都者，美也。韋言都邑，失之遠矣。」

〔一〕師古曰：「說讀曰悅。悅其人而好其音也。」

〔二〕師古曰：「當謂對偶之。」

〔三〕師古曰：「徒，空也。但有四壁，更無資產。」

〔四〕文穎曰：「弟，且也。」張揖曰：「如，往也。」師古曰：「弟，但也，發聲之急耳。酈食其曰『弟言之』，此類甚多，義非且也。」

〔五〕師古曰：「貰音吐得反。」

〔六〕郭璞曰：「鑪，酒鑪。」師古曰：「賣酒之處累土為鑪以居酒甕，四邊隆起，其一面高，形如鍛鑪，故名鑪耳。而俗之學者，皆謂當鑪為對溫酒火鑪，失其義矣。」

〔七〕師古曰：「卽今之衳也，形似犢鼻，故以名云。衳音之容反。」

〔八〕師古曰：「庸卽謂賃作者。保謂庸之可信任者也。」

〔九〕師古曰：「滌，洒也。器，食器也。食已則洒之，賤人之役也。洒音先禮反。」

〔一〇〕師古曰：「杜，塞也。」

〔一一〕師古曰：「更，互也，音工衡反。」

〔一二〕師古曰：「言不患少財也。」

〔一三〕文穎曰：「倦，疲也。言疲厭游學，博物多能也。」

〔一四〕師古曰：「言縣令之客，不可以辱也。」

〔三四〕師古曰：「已，止也。」

居久之，蜀人楊得意為狗監，〔一〕侍上。上讀子虛賦而善之，曰：「朕獨不得與此人同時哉！」得意曰：「臣邑人司馬相如自言為此賦。」上驚，乃召問相如。相如曰：「有是。然此乃諸侯之事，未足觀，請為天子游獵之賦。」上令尚書給筆札，〔二〕相如以「子虛」，虛言也，為楚稱；〔三〕「烏有先生」者，烏有此事也，〔四〕為齊難；〔五〕「亡是公」者，亡是人也，〔六〕欲明天子之義。故虛藉此三人為辭，〔七〕以推天子諸侯之苑囿。其卒章歸之於節儉，〔八〕因以風諫。〔九〕奏之天子，天子大說。〔一〇〕其辭曰：

〔一〕師古曰：「主天子田獵犬也。」
〔二〕師古曰：「札，木簡之薄小者也。時未多用紙，故給札以書。札音壯黠反。」
〔三〕師古曰：「稱說楚之美也。」
〔四〕師古曰：「烏，於何也。」
〔五〕師古曰：「難詰楚事也。」
〔六〕師古曰：「亡讀曰無。下皆類此。」
〔七〕師古曰：「藉，假也。」
〔八〕師古曰：「卒，終也。謂終篇之言，若隤牆填壍之比者。」

〔九〕師古曰：「風讀曰諷。」

〔10〕師古曰：「說讀曰悅。」

楚使子虛使於齊，齊王悉發車騎與使者出田。〔一〕田罷，子虛過姹烏有先生，〔二〕亡是公存焉。坐定，烏有先生問曰：「今日田樂乎？」子虛曰：「樂。」「獲多乎？」曰：「少。」「然則何樂？」對曰：「僕樂王之欲夸僕以車騎之衆，而僕對以雲夢之事也。」〔三〕曰：「可得聞乎？」

〔一〕師古曰：「田，獵也。」

〔二〕師古曰：「姹，誇誑之也，音丑亞反，字本作詫也。」

〔三〕張揖曰：「楚藪也。在南郡華容縣。」師古曰：「夢讀如本字，又音莫風反，字或作瞢，其音同耳。」

子虛曰：「可。王駕車千乘，選徒萬騎，田於海濱，〔一〕列卒滿澤，罘罔彌山。〔二〕掩菟轔鹿，射麋格麟，〔三〕鶩於鹽浦，割鮮染輪。〔四〕射中獲多，矜而自功，〔五〕顧謂僕曰：『楚亦有平原廣澤遊獵之地饒樂若此者乎？楚王之獵孰與寡人？』〔六〕僕下車對曰：『臣，楚國之鄙人也，幸得宿衞十有餘年，時從出遊，遊於後園，覽於有無，然猶未能徧覩也。又烏足以言其外澤乎？』齊王曰：『雖然，略以子之所聞見言之。』

〔一〕師古曰：「濱，涯也，音賓，又音頻。」

〔二〕師古曰：「罘，覆車也，即今幡車罔也。王國兎爰之詩曰『雉罹于罦』，罦亦罘字耳。彌，竟也。罘音浮。」

〔三〕師古曰：「轔謂車踐轢之也，音吝。格字或作脚，言持引其脚也。」

〔四〕張揖曰：「海水之涯多出鹽也。」李奇曰：「鮮，生也。染，擩也。切生肉，擩車輪，鹽而食之也。」師古曰：「騖謂亂馳也。擩，揾也。騖音務。擩音如閱反。揾音一頓反。」

〔五〕師古曰：「自矜其能以爲功也。」

〔六〕師古曰：「與猶如也。」

「僕對曰：『唯唯。〔一〕臣聞楚有七澤，嘗見其一，未覩其餘也。臣之所見，蓋特其小小者耳，名曰雲夢。雲夢者，方九百里，其中有山焉。其山則盤紆岪鬱，隆崇律崒；〔二〕岑崟參差，日月蔽虧；〔三〕交錯糾紛，上干青雲；〔四〕罷池陂陁，下屬江河。〔五〕其土則丹青赭堊，雌黃白坿，錫碧金銀，〔六〕衆色炫燿，照爛龍鱗。〔七〕其石則赤玉玫瑰，琳珉昆吾，〔八〕瑊玏玄厲，〔九〕碝石武夫。〔一〇〕其東則有蕙圃，衡蘭芷若，〔一一〕穹窮昌蒲，江離蘪蕪，〔一二〕諸柘巴且。〔一三〕其南則有平原廣澤，登降陁靡，〔一四〕案衍壇曼，〔一五〕緣以大江，限以巫山。〔一六〕其高燥則生葴析苞荔，〔一七〕薜莎青薠。〔一八〕其埤溼則生藏莨蒹葭，〔一九〕東蘠彫胡，〔二〇〕蓮藕觚盧，〔二一〕奄閭軒于。〔二二〕衆物居之，不可勝圖。〔二三〕其西則有涌泉清池，激水推移，〔二四〕外發夫容蔆華，內隱鉅石白沙。〔二五〕其中則有神龜蛟鼉，毒冒鼈黿。〔二六〕其北則有陰林巨樹，楩柟豫章，〔二七〕桂椒木蘭，檗離朱楊，〔二八〕樝梨梬栗，橘柚芬芳。〔二九〕其上則

有宛雛孔鸞，騰遠射干。〔一〇〕其下則有白虎玄豹，蟃蜒貙豻。〔一一〕

〔一〕師古曰：「唯唯，恭應之辭也，音弋癸反。」

〔二〕郭璞曰：「詰屈竦起也。崩音佛。」

〔三〕張揖曰：「高山壅蔽，日月虧缺半見。」師古曰：「岑音仕林反。崟音吟。」

〔四〕郭璞曰：「言相摎結而峻絕。」

〔五〕郭璞曰：「言旁頹也。屬，連也。罷音疲。陂音婆。陁音䮾。」文穎曰：「南方無河也。冀州凡水大小皆謂之河，詩賦通方言耳。」晉灼曰：「文意假借協陁之韻也。」師古曰：「文、晉之說皆非也。下屬江河者，總言山之廣大，所連者遠耳，於文無妨。陂音普河反。屬音之欲反。」

〔六〕張揖曰：「丹，丹沙也。青，青雘也。赭，赤赭也。堊，白堊也。」蘇林曰：「白坿，白石英也。」師古曰：「丹沙，今之朱沙也。青雘，今之空青也。赭，今之赤土也。堊，今之白土也。錫，青金也。碧謂玉之青白色者也。堊音惡。坿音附。雘音一郭反。」

〔七〕師古曰：「言采色相耀，若龍鱗之間雜也。炫音州縣之縣。」

〔八〕張揖曰：「琳，玉也。珉，石之次玉者也。昆吾，山名也，出善金。尸子曰『昆吾之金』。」晉灼曰：「玫瑰，火齊珠也。」師古曰：「火齊珠，今南方之出火珠也。玫音枚。瑰音回，又音瓌。琳音林。珉音旻。」

〔九〕張揖曰：「瑊玏，石之次玉者。玄厲，黑石可用磨也。」如淳曰：「瑊音緘。玏音勒。」

〔一〇〕張揖曰：「皆石之次玉者。礝石，白者如冰，半有赤色。武夫，赤地白采，葱蘢白黑不分。」郭璞曰：「礝音而兗反。」

〔一一〕張揖曰：「蕙圃，蕙草之圃也。衡，杜衡也，其狀若葵，其臭如蘼蕪。芷，白芷。若，杜若也。」師古曰：「蘭即今澤蘭也。今流俗書本『芷若』下有『射干』字，妄增之也。」

〔一二〕張揖曰：「江離，香草也。蘪蕪，蘄茝也，似蛇牀而香。」師古曰：「蘪蕪即穹窮苗也。」郭璞曰：「江離似水薺，而藥對曰蘪蕪一名江離。張勃又云江離出臨海縣海水中，正靑，似亂髮。郭義恭云江離赤葉。諸說不同，未知孰是。今無識之者，然非蘪蕪也，藥對誤耳。」

〔一三〕張揖曰：「諸柘，甘柘也。蕁苴，蘘荷也。」文穎曰：「巴且草一名巴蕉。」師古曰：「文說巴且是也。且音子余反。蕁音普各反。蕁苴自蘘荷耳，非巴且也。」

〔一四〕師古曰：「登，上也。降，下也。陁靡，旁衺也。陁音弋爾反。」

〔一五〕師古曰：「寬廣之貌也。衍音弋戰反。壇音徒但反。曼音莫幹反。」

〔一六〕張揖曰：「巫山在南郡巫縣也。」

〔一七〕張揖曰：「葴，馬藍也。析似燕麥。苞，藨也。荔，馬荔。」蘇林曰：「析音斯。」師古曰：「藨即今所用作席者也。馬荔，今之馬藺也。葴音之林反。苞音包。荔音隸。藨音皮表反。」

〔一八〕張揖曰：「薛，賴蒿也。莎，鎬侯也。靑薠似莎而大，生江湖，雁所食。」師古曰：「莎即今靑莎草。薠音煩。」

〔一九〕郭璞曰：「藏莨草中牛馬芻。蒹，荻也，似萑而細小。葭，蘆也。」師古曰：「埤音婢，謂下地也。莨音郎。蒹葭音兼猳。荻音敵。」

〔二〇〕張揖曰：「東蘠，實可食。彫胡，菰米也。」師古曰：「東蘠似蓬，其實如葵子也。」

〔二一〕張揖曰：「蓮，荷之實也，其根藕。」張晏曰：「觚盧，扈魯也。」郭璞曰：「菰，蔣也。蘆，葦也。」師古曰：「書不爲菰蘆字，郭說非也，但不知觚蘆於今是何草耳。」

〔二二〕張揖曰：「奄閭，蒿也，子可治疾。軒于，蕕草也，生水中，揚州有之。」師古曰：「奄音淹。蕕音猶。」

〔二三〕師古曰：「勝，舉也。不可盡舉而圖寫之，言其多也。」

〔二四〕郭璞曰：「波抑揚也。」

〔二五〕應劭曰：「夫容，蓮華也。蔆，芰也。」師古曰：「鉅，大也。」

〔二六〕張揖曰：「蛟狀魚身而蛇尾，皮有珠。鼉似蜥蜴而大，身有甲，皮可作鼓。毒冒似觜蠵，甲有文。黿似鼈而大。」師古曰：「張說蛟者，乃是鮫魚，非蛟龍之蛟也。蛟解在武紀。鼉音徒何反，又音大河反。毒音代。冒音妹。他皆倣此。」

〔二七〕服虔曰：「陰林，山北之林也。豫章，大木也，生七年乃可知。」師古曰：「陰林，言其樹木衆而且大，常多陰也。楩音便，又音步田反，卽今黃楩木也。柟音南，今所謂楠木。」

〔二八〕師古曰：「桂卽藥之所用其皮者也。椒卽所食椒樹也。木蘭皮似椒而香，可作面膏藥。檗，黃檗也。離，山梨也。朱楊，赤莖柳也，生水邊。」

〔二九〕張揖曰：「樝似梨而甘。梬，梬棗也。」師古曰：「樝卽今所謂樝子也。梬棗卽今之梗棗也。柚卽橙也，似橘而大，味酢皮厚。樝音側加反。梬音弋整反。柚音弋救反。橙音丈莖反。芬芳，言橘柚之氣也。」

〔三〇〕張揖曰：「宛雛似鳳。孔，孔雀；鸞，鸞鳥也。射干似狐，能緣木。」服虔曰：「騰遠，獸名也。」師古曰：「鸞鳥形如翟而五采文，見山海經。宛音於元反。射音弋舍反。」

〔三一〕郭璞曰：「蟃蜒，大獸似狸，長百尋。貙似狸而大。豻，胡地野犬也，似狐而小。蟃音萬。蜒音延。豻音岸。」師古曰：「蜒又音弋戰反。貙音丑于反。豻合韻音五安反。」

「於是乎乃使剸諸之倫，手格此獸。〔一〕 楚王乃駕馴駮之駟，〔二〕乘彫玉之輿，〔三〕靡魚須之橈旃，〔四〕 曳明月之珠旗，〔五〕建干將之雄戟，〔六〕 左烏號之彫弓，〔七〕右夏服之勁箭；〔八〕陽子驂乘，孅阿爲御；〔九〕案節未舒，卽陵狡獸，〔一〇〕 蹵蛩蛩，轔距虛，〔一一〕軼野馬，轊騊駼；〔一二〕乘遺風，射遊騏；〔一三〕儵眒倩浰，〔一四〕雷動猋至，〔一五〕星流電擊，弓不虛發，中必決眦，〔一六〕洞胷達掖，絕乎心繫，〔一七〕獲若雨獸，揜屮蔽地。〔一八〕 於是楚王乃弭節徘徊，翺翔容與，〔一九〕覽乎陰林，觀壯士之暴怒，與猛獸之恐懼，徼谻受詘，〔二〇〕殫覩衆物之變態。〔二一〕

〔一〕師古曰：「剸諸，吳人，刺吳王僚者也。 方言勇士，故舉以爲類。 剸與專同。」

〔二〕張揖曰：「馴，擾也。 駮如馬，白身黑尾，一角鋸牙，食虎豹，擾而駕之，以當駟馬也。」 師古曰：「馴音旬。」

〔三〕師古曰：「以玉飾輿而彫鏤之。」

〔四〕張揖曰：「以魚須爲旃柄，驅馳逐獸，正橈靡也。」 郭璞曰：「通帛爲旃。」 師古曰：「大魚之須出東海，見尚書大傳。橈旃卽曲旃也。 橈音女教反。」

〔五〕張揖曰：「以明月珠綴飾旗也。」

〔六〕張揖曰：「干將，韓王劍師也。 雄戟，胡中有鉅者，干將所造。」

〔七〕應劭曰：「楚有柘桑，烏棲其上，支下著地，不得飛，欲墮號呼，故曰烏號。」張揖曰：「黃帝乘龍上天，小臣不得上，挽持龍顊，顊拔，墮黃帝弓，臣下抱弓而號，故名弓烏號。」郭璞曰：「雕，畫也。」 師古曰：「烏號，應、張二說皆有據也。」

〔八〕伏儼曰：「服，盛箭器也。夏后氏之良弓名煩弱，其矢亦良，即煩弱箭服也，故曰夏服。」師古曰：「箭服，即今之步叉也。」

〔九〕張揖曰：「陽子，伯樂也，秦繆公臣，姓孫，名陽。」郭璞曰：「孅阿，古之善御者。孅音纖。」

〔一〇〕師古曰：「案節猶弭節也。未舒，言未盡意驅馳，已淩狡獸，狡捷之獸也。」

〔一一〕張揖曰：「蛩蛩，青獸，狀如馬。距虛似蠃而小。」郭璞曰：「距虛即蛩蛩，變文互言耳。」師古曰：「據爾雅文，郭說是也。蹵音子六反。」

〔一二〕張揖曰：「軼，過也。野馬似馬而小。北海內有獸，狀如馬，名騊駼。」郭璞曰：「轊，車軸頭也。」師古曰：「轊謂軸頭衝而殺之也。軼音逸。轊音衞。騊音逃。駼音塗。」

〔一三〕張揖曰：「遺風，千里馬也。爾雅曰巂如馬一角，不角者曰騏。」師古曰：「巂音攜。騏音其。」

〔一四〕張揖曰：「皆疾貌也。」師古曰：「儵音式六反。胂音式刃反。倩音千見反。浰音練。」

〔一五〕師古曰：「猋，疾風也。若雷之動，如猋之至，言其威且疾也。猋音必遙反。」

〔一六〕師古曰：「〔決〕眦即決獸之目眦，言射審也。眦即眥字。」

〔一七〕張揖曰：「自左射之，貫胸通右髃，中心絕系也。」師古曰：「髃謂肩前骨也，音五口反。繫讀曰系也。」

〔一八〕師古曰：「言獲殺之多，如天雨獸也。雨音于具反。屮，古草字也。」

〔一九〕郭璞曰：「弭猶低也。節，所杖信節也。翺翔容與，言自得也。」師古曰：「弭節者，示安徐也。」

〔二〇〕蘇林曰：「谻音倦谻之谻。詘音𩍐強之𩍐。」郭璞曰：「詘，詘折也。谻，疲極。詘音屈。」師古曰：「蘇音是也。谻音與劇同。詘音其勿反。徼，工堯反。徼，要也。詘，盡也。言獸有倦極者要而取之，力竭者受而有之。」

〔三〕郭璞曰：「殫，盡也。變態，姿則也。」師古曰：「殫音單。」

「於是鄭女曼姬，〔一〕被阿錫，揄紵縞，〔二〕雜纖羅，垂霧縠，〔三〕襞積褰縐，鬱橈谿谷；〔四〕衯衯裶裶，揚袘戌削，〔五〕蜚襳垂髾；〔六〕扶與猗靡，〔七〕翕呷萃蔡，〔八〕下摩蘭蕙，上拂羽蓋；〔九〕錯翡翠之威蕤，〔一〇〕繆繞玉綏；〔一一〕眇眇忽忽，若神之髣髴。〔一二〕

〔一〕文穎曰：「鄭國出好女。曼者，言其色理曼澤也。」如淳曰：「鄭女，夏姬也。曼姬，楚武王夫人鄧曼也。」師古曰：「文說是也。」

〔二〕張揖曰：「阿，細繒也。錫，細布也。揄，引也。」師古曰：「紵，織紵也。縞，鮮支也，今之所謂素者也。揄音踰，又音投也。」

〔三〕張揖曰：「縠縐如霧，垂以為裳也。」師古曰：「纖，細也。霧縠者，言其輕靡如霧，非謂縐文。」

〔四〕張揖曰：「襞積猶簡齰也。褰，縮也。縐，蹙也。其縐中文理茀鬱，有似於谿谷也。」師古曰：「張說非也。襞積卽今之帬襵，古所謂皮弁素積者，卽謂此積也。言襞積文理，隨身所著，或褰縐委屈如谿谷也。襞音壁。縐音側救反。」

〔五〕張揖曰：「衯音芬。袘，衣袖也。戌，鮮也。削，衣刻除貌也。」師古曰：「揚，舉也。袘，曳也。或舉或曳，則戌削然見其降殺之美也。裶音霏。袘音弋示反。戌讀如本字。」

〔六〕張揖曰：「襳，襹袿也。髾，髻後垂也。」師古曰：「張說非也。襳，袿衣之長帶也。髾謂燕尾之屬。皆衣上假飾，非髻垂也。蜚，古飛字也。襳音纖。髾音所交反。」

〔七〕張揖曰：「扶持楚王車輿相隨也。」師古曰：「張說非也。此自言鄭女曼姬爲侍從者所扶輿而猗靡耳，非謂扶持楚王車輿也。猗音於綺反。今人猶呼相撫掩容養爲猗靡。」

〔八〕張揖曰：「翕呷，衣張起也。萃蔡，衣聲也。」師古曰：「呷音火甲反。萃音翠，又音千賄反。」

〔九〕師古曰：「下靡蘭蕙，謂垂髾也。上拂羽蓋，謂飛襳也。」

〔一〇〕師古曰：「錯，雜也。葳蕤，羽飾貌。」

〔一一〕張揖曰：「楚王車之綏以玉飾之也。」郭璞曰：「綏，登車所執也。」師古曰：「二說皆非也。以玉飾綏，亦謂鄭女曼姬之容服也。綏即今之所謂采緌垂鑷者也。繆繞，相纏結也。繆音蓼。緌音隈。」

〔一二〕郭璞曰：「言其容飾奇豔，非世所見。戰國策曰：『鄭之美女粉白黛黑而立於衢，不知者謂之神也。』」

「於是乃羣相與獠於蕙圃，〔一〕媻姍勃窣，上金隄，〔二〕揜翡翠，射鵔鸃，〔三〕微矰出，孅繳施，〔四〕弋白鵠，連駕鵝，〔五〕雙鶬下，玄鶴加。〔六〕怠而後游於清池，〔七〕浮文鷁，〔八〕揚旌枻，〔九〕張翠帷，建羽蓋。〔一〇〕罔毒冒，釣紫貝，〔一一〕摐金鼓，〔一二〕吹鳴籟，〔一三〕榜人歌，〔一四〕聲流喝，〔一五〕水蟲駭，波鴻沸，〔一六〕涌泉起，奔揚會，〔一七〕礧石相擊，琅琅礚礚，〔一八〕若雷霆之聲，聞乎數百里外。

〔一〕文穎曰：「宵獵爲獠。」師古曰：「獠音力笑反。」

〔二〕師古曰：「媻姍勃窣，謂行於叢薄之間也。金隄，言水之隄塘堅如金也。媻音盤。姍音先安反。窣音先忽反。隄音丁兮反。」

〔三〕師古曰：「鳥赤羽者曰翡，青羽者曰翠。鵔鸃，鷩鳥也，似山雞而小冠，背毛黃，腹下赤，項綠色，其尾毛紅赤，光采鮮明，今俗呼為山雞，其實非也。鵔音峻。鸃音儀。」

〔四〕師古曰：「矰，短矢也。繳，生絲縷也。以繳係矰仰射高鳥，謂之弋射。矰音增。繳音灼。」

〔五〕師古曰：「鵠，水鳥也，其鳴聲鵠鵠云。駕鵝，野鵝也。連謂重累獲之也。鵠音胡沃反。駕音加。」

〔六〕師古曰：「鶬鴰也。今關西呼為鴰鹿，山東通謂之鶬，鄙俗名為錯落。錯者，亦言鶬聲之急耳。又謂鴰捋。捋音來奪反。鴰鹿、鴰捋，皆象其鳴聲也。玄鶴，黑鶴也。相鶴經云鶴壽滿二百六十歲則色純黑。言弋射之妙，既中白鵠而連駕鵝，又下雙鶬而加玄鶴也。鶬音倉。」

〔七〕郭璞曰：「怠，倦也。」

〔八〕張揖曰：「鷁，水鳥也，畫其象於船首。淮南子曰『龍舟鷁首，天子之乘也』。」師古曰：「鷁音五歷反。」

〔九〕張揖曰：「揚，舉也。析羽為旌，建於船上。枻，柂也。」師古曰：「枻音曳。柂音大可反。」

〔一〇〕郭璞曰：「施之船上也。」師古曰：「翠帷，帷翠色也。羽蓋，以雜羽飾蓋。」

〔一一〕郭璞曰：「紫貝，紫質黑文也。」師古曰：「貝，水中介蟲，古以為貨也。」

〔一二〕師古曰：「摐，撞也。金鼓謂鉦也。摐音窻。」

〔一三〕張揖曰：「籟，簫也。」

〔一四〕張揖曰：「榜，船也。月令云『命榜人』，榜人，船長也，主倡聲而歌者也。」師古曰：「榜音謗，又方孟反。」

〔一五〕郭璞曰：「言悲嘶也。」師古曰：「喝音一介反。嘶音蘇奚反。」

〔一六〕郭璞曰：「魚鼈躍，濤浪作也。」師古曰：「沸音普蓋反。」

〔七〕郭璞曰：「暴溢激相鼓薄也。」師古曰：「溢音普頓反。」

〔八〕師古曰：「礧石，轉石也。礧音盧對反。礚音口蓋反。」

「『將息獠者，擊靈鼓，起烽燧，〔一〕車案行，騎就隊，〔二〕纚乎淫淫，般乎裔裔。〔三〕於是楚王乃登陽雲之臺，〔四〕泊乎無為，澹乎自持，〔五〕勺藥之和具而後御之。〔六〕不若大王終日馳騁，曾不下輿，脟割輪焠，自以為娛。〔七〕臣竊觀之，齊殆不如。』〔八〕於是王無以應僕也。」

〔一〕師古曰：「靈鼓，六面擊之，所以警衆也。」

〔二〕師古曰：「案，依也。行，列也。隊，部也。行音胡郎反。隊音大內反。」

〔三〕郭璞曰：「皆羣行貌。」師古曰：「纚音屣。般音盤。」

〔四〕孟康曰：「雲夢中高唐之臺，宋玉所賦者，言其高出雲之陽也。」

〔五〕師古曰：「泊、澹，皆安靜意也。泊音步各反。澹音徒濫反。」

〔六〕伏儼曰：「勺藥以蘭桂調食。」文穎曰：「五味之和也。」晉灼曰：「南都賦曰『歸雁鳴鵽，香稻鮮魚，以為勺藥，酸甜滋味，百種千名。』文說是也。」師古曰：「諸家之說皆未當也。勺藥，藥草名，其根主和五藏，又辟毒氣，故合之於蘭桂五味以助諸食，因呼五味之和為勺藥耳。讀賦之士不得其意，妄為音訓，以誤後學。今人食馬肝馬腸者，猶合勺藥而煮之，豈非古之遺法乎？鵽音竹滑反」

〔七〕師古曰：「脟字與臠同。焠音千內反。焠亦搵染之義耳。言臠割其肉，搵車輪鹽而食之。此蓋以譏上割鮮染輪之言也。」

〔八〕師古曰：「殆，近也。」

烏有先生曰：「是何言之過也！足下不遠千里，來況齊國，〔一〕王悉境內之士，備車騎之衆，〔二〕與使者出田，乃欲勠力致獲，以娛左右也，〔三〕何名爲夸哉！問楚地之有無者，願聞大國之風烈，先生之餘論也。〔四〕今足下不稱楚王之德厚，而盛推雲夢以爲驕，奢言淫樂而顯侈靡，竊爲足下不取也。必若所言，固非楚國之美也。有而言之，是章君之惡也；無而言之，是害足下之信也。章君惡，傷私義，〔五〕二者無一可，而先生行之，必且輕於齊而累於楚矣。〔六〕且齊東陼鉅海，南有琅邪，〔七〕觀乎成山，〔八〕射乎之罘，〔九〕浮勃澥，〔一〇〕游孟諸，〔一一〕邪與肅愼爲鄰，〔一二〕右以湯谷爲界。〔一三〕秋田乎青丘，〔一四〕仿偟乎海外，〔一五〕吞若雲夢者八九，其於匈中曾不蔕芥。〔一六〕若乃俶儻瑰瑋，異方殊類，〔一七〕珍怪鳥獸，萬端鱗崪，〔一八〕充仞其中者，不可勝記，禹不能名，卨不能計。〔一九〕然在諸侯之位，不敢言游戲之樂，苑囿之大；先生又見客，〔二〇〕是以王辭不復，〔二一〕何爲無以應哉！」

〔一〕師古曰：「言有惠賜而來也。」

〔二〕師古曰：「悉，盡也。」

〔三〕師古曰：「謙不斥言使者，故指云其左右也。」

〔四〕張晏曰：「願聞先賢之遺談美論也。」師古曰：「此說非也。先生即謂子虛耳。下又言先生行之，豈先賢也？」

〔五〕師古曰：「非楚國之美，是章君惡；害足下之信，是傷私義也。」

〔六〕師古曰：「言楚使者失辭，自為累重，而於齊無所負檐，故云輕也。累音力瑞反。」

〔七〕蘇林曰：「小州曰陼。」張揖曰：「琅邪，臺名也，在勃海間。」師古曰：「東陼鉅海，東有大海之陼。字與渚同也。」

〔八〕張揖曰：「觀，闕也。成山在東萊不夜縣，於其上築宮闕。」師古曰：「觀音工喚反。」

〔九〕晉灼曰：「之罘山在東萊腄縣，射獵其上也。」師古曰：「腄音直瑞反，又音誰。」

〔一〇〕師古曰：「勃澥，海別枝也。澥音蟹。」

〔一一〕文穎曰：「宋之大澤也，故屬齊。」

〔一二〕郭璞曰：「肅慎，國名，在海外也。」師古曰：「邪讀為左，謂東北接也。」

〔一三〕師古曰：「湯谷，日所出也。許慎云熱如湯也。」

〔一四〕服虔曰：「青丘國在海東三百里。」

〔一五〕師古曰：「仿音旁。」

〔一六〕張揖曰：「蔕芥，刺鯁也。」師古曰：「蔕音丑介反。」

〔一七〕師古曰：「俶儻猶非常也。俶音吐歷反。」

〔一八〕師古曰：「崪與萃同。萃，集也。如鱗之集，言其多也。」

〔一九〕張揖曰：「禹為堯司空，辨九州名山，別草木。卨為堯司徒，敷五教，率萬事。」師古曰：「言其所有衆多，雖禹、卨之賢聖，不能名而數之也。」

〔一〇〕師古曰：「見猶至也。言至此國爲客也。若今人自稱云見顧見至耳。」

〔一一〕師古曰：「復，反也，謂不反報也。」

亡是公听然而笑曰：〔一〕「楚則失矣，而齊亦未爲得也。夫使諸侯納貢者，非爲財幣，所以述職也；〔二〕封彊畫界者，非爲守禦，所以禁淫也。〔三〕今齊列爲東蕃，而外私肅愼，〔四〕捐國隃限，越海而田，〔五〕其於義固未可也。且二君之論，不務明君臣之義，正諸侯之禮，徒事爭於游戲之樂，苑囿之大，欲以奢侈相勝，荒淫相越，此不可以揚名發譽，而適足以㝵君自損也。〔六〕

〔一〕師古曰：「听，笑貌也。音斷，又音牛隱反。」

〔二〕郭璞曰：「諸侯朝於天子曰述職。」師古曰：「述，循也，謂順行也。」

〔三〕郭璞曰：「天下有道，守在四夷。立境界者，欲以禁絕淫放耳。」師古曰：「彊讀曰疆。」

〔四〕郭璞曰：「私與通也。」

〔五〕師古曰：「捐，棄也，謂田於青丘也。」

〔六〕師古曰：「㝵，古貶字。」

「且夫齊楚之事又烏足道乎！〔一〕君未覩夫巨麗也，〔二〕獨不聞天子之上林乎？左蒼梧，右西極，〔三〕丹水更其南，〔四〕紫淵徑其北。〔五〕終始霸產，出入涇渭，〔六〕酆鎬潦潏，紆餘委蛇，經營其內。〔七〕蕩蕩乎八川分流，相背異態，〔八〕東西南北，馳騖往來，〔九〕出乎椒丘之闕，〔一〇〕行乎州淤之浦，〔一一〕徑乎桂林之中，〔一二〕過乎泱莽之壄，〔一三〕汩乎混流，順阿而下，〔一四〕赴隘陿之口，〔一五〕觸穹石，激堆埼，〔一六〕沸乎暴怒，〔一七〕洶涌彭湃，〔一八〕滭弗宓汩，〔一九〕偪側泌瀄，〔二〇〕橫流逆折，轉騰潎洌，〔二一〕滂濞沆溉，〔二二〕穹隆雲橈，〔二三〕宛潬膠盭，〔二四〕踰波趨浥，涖涖下瀨，〔二五〕批巖衝擁，奔揚滯沛，〔二六〕臨坻注壑，瀺灂霣隊，〔二七〕沈沈隱隱，砰磅訇礚，〔二八〕潏潏淈淈，湁潗鼎沸，〔二九〕馳波跳沫，汩急漂疾，〔三〇〕悠遠長懷，寂漻無聲，〔三一〕肆乎永歸。然後灝溔潢漾，〔三二〕安翔徐佪，〔三三〕翯乎滈滈，〔三四〕東注大湖，〔三五〕衍溢陂池。〔三六〕於是蛟龍赤螭，〔三七〕䱭鰽漸離，〔三八〕鰅鰫鰬魠，〔三九〕禺禺魼鰨，〔四〇〕揵鰭掉尾，振鱗奮翼，〔四一〕潛處乎深巖。〔四二〕魚鼈讙聲，萬物衆夥。〔四三〕明月珠子，的皪江靡，〔四四〕蜀石黃碝，水玉磊砢，〔四五〕磷磷爛爛，采色澔汗，〔四六〕叢積乎其中。鴻鷫鵠鴇，駕鵞屬玉，〔四七〕交精旋目，〔四八〕煩鶩庸渠，〔四九〕箴疵鵁盧，〔五〇〕羣浮乎其上。汎淫泛濫，隨風澹淡，〔五一〕與波搖蕩，奄薄水渚，〔五二〕唼喋菁藻，咀嚼菱藕。〔五三〕

〔一〕師古曰：「烏，於何也。道，言也。」

〔二〕師古曰：「亘，大也。麗，美也。」

〔三〕文穎曰：「蒼梧郡屬交州，在長安東南，故言左。爾雅曰西至于豳國爲西極，在長安西，故言右也。」

〔四〕應劭曰：「丹水出上洛冢領山，東南至析縣入鈞水。」師古曰：「更，歷也，音工衡反。」

〔五〕文穎曰：「西河（有）穀羅縣有紫澤，在縣西北，於長安爲在北也。」

〔六〕師古曰：「霸水出藍田谷，西北而入渭。產水亦出藍田谷，北至霸陵入霸。二水終始盡於苑中，不復出也。涇水出安定涇陽开頭山，東至陽陵入渭。渭水出隴西首陽縣鳥鼠同穴山，東北至華陰入河。從苑外來，又出苑去也。开音牽，又音口見反。」

〔七〕應劭曰：「潦，流也。潏，涌出聲也。」張揖曰：「豐水出鄠南山（澧）〔豐〕谷，北入渭。鎬在昆明池北。潦，行潦也。又有潏水，出南山。」晉灼曰：「下言八川，計從丹水以下至潏，除潦爲行潦，凡九川。從霸產以下，爲數凡七川。潏音決。潏，水涌出聲也。除潦潏下爲水，餘適八，下言經營其內，於數則計其外者矣。」師古曰：「應、晉二說皆非也。張言潦爲行潦，又失之。潦音牢，亦水名也，出鄠縣西南山潦谷，而北流入於渭。上言左蒼梧，右西極，丹水更其南，紫泉徑其北。皆謂苑外耳。丹水、紫泉非八川數也。霸、產、涇、渭、豐、鎬、潦、潏，是爲八川。言經營其內，信則然矣。潏，晉音是也。地里志鄠縣有潏水，北過上林苑入渭，而今之鄠縣則無此水。許慎云『潏水在京兆杜陵』，此即今所謂沈水，從皇子陂西北流經昆明池入渭者也。蓋爲字或作水旁穴，與沈字相似，俗人因名沈水乎？將鄠縣潏水今則改名，人不識也？但八川之義，實在於斯耳。」

〔八〕郭璞曰：「變態不同也。」

〔九〕郭璞曰：「言更相錯涉也。」師古曰：「來音盧代反。」

〔一〇〕服虔曰：「丘名也，兩山俱起，象雙闕者。」

〔一一〕師古曰：「水中可居者曰州。淤，漫也。浦，水涯也。淤音於庶反。」

〔一二〕如淳曰：「桂樹之林也。」

〔一三〕張揖曰：「山海經所謂『大荒之野』也。」師古曰：「凡言此者，著水流之長遠也。泱音烏朗反。」

〔一四〕師古曰：「汩，疾貌也。混流，豐流也。曲陵曰阿。汩音于筆反。混音下本反。」

〔一五〕師古曰：「兩岸閒相迫近者也。隘音於懈反。陿音狹。」

〔一六〕張揖曰：「穹石，大石也。埼，曲岸頭也。」師古曰：「堆，高阜也，音丁回反。埼音巨依反。」

〔一七〕郭璞曰：「沸，水聲也，音拂。」

〔一八〕師古曰：「洶涌，跳起也。彭湃，相戾也。洶音許勇反。湃音普拜反。」

〔一九〕蘇林曰：「滭音畢。宓音密。」師古曰：「滭弗，盛貌也。宓汩，去疾也。汩音于筆反。」

〔二〇〕郭璞曰：「泌瀄音筆櫛。」師古曰：「偪側，相逼也。泌瀄相楔也。偪字與逼同。楔音先結反。」

〔二一〕孟康曰：「轉騰，相過也。潎洌，相撇也。」師古曰：「潎音匹列反。洌音列。撇又音普結反。」

〔二二〕郭璞曰：「滂音旁。濞音匹祕反。溉音胡慨反。皆水流聲貌。」師古曰：「沆音胡朗反。」

〔二三〕師古曰：「橈，曲也。言水急旋回，如雲之屈曲也。橈音女教反。」

〔二四〕郭璞曰：「憤薄相繆也。」師古曰：「宛音婉。潬音善。盭，古戾字。」

〔二五〕郭璞曰：「踰，躍也。浥，窊陷也。涖涖，聲也。」師古曰：「浥音於俠反。涖音利。瀨，疾流也。」

〔二六〕師古曰：「批，反擊也。擁，曲隈也。言水觸批巖崖而衝隈曲，則奔揚而滯沛然也。批音步結反。滯音丑制反。沛音普蓋反。」

〔二七〕師古曰：「坻謂水中隆高處也。秦風終南之詩曰『宛在水中坻』。坻音遲，瀺音士咸反。灂音才弱反，又音仕角反。

霣即隕字。隊音直類反。」
〔一八〕師古曰：「砰音普冰反。磅音普萌反。訇音呼宏反。礚音口蓋反。皆水流鼓怒之聲也。」
〔一九〕郭璞曰：「皆水微轉細涌貌也。淈音骨。滵音勅立反。」師古曰：「潏音決。潗音子入反。言水之流如鬵鼎沸也。」
〔二〇〕晉灼曰：「潝音華給反。」郭璞曰：「潝音許立反。」師古曰：「言水波急馳而白沫跳起，（汩）〔汨〕潝然也。汨音于筆反。潝，晉、郭二音皆通。潎音匹姚反。」
〔二一〕郭璞曰：「懷亦歸，變文耳。漻音聊。」師古曰：「言長流安靜。」
〔二二〕郭璞曰：「皆水無涯際貌。」師古曰：「灝音浩。溔音弋少反。潢音胡廣反。漾音弋丈反。肆，放也。言水放流而長歸也。」
〔二三〕郭璞曰：「言運轉也。」
〔二四〕郭璞曰：「水白光貌也。」師古曰：「翯音胡角反。滈音鎬。」
〔二五〕郭璞曰：「大湖在吳縣，尙書所謂震澤也。」
〔二六〕郭璞曰：「言溢溢而出也。陂池，江旁小水。」
〔二七〕文穎曰：「龍子爲螭。」張揖曰：「赤螭，雌龍也。」如淳曰：「螭，山神也，獸形。」師古曰：「許愼云『离，山神也』，字則單作，螭形若龍，字乃從虫。此作螭，別是一物，既非山神，又非雌龍、龍子，三家之說皆失之。虫音許尾反。」
〔二八〕李奇曰：「周洛曰鮪，蜀曰䱹䲛，出鞏山穴中，三月泝河上，能度龍門之限，則得爲龍矣。漸離，未聞。」師古曰：「䱹音工鄧反。䲛音莫鄧反。」

〔三九〕如淳曰：「鰅音顒。鰬音乾。魠音託。」郭璞曰：「鰫音常容反。鰅魚有文采。鰫似鰱而黑。鰬似鱓。魠，鰄也，一名黃頰。」師古曰：「鰅，如音是也。鰫、鰬、魠，郭說是也。鱓音善。鰄音感也。」

〔四〇〕如淳曰：「魼音去魚反。」晉灼曰：「鰨音奴搨反。」郭璞曰：「禺禺魚皮有毛，黃地黑文。魼，比目魚也，狀似牛脾，細鱗紫色，兩相合乃得行。鰨，鯢魚也，似鮎，有四足，聲如嬰兒。」師古曰：「禺音隅，又音顒。鯢音五奚反。鮎音乃兼反。」

〔四一〕師古曰：「揵，舉也。鰭，魚背上鬣也。掉，搖也。揵音鉅言反。掉音徒釣反。」

〔四二〕郭璞曰：「隱岸底也。」

〔四三〕師古曰：「讙，譁也。夥，多也。讙音許元反。夥音下果反。」

〔四四〕應劭曰：「明月珠子生於江中，其光耀乃照於江邊也。」師古曰：「皪音歷。的皪，光貌也。江靡，江邊靡迆之處也。迆音弋爾反。」

〔四五〕張揖曰：「蜀石，石次玉者也。」郭璞曰：「瑌石黃色。水玉，水精也。」師古曰：「瑌音如兗反。磊音洛賄反。砢音洛可反，又音可。」

〔四六〕郭璞曰：「皆玉石符采映耀也。」師古曰：「磷音丞。澔音浩。」

〔四七〕張揖曰：「鴻，大鳥也。」郭璞曰：「鷫，鷫鷞也。鴇似雁而無後指。屬玉似鴨而大，長頸赤目，紫紺色。鷫音肅。鴇音保。」師古曰：「鴻，古鴻字。鴇即今俗呼為獨豹者也。豹者，鴇聲之譌耳。駕音加。屬音之欲反。鷞音霜。」

〔四八〕郭璞曰：「交精似鳧而脚高，有毛冠，辟火災。旋目，未聞也。」師古曰：「今荆郢間有水鳥，大於鷺而短尾，其色紅白，深目，目旁毛皆長而旋，此其旋目乎？」

〔四九〕郭璞曰：「煩鶩，鴨屬也。庸渠似鳧，灰色而雞脚，一名章渠。鶩音木。」師古曰：「庸渠，即今之水雞也。」

〔五〇〕張揖曰：「箴疵似魚虎而蒼黑色。鵁，鴢頭鳥也。盧，白雉也。」郭璞曰：「盧，盧鷀也。箴音針。」師古曰：「盧，郭說是也。白雉不浮水上。疵音貲。鵁音火交反。鴢音鳥了反。鷀音慈也。」

〔五一〕郭璞曰：「皆鳥任風波自縱漂貌。」師古曰：「汎音馮。氾音敷劍反。澹音大覽反。淡音琰。」

〔五二〕張揖曰：「奄，覆也。草叢生曰薄。」郭璞曰：「薄猶集也。」師古曰：「薄，郭說是也。言奄集陼上而遊戲。」

〔五三〕張揖曰：「菱，芰也。」郭璞曰：「菁，水草。藻，聚藻也。」師古曰：「唼喋，銜食也。唼音所甲反。喋音丈甲反。咀音才汝反。嚼音才削反。」

「於是乎崇山矗矗，巃嵸崔巍，〔一〕深林巨木，嶄巖參差。〔二〕九嵕巀嶭，南山峩峩，〔三〕巖陁甗錡，摧崣崛崎，〔四〕振溪通谷，蹇產溝瀆，〔五〕谽呀豁閜，阜陵別隝，〔六〕崴磈嵔瘣，丘虛堀礨，〔七〕隱轔鬱壘，登降施靡，〔八〕陂池貏豸，〔九〕允溶淫鬻，〔一〇〕散渙夷陸，〔一一〕亭臯千里，靡不被築。〔一二〕揜以綠蕙，〔一三〕被以江離，糅以蘼蕪，雜以留夷。〔一四〕布結縷，〔一五〕攢戾莎，〔一六〕揭車衡蘭，〔一七〕槀本射干，〔一八〕茈薑蘘荷，〔一九〕葴持若蓀，〔二〇〕鮮支黃礫，〔二一〕蔣芧青薠，〔二二〕布濩閎澤，延曼太原，〔二三〕離靡廣衍，〔二四〕應風披靡，吐芳揚烈，〔二五〕郁郁菲菲，衆香發越，〔二六〕肸蠁布寫，晻薆咇茀。〔二七〕

〔一〕郭璞曰：「皆高峻貌也。巃音籠。嵸音才總反。崔音摧。巍音五回反。」師古曰：「嵸音總。」

〔二〕師古曰：「嶄巖，尖銳貌。參差，不齊也。嶄音士銜反。參音楚林反。差音楚宜反。」

〔三〕師古曰：「九嵕山今在醴泉縣界。巀嶭山即今所謂嵳峩山也，在三原縣西也。南山，終南山也。峩峩，高貌。嵕音子公反，又音總。巀音截。嶭音蘗。巀嶭又音在割、五割反。峩音娥。」

〔四〕張揖曰：「嶊崣，高貌。崛崎，斗絕也。」蘇林曰：「嶊音積水反。崣音卒鄙反。」郭璞曰：「陁，岸際也，音豸。甗錡，隆屈宂折貌。甗音魚晚反。錡音蟻。崛音掘。崎音倚。嶊音作罪反。崣字作委。」師古曰：「蘇、郭兩說並通。郭音作罪反，又音將水反。」

〔五〕張揖曰：「振，拔也。水注川曰溪，注溪曰谷。蹇產，屈折也。」郭璞曰：「自溪及瀆，皆水相通注也。」

〔六〕郭璞曰：「谽呀豁閜，澗谷之形容也。隝，水中山也。谽音呼含反。呀音呼加反。閜音呼下反。隝音擣。」師古曰：「大阜曰陵，言阜陵居在水中，各別爲隝也。豁音呼活反。」

〔七〕郭璞曰：「皆其形勢也。崴音於鬼反。磈音魚鬼反。嵔音惡罪反。廆音瘣。㠊音墟。堀音窟。礨音磊。」師古曰：「磈又音於隗反。廆音胡賄反。」

〔八〕郭璞曰：「隱轔鬱壘，堆壟不平貌。轔音洛盡反。」師古曰：「壘音律。施音弋爾反。施靡，猶連延也。」

〔九〕郭璞曰：「陂池，旁穨貌也。陂音皮。貏音衣被之被。」師古曰：「陂又音彼奇反。貏又音彼。」

〔10〕張揖曰：「水流溪谷之閒也。」師古曰：「溶音容。鬻音育。」

〔11〕師古曰：「散渙，分散而渙然也。易曰『風行水上，渙』。夷，平也。廣平曰陸。」

〔12〕師古曰：「爲亭候於皐隰之中，千里相接，皆築令平也。被音皮義反。」

〔13〕張揖曰：「掩，覆也。綠，王芻也。蕙，薫草也。」師古曰：「綠蕙，言蕙草色綠耳，非王芻也。」

〔14〕張揖曰：「留夷，新夷也。」師古曰：「留夷，香草也，非新夷。新夷乃樹耳。」

〔三五〕師古曰：「結縷蔓生，著地之處皆生細根，如綫相結，故名結縷，今俗呼鼓箏草。兩幼童對銜之，手鼓中央，則聲如箏也，因以名云。」

〔三六〕師古曰：「攢，聚也。戾莎，言莎草相交戾也。攢音材官反。」

〔三七〕應劭曰：「揭車一名芞輿，香草也。」師古曰：「揭音亘列反。芞音乞。」

〔三八〕師古曰：「稾本，草類白芷，根似芎藭。射干，即烏扇耳。射音弋舍反。」

〔三九〕如淳曰：「茈薑，薑上齊也。」師古曰：「薑之息生者，連其株本，則紫色也。蘘荷，蓴苴也，根旁生笋，可以爲葅，又治蠱毒。茈音紫。蘘音人羊反。」

〔四〇〕如淳曰：「葴音鍼。」張揖曰：「葴持闕。若，杜若也。蓀，香草也。」師古曰：「葴，寒漿也。持當爲符，字之誤耳。符，鬼目也。杜若苗頗類薑，而爲櫻葉之狀。今流俗書本持字或作橙，非也。後人妄改耳。其下乃言黃甘橙榛，此無橙也。葴音之林反。蓀音孫。」

〔四一〕師古曰：「鮮支，即今支子樹也。黃礫，今用染者黃屑之木也。二者雖非草類，既云延曼太原，或者賦雜言之耳。」

〔四二〕張揖曰：「蔣，菰也。芧，三稜也。」郭璞曰：「芧音杼。」師古曰：「蔣音將。芧音丈與反。」

〔四三〕郭璞曰：「布濩猶布露也。」師古曰：「閎亦大也。濩音護。延音弋戰反。」

〔四四〕師古曰：「離靡，謂相連不絕也。衍，布也。離音力爾反。」

〔四五〕師古曰：「烈，酷烈之氣也。披音丕蟻反。」

〔四六〕郭璞曰：「香氣射散也。菲音妃。」

〔四七〕師古曰：「肸蠁，盛作也。寫，吐也。晻薆咇茀，皆芳香意也。肸音許乙反。蠁音響。晻音奄，又音烏感反。薆音愛。㳇音步必反。茀音勃。薆字或作隱也。」

「於是乎周覽氾觀，〔一〕縝紛軋芴，〔二〕芒芒怳忽，〔三〕視之無端，察之無涯。〔四〕日出東沼，入虖西陂。〔五〕其南則隆冬生長，涌水躍波；〔六〕其獸則庸旄貘犛，沈牛麈麋，〔七〕赤首圜題，窮奇象犀。〔八〕其北則盛夏含凍裂地，涉冰揭河；〔九〕其獸則麒麟角端，騊駼橐駝，〔一〇〕蛩蛩驒騱，駃騠驢騾。〔一一〕

〔一〕師古曰：「氾，普也，音敷劍反。」

〔二〕孟康曰：「縝紛，衆盛也。軋芴，緻密也。」師古曰：「縝音丑人反。軋音於黠反。芴音勿。」

〔三〕郭璞曰：「[illegible]眼亂也。」師古曰：「芒音莫郎反。」

〔四〕師古曰：「涯，畔也，音儀。」

〔五〕張揖曰：「朝出苑之東池，莫入於苑西陂中也。」

〔六〕師古曰：「言其土地氣溫，經冬草木不死，水不凍。」

〔七〕張揖曰：「旄，旄牛，其狀如牛而四節毛。犛牛黑色，出西南徼外。沈牛，水牛也，能沈沒水中。麈似鹿而大。」郭璞曰：「庸牛，領有肉堆。貘似熊，庳脚銳䯶，骨無髓，食銅鐵。貘音貊。犛音貍。」師古曰：「庸牛即今之犎牛也。旄牛即今所謂偏牛者也。犛牛即今之貓牛者也。犛字又音茅。麈音主。」

〔八〕張揖曰：「題，額也。窮奇狀如牛而蝟毛，其音如嘷狗，食人。」師古曰：「象，大獸也，長鼻，牙長一丈。犀頭似豬，一角在鼻，一角在額前。」

〔九〕師古曰：「言其土地氣寒，當暑凝凍，地爲之裂，故涉冰而渡河也。揭，褰衣也。詩邶風匏有苦葉之篇曰『深則厲，淺則揭』，揭音丘例反。」

〔一〇〕張揖曰：「雄曰麒，雌曰麟，其狀麇身牛尾，狼題一角，角端似牛，其角可以爲弓。」郭璞曰：「麒似麟而無角，角端似豬，角在鼻上，中作弓。」師古曰：「麒麟角端，郭說是也。橐駝者，言其可負橐囊而駝物，故以名云。」

〔一一〕郭璞曰：「驒騱，駏驉類也。駃騠生三日而超其母。驒音顛。騱音奚。駃音決。騠音提。」

「於是乎離宮別館，彌山跨谷，〔一〕高廊四注，重坐曲閣，〔二〕華榱璧璫，輦道纚屬，〔三〕步櫩周流，長途中宿。〔四〕夷嵕築堂，絫臺增成，〔五〕巖突洞房。〔六〕頫杳眇而無見，仰攀橑而捫天，〔七〕奔星更於閨闥，宛虹拖於楯軒。〔八〕青龍蚴蟉於東箱，象輿婉僤於西清，〔九〕靈圄燕於閒館，〔一〇〕偓佺之倫暴於南榮，〔一一〕醴泉涌於清室，通川過於中庭。〔一二〕磐石振崖，〔一三〕嶔巖倚傾，〔一四〕嵯峨嶕嶫，刻削崢嶸，〔一五〕玫瑰碧琳，珊瑚叢生，〔一六〕瑉玉旁唐，玢豳文鱗，〔一七〕赤瑕駁犖，雜臿其間，〔一八〕鼂采琬琰，和氏出焉。〔一九〕

〔一〕師古曰：「彌，滿也。跨猶騎也。」

〔二〕師古曰：「廊，堂下四周屋也。重坐，謂增室也。曲閣，閣之屈曲相連者也。」

〔三〕師古曰：「榱，椽也。華謂彫畫之也。璧璫，以玉爲椽頭，當即所謂璇題玉題者也。一曰以玉飾瓦之當也。輦道，謂閣道可以乘輦而行者也。纚屬，纚迤相連屬也。纚音力爾反。屬音之欲反。」

〔四〕師古曰：「步櫩，言其下可行步，即今之步廊也。謂其途長遠，雖經日行之，尚不能達，故中道而宿也。」

〔五〕師古曰：「夷，平也。山之高聚者曰嵕。纍，古累字。言平山而築堂於其上爲累臺也。增，重也，一重爲一成也。嵕音子公反。」

〔六〕師古曰：「於巖穴底爲室，若竈突然，潛通臺上。」

〔七〕師古曰：「頫，古俯字也。杳眇，視遠貌。𠬝，古攀字也。橑，椽也。捫，摸也。言臺榭之高，有升上之者，俯視則不見地，仰攀其椽可以摸天也。橑音老。捫音門。」

〔八〕師古曰：「奔星，流星也。更，歷也。閨闥，宮中小門也。宛虹，曲屈之虹也。拖謂申加於上也。楯軒，軒之闌板也。並言室宇之高，故星虹得經加之也。更音工衡反。虹音紅。拖音吐賀反，又〔言〕〔音〕徒可反。」

〔九〕師古曰：「象輿，瑞應車也。西清者，西箱清靜之處也。蚴蟉、婉僤，皆行動之貌。蚴音一糾反。蟉音力糾反。僤音善。」

〔一〇〕張揖曰：「靈圉，衆仙號也。」師古曰：「閒讀曰閑。」

〔一一〕郭璞曰：「偓佺，仙人也，食松子而眼方。暴謂偃臥日中也。榮，屋南檐也。偓音握。佺音銓。」

〔一二〕師古曰：「醴泉，瑞水，味甘如醴，言於室中涌出，而通流爲川，從中庭而過也。」

〔一三〕孟康曰：「𧜘，砨致也。崖，廉也。以石致川之廉也。」師古曰：「𧜘砨並音之忍反。致音直二反。謂重密而累積。」

〔一四〕郭璞曰：「嶔巖，欹貌。」師古曰：「嶔音口銜反。倚音於綺反。」

〔一五〕蘇林曰：「𠜾音陗峻之陗。崢音傖爭反。嶸音戶抨反。」郭璞曰：「言自然若彫刻也。嶕音昨焦反。嶢音五堯反。」師古曰：「直言刻𠜾耳，非云峭峻。郭說是也。嶕音揵。嶫音業。」

〔一六〕郭璞曰：「珊瑚生水底石邊，大者（可）〔樹〕高三尺餘，枝格交錯，無有葉。」

〔七〕蘇林曰：「玢音分。」郭璞曰：「旁唐言盤礴。玢豳，文理貌。」師古曰：「旁唐，文石也。唐字本作碭，言珉玉及石並玢豳也。玢音彼旻反。豳又音彼閑反。」

〔八〕張揖曰：「赤瑕，赤玉也。」郭璞曰：「言雜廁崖石中。駁犖，采點也。犖音洛角反。」

〔九〕晉灼曰：「鼂采闘。」師古曰：「鼂，古朝字也。朝采者，美玉每旦有白虹之氣，光采上出，故名朝采，猶言夜光之璧矣。琬琰，美玉名。和氏之璧，卞和所得，亦美玉也。言今皆出於上林。」

「於是乎盧橘夏孰，〔一〕黃甘橙楱，〔二〕枇杷橪柹，亭柰厚朴，〔三〕梬棗楊梅，〔四〕櫻桃蒲陶，〔五〕隱夫薁棣，〔六〕荅遝離支，〔七〕羅乎後宮，列乎北園，貤丘陵，下平原，〔八〕揚翠葉，扤紫莖，〔九〕發紅華，垂朱榮，煌煌扈扈，照曜鉅野。〔一〇〕沙棠櫟櫧，〔一一〕華楓枰櫨，〔一二〕留落胥邪，仁頻并閭，〔一三〕欃檀木蘭，〔一四〕豫章女貞，〔一五〕長千仞，大連抱，〔一六〕夸條直暢，實葉葰楙，〔一七〕攢立叢倚，連卷欐佹，〔一八〕崔錯癹骫，〔一九〕坑衡閜砢，〔二〇〕垂條扶疏，落英幡纚，〔二一〕紛溶萷蔘，猗柅從風，〔二二〕藰莅芔歙，〔二三〕蓋象金石之聲，管籥之音。〔二四〕柴池茈虒，旋還乎後宮，〔二五〕雜襲絫輯，〔二六〕被山緣谷，循阪下隰，〔二七〕視之無端，究之亡窮。

〔一〕應劭曰：「伊尹書曰『箕山之東，青馬之所，有盧橘夏孰』。」晉灼曰：「此雖賦上林，博引異方珍奇，不係於一也。」師古曰：「盧，黑色也。」

〔二〕郭璞曰：「黃甘，橘屬而味精。楱亦橘之類也，音湊。」張揖曰：「楱，小橘也，出武陵。」師古曰：「橙即柚也，音丈耕反。」

〔三〕張揖曰：「枇杷似斛樹，長葉，子若杏。橪，橪支，香草也。亭，山梨也。厚朴，藥名也。」郭璞曰：「橪支木也。」師古曰：「此二句總論樹木，不得雜以香草也。橪，郭說得之。朴，木皮也。此藥以皮爲用，而皮厚，故呼厚朴云。橪音煙。朴音匹角反。」

〔四〕張揖曰：「楊梅，其實似穀子而有核，其味酢，出江南也。」

〔五〕師古曰：「櫻桃，即今之朱櫻也。禮記謂含桃，爾雅謂之荆桃。櫻音於耕反。」

〔六〕師古曰：「隱夫未詳。薁即今之郁李也。棣，今之山櫻桃。薁音於六反。棣音(徙)〔徒〕計反。」

〔七〕張揖曰：「荅遝似李，出蜀。」晉灼曰：「離支大如雞子，皮麤，剝去皮，肌如雞子中黃，味甘多酢少。」師古曰：「遝音沓。離音力智反。」

〔八〕師古曰：「貤猶延也，一曰次第而重也。貤音弋豉反。」

〔九〕師古曰：「扤，搖也，音兀。」

〔一〇〕師古曰：「言其光采之盛也。鉅野，大野。煌音皇。」

〔一一〕張揖曰：「沙棠，狀如棠，黃華赤實，其味似李，無核。呂氏春秋曰『果之美者，沙棠之實』。櫟，果名也。櫧似柃，葉冬不落。」應劭曰：「櫟，采木也。」郭璞曰：「櫧似采柔。」師古曰：「櫟非果名，又非采木之櫟，蓋木蓼也，葉辛，初生可食。櫟音歷。櫧音諸。柃音零。采音菜。柔音食諸反。」

〔一二〕師古曰：「華即今之皮貼弓者也。楓樹脂可爲香，今之楓膠香也。爾雅云一名欇欇。枰即平仲木也。櫨，今黃櫨木也。華音胡化反。楓音風。枰音平。櫨音盧。」

〔一三〕張揖曰：「幷閭，椶也。」郭璞曰：「落，櫻也，中作器索。胥邪似幷閭，皮可作索。」師古曰：「仁頻即賓根也。頻字或作賓。胥音先余反。邪音弋奢反。椶音鬷。」

〔一四〕孟康曰：「欃檀，檀別名。」郭璞曰：「欃音讒。」

〔一五〕師古曰：「女貞樹多夏常青，未嘗凋落，若有節操，故以名焉。」

〔一六〕師古曰：「八尺曰仞。連抱者，言非一人所抱。」

〔一七〕郭璞曰：「夸，張布也。」張揖曰：「葰，甬也。」師古曰：「暢，通也，通謂上下相稱也。葰音峻。楙，古茂字也。甬音踊。」

〔一八〕師古曰：「欑立，聚立也。叢倚，相倚也。連卷，屈曲也。欐佹，支柱也。倚音於綺反。卷音丘專反，又音巨專反。欐音力爾反。佹音詭。」

〔一九〕師古曰：「崔錯，交雜也。癹委，蟠戾也。崔音千賄反。癹音步葛反。骫，古委字。」

〔二〇〕師古曰：「坑衡，徑直皃也。閜砢，相扶持也。坑音口庚反。閜音烏可反。砢音來可反。坑字或作抗，言樹之支幹相抗爭衡也。其義兩通。」

〔二一〕師古曰：「扶疏，四布也。英謂華也。幡纚，飛揚皃也。纚音山爾反。」

〔二二〕郭璞曰：「紛溶蔏蔘，支竦擢也。猗柅猶阿那也。蔏音蕭。蔘音森。猗音於氏反。柅音諾氏反。」師古曰：「溶音容。蔏亦音山交反。」

〔二三〕師古曰：「林木鼓動之聲也。藰音劉。莅音利。芔，古卉字也，音諱。歙音翕。」

〔二四〕師古曰：「金石，謂鐘磬也。管長一尺，圍一寸，六孔無底，籥三孔，並以竹為之。」

〔三五〕如淳曰：「茈音此。虒音豸。」張揖曰：「柴池，參差也。茈虒，不齊也。」郭璞曰：「柴音差。還，還繞也，音宦。」

〔三六〕師古曰：「雜襲，相因也。絫輯，重積也。絫，古累字。輯與集同。」

〔三七〕師古曰：「循，順也。下逕曰隰。」

「於是乎玄猨素雌，蜼玃飛蠝，〔一〕蛭蜩玃猱，〔二〕獑胡豰蛫，〔三〕棲息乎其間。長嘯哀鳴，翩幡互經，〔四〕夭蟜枝格，偃蹇杪顛，〔五〕隃絕梁，騰殊榛，〔六〕捷垂條，掉希間，〔七〕牢落陸離，爛漫遠遷。〔八〕

〔一〕張揖曰：「蜼似母猴，卬鼻而長尾。玃似彌猴而大。飛蠝，飛鼠也，其狀如兔而鼠首，以其頿飛。」郭璞曰：「蠝，鼯鼠也，毛紫赤色，飛且生，一名飛生。蜼音贈遺之遺。蠝音誄。」師古曰：「玄猨素雌，言猨之雄者玄黑而雌者白素也。爾雅曰『玃父善顧』也。玃音钁。鼯音吾。」

〔二〕如淳曰：「蛭音質。」張揖曰：「蛭，蟣也。蜩，蟬也。玃猱，彌猴也。」師古曰：「方言獸屬，而引蛭蟣水蟲，又及蜩蟬，乖於事類，如說非也，但未詳是何獸耳。猱音乃高反，又音柔，即今所謂戎皮爲鞌褥者也。戎音柔，聲之轉耳，非彌猴也。」

〔三〕張揖曰：「獑胡似彌猴，頭上有髦，要以後黑。豰，白狐子也。」郭璞曰：「豰似鼬而大，要以後黃，一名黃要，食彌猴。蛫未聞也。獑音讒。豰音呼穀反。蛫音詭。」師古曰：「豰，郭說是也。」

〔四〕郭璞曰：「互經，互相經過也。」

〔五〕郭璞曰：「皆猨猴在樹共戲姿態也。夭蟜，頻申也。」師古曰：「杪顛，枝上端也。蟜音矯。杪音眇。」

〔六〕師古曰：「絕梁，謂正絕水無橋梁也。殊榛，特立株栫也。言超度無梁之水，而跳上株栫之上也。隃字與踰同。榛音仕人反。栫音五曷反。」

〔七〕張揖曰：「捷持縣垂之條，掉往著稀疏無支之間也。」師古曰：「掉音徒釣反。」

〔八〕師古曰：「言其聚散不恆，雜亂移徙也。」

「若此者數百千處，娛游往來，宮宿館舍，〔一〕庖廚不徙，後宮不移，百官備具。〔二〕

〔一〕師古曰：「娛，戲也。戲音許其反。」

〔二〕師古曰：「言所在之處供具皆足也。」

「於是乎背秋涉冬，天子校獵。〔一〕乘鏤象，六玉虯，〔二〕拖蜺旌，〔三〕靡雲旗，〔四〕前皮軒，後道游；〔五〕孫叔奉轡，衞公參乘，〔六〕扈從橫行，出乎四校之中。〔七〕鼓嚴簿，縱獵者，〔八〕江河爲阹，泰山爲櫓，〔九〕車騎靁起，殷天動地，〔一〇〕先後陸離，離散別追，〔一一〕淫淫裔裔，緣陵流澤，雲布雨施。〔一二〕生貔豹，搏豺狼，〔一三〕手熊羆，足壄羊。〔一四〕蒙鶡蘇，〔一五〕絝白虎，〔一六〕被斑文，〔一七〕跨壄馬，〔一八〕陵三嵕之危，〔一九〕下磧歷之坻，〔二〇〕徑峻赴險，越壑厲水。〔二一〕推蜚廉，弄解廌，〔二二〕格蝦蛤，鋋猛氏，〔二三〕羂要褭，射封豕。〔二四〕箭不苟害，解脰陷腦；弓不虛發，應聲而倒。〔二五〕

〔一〕李奇曰：「以五校兵出獵也。」師古曰：「李說非也。校獵者，以木相貫穿，總爲闌校，遮止禽獸而獵取之。說者或以爲周官校人掌田獵之馬，因云校獵，亦失其義。養馬稱校人者，謂以爲闌校以養馬耳，故呼爲閑也。事具周禮，非以獵馬故稱校人。」

〔二〕張揖曰：「鏤象，象路也，以象牙疏鏤其車輅。六玉虯，謂駕六馬，以玉飾其鑣勒，有似玉虯。龍子有角曰虯。」

〔三〕張揖曰：「析羽毛，染以五采，綴以縷爲旌，有似虹蜺之氣也。」師古曰：「拖音土賀反，又音徒可反。」

〔四〕張揖曰：「畫熊虎於旒爲旗，似雲氣。」

〔五〕文穎曰：「皮軒，以虎皮飾車。天子出，道車五乘，游車九乘，在乘輿車前，賦頌爲偶辭耳。」師古曰：「文說非也。言皮軒最居前，而道游次皮軒之後耳，非謂在乘輿之後也。皮軒之上以赤皮爲重蓋，今此制尚存，又非猛獸之皮用飾車也。道讀曰導。」

〔六〕鄭氏曰：「孫叔者，太僕公孫賀也，字子叔。衞公者，大將軍衞青也。大駕，太僕御，大將軍參乘。」師古曰：「參乘，在車之右也。解具在文紀也。」

〔七〕文穎曰：「凡五校，今言四者，一校中隨天子乘輿也。」師古曰：「此說又非也。四校者，闌校之四面也。言其跋扈縱恣而行，出於校之四外也。」

〔八〕孟康曰：「鼓嚴，嚴鼓也。簿，鹵簿也。」師古曰：「縱，放也。簿音步戶反。」

〔九〕蘇林曰：「阹，獵者圍陳遮禽獸也。」張揖曰：「櫓，大盾，以爲翳也。」郭璞曰：「櫓，望樓也。因山谷遮禽獸爲阹。」師古曰：「因江河以遮禽，登泰山而望獲，言田獵之廣遠耳。郭說是也。阹音(怯)〔祛〕。」

〔一〇〕郭璞曰：「殷猶震也。」師古曰：「靁，古雷字也。殷音隱。」

〔一一〕師古曰：「陸離，分散也。言各有所追逐也。追合韻音竹遂反。」

〔一二〕郭璞曰：「言徧山野也。」

〔一三〕郭璞曰：「貔，執夷，虎屬也，音毗。」師古曰：「貔豹二物，皆猛獸也。生謂生取之也。搏，擊也。」

〔一四〕張揖曰：「熊，犬身人足，黑色。羆如熊，黃白色。㸌羊，麢羊也，似羊而青。」師古曰：「㸌羊，今之所謂山羊也，非麢羊矣。手，言手擊殺之。足謂蹵蹈而獲之。」

〔一五〕孟康曰：「鶡，鶡尾也。蘇，析羽也。」張揖曰：「鶡似雉，鬭死不卻。」郭璞曰：「蒙其尾爲帽也。鶡音曷。」

〔一六〕張揖曰：「著白虎文絝也。」師古曰：「絝，古袴字。」

〔一七〕師古曰：「被謂衣著之也。斑文，亦貙豹之皮也。被音皮義反。」

〔一八〕師古曰：「騎之也。」

〔一九〕師古曰：「陵，上也。三嵕，三聚之山也。」

〔二〇〕師古曰：「磧歷，沙石之貌也。坻，水中高處也。磧音千狄反。坻音遲。」

〔二一〕師古曰：「厲，以衣度也。」

〔二二〕郭璞曰：「飛廉，龍雀也，鳥身鹿頭。」張揖曰：「解廌似鹿而一角，人君刑罰得中則生於朝廷，主觸不直者，可得而弄也。」師古曰：「推亦謂弄之也，其字從手。今流俗讀作椎擊之椎，失其義矣。解音蟹。廌音丈介反。」

〔二三〕孟康曰：「蝦蛤、猛氏，皆獸名也。」郭璞曰：「今蜀中有獸，狀似熊而小，毛淺有光澤，名猛氏。」師古曰：「鋋，鐵把短矛也。蝦音遐。蛤音閤。鋋音蟬。」

〔二四〕張揖曰：「要褭，馬金（啄）〔喙〕赤色，一日行萬里者。」郭璞曰：「封豕，大豬也。要褭音窈嫋。」師古曰：「羂謂羅繫之也，音工犬反。」

〔二五〕張揖曰：「脰，項也」師古曰：「言射必命中，非詭遇也。脰音豆。」

「於是乘輿弭節徘徊，翶翔往來，〔一〕睨部曲之進退，覽將帥之變態。〔二〕然後侵淫促節，〔三〕儵敻遠去，〔四〕流離輕禽，蹵履狡獸，〔五〕轊白鹿，捷狡菟。〔六〕軼赤電，遺光耀，〔七〕追怪物，出宇宙，〔八〕彎蕃弱，滿白羽，〔九〕射游梟，櫟蜚遽。〔一〇〕擇肉而后發，先中而命處，〔一一〕弦矢分，藝殪仆。〔一二〕

〔一〕郭璞曰：「言周旋也。」

〔二〕師古曰：「睨，衺視也。部曲，解在李廣傳。睨音五計反。」

〔三〕郭璞曰：「言短驅也。」

〔四〕師古曰：「儵然敻然，疾遠貌。」

〔五〕師古曰：「流離，困苦之也。」

〔六〕郭璞曰：「狡菟健跳，故捷取之也。」

〔七〕張揖曰：「軼，過也。」郭璞曰：「皆妖氣爲變怪者，遊光之屬。」

〔八〕張揖曰：「怪物，奇禽也。天地四方曰宇，古往今來曰宙。」師古曰：「張說宙，非也。許氏說文解字云『宙，舟輿所極覆也』。」

〔九〕文穎曰：「彎，牽也。蕃弱，夏后氏之良(工)〔弓〕名。引弓盡箭鏑爲滿。以白羽羽箭，故言白羽也。」師古曰：「彎音烏還反。蕃音扶元反。」

〔一〇〕張揖曰：「梟，惡鳥，故射之也。櫟，梢也。飛遽，天上神獸也，鹿頭而龍身。」郭璞曰：「梟，梟羊也，似人長脣，被髮食人。」師古曰：「梟，郭說近是矣，非謂惡鳥之梟也。櫟音洛。遽音鉅。」

〔二〕郭璞曰：「言必如所志者也。」

〔三〕文穎曰：「所射準的爲埶，一發(矢)〔死〕爲殪。」郭璞曰：「仆，斃也。殪音翳。仆音赴。」師古曰：「言弦矢適分，則殪死而赴，如射埶也。埶謂射的，即今之垜上縻也。埶讀與藝同，字亦作臬，音魚列反。」

「然後揚節而上浮，〔一〕陵驚風，歷駭猋，〔二〕乘虛亡，與神俱，〔三〕藺玄鶴，亂昆雞，〔四〕遒孔鸞，促鵕鸃，〔五〕拂翳鳥，〔六〕捎鳳皇，〔七〕捷鵷鶵，揜焦明。〔八〕

〔一〕郭璞曰：「言騰遊也。」

〔二〕師古曰：「猋謂疾風從下而上也，音必遙反。」

〔三〕張揖曰：「虛無寥廓，與元通靈，言其所乘氣之高，故能出飛鳥之上而與神俱也。」

〔四〕張揖曰：「昆雞似鶴，黃白色。」郭璞曰：「亂者，言亂其行伍也。」

〔五〕郭璞曰：「遒、促，皆迫捕之也。」師古曰：「遒音材由反。」

〔六〕張揖曰：「山海經曰九疑之山有五采之鳥，名曰翳鳥也。」

〔七〕師古曰：「捎音山交反。」

〔八〕張揖曰：「焦明似鳳，西方之鳥也。」

「道盡塗殫，迴車而還。消搖乎襄羊，降集乎北紘，〔一〕率乎直指，〔二〕揜乎反鄉，〔三〕蹷石闕，歷封巒，過鳷鵲，望露寒，〔四〕下棠梨，息宜春，〔五〕西馳宣曲，〔六〕濯鷁牛首，〔七〕

登龍臺，〔八〕掩細柳，〔九〕觀士大夫之勤略，〔一〇〕鈞獵者之所得獲。〔一一〕徒車之所閵轢，〔一二〕騎之所蹂若，人之所蹈藉，〔一三〕與其窮極倦谻，驚憚讋伏，〔一四〕不被創刃而死者，它它藉藉，〔一五〕塡阬滿谷，掩平彌澤。〔一六〕

〔一〕張揖曰：「淮南子云九州之外曰八澤，八澤之外乃有八紘，北方之紘曰委羽。」郭璞曰：「襄羊猶彷徉也。」師古曰：「紘音宏。」

〔二〕師古曰：「率然直去意。」

〔三〕師古曰：「揜然疾歸貌。」

〔四〕張揖曰：「此四觀武帝建元中作，在雲陽甘泉宮外。」師古曰：「蹷，蹋；歷，經也。蹷音鉅月反。巒音鸞。鳷音支。」

〔五〕張揖曰：「堂梨，宮名，在雲陽東南三十里。」師古曰：「宜春，宮名，在杜縣東，即今曲江池是其處也。」

〔六〕張揖曰：「宣曲，宮名也，在昆明池西。」

〔七〕張揖曰：「牛首，池名也，在上林苑西頭。」師古曰：「濯者，所以刺船也。鷁即鷁首之舟也。濯音直孝反。」

〔八〕張揖曰：「觀名也，在豐水西北，近渭。」

〔九〕郭璞曰：「觀名也，在昆明池南也。」

〔一〇〕師古曰：「略，智略也。觀士之勤，大夫之略也。」

〔一一〕郭璞曰：「平其多少也。」

〔一二〕郭璞曰：「徒，步也。閵，踐也。轢，輾也，音來各反。」師古曰：「輾音女展反。」

〔二三〕師古曰：「蹂若，謂踐蹈也。蹂音人九反。」

〔二四〕郭璞曰：「窮極倦𠛬，疲憊也。驚憚讋伏，讋怖不動貌。」師古曰：「𠛬音劇。憚音丁曷反。讋音之涉反。」

〔二五〕郭璞曰：「言交横也。」師古曰：「它音徒何反。」

〔二六〕師古曰：「平，平原也。彌亦滿也。」

「於是乎游戲懈怠，置酒乎顥天之臺，〔一〕張樂乎膠葛之寓，〔二〕撞千石之鐘，〔三〕立萬石之虡，〔四〕建翠華之旗，樹靈鼉之鼓，〔五〕奏陶唐氏之舞，〔六〕聽葛天氏之歌，〔七〕千人倡，萬人和，〔八〕山陵爲之震動，川谷爲之蕩波。〔九〕巴俞宋蔡，淮南干遮，〔一〇〕文成顚歌，〔一一〕族居遞奏，金鼓迭起，〔一二〕鏗鎗闛鞈，洞心駭耳。〔一三〕荆吳鄭衞之聲，〔一四〕韶濩武象之樂，〔一五〕陰淫案衍之音，〔一六〕鄢郢繽紛，激楚結風，〔一七〕俳優侏儒，狄鞮之倡，〔一八〕所以娱耳目樂心意者，麗靡爛漫於前，〔一九〕靡曼美色於後。〔二〇〕

〔一〕張揖曰：「臺高上干皓天也。」師古曰：「顥音胡考反。」

〔二〕郭璞曰：「言曠遠深貌也。」

〔三〕張揖曰：「千石，十二萬斤也。」

〔四〕師古曰：「虡，獸名也。立一百二十萬斤之虡以縣鐘也。」

〔五〕師古曰：「翠華之旗，以翠羽爲旗上葆也。靈鼉之鼓，以鼉皮爲鼓。鼉音徒河反，又音徒丹反。」

〔六〕郭璞曰：「陶唐，堯有天下號也。」如淳曰：「舞咸池。」師古曰：「二家之說皆非也。陶唐當爲陰康，傳寫字誤耳。

古今人表有葛天氏，陰康氏、呂氏春秋曰：『昔陰康氏之始，陰多滯伏湛積，陽道壅塞，不行其序，民氣鬱閼，筋骨縮栗不達，故作爲舞以宣導之。』高誘亦誤解云『陶唐，堯有天下之號也』。案呂氏說陰康之後，方一一歷言黃帝、顓頊、帝嚳，乃及堯、舜作樂之本，皆有次第，豈再陳堯而錯亂其序乎？蓋誘不覩古今人表，妄改易呂氏本文。」

〔七〕張揖曰：「葛天氏，三皇時君號也。其樂三人持牛尾投足以歌八曲：一曰載民，二曰玄鳥，三曰育草木，四曰奮五穀，五曰敬天常，六曰徹帝功，七曰依地德，八曰總禽獸之極。」師古曰：「張說八曲是也。其事亦見呂氏春秋。張云三皇時君，失之矣。」

〔八〕師古曰：「倡讀曰唱。」

〔九〕郭璞曰：「波浪起也。」

〔一〇〕師古曰：「巴俞之人剛勇好舞，初高祖用之，克平三秦，美其功力，後使樂府習之，因名巴俞舞也。宋蔡，二國名。淮南，地名，干遮，曲名也。」

〔一一〕文穎曰：「文成，遼西縣名也。其縣人善歌。顚，益州顚縣，其民能作西南夷歌也。」師古曰：「顚即滇字也，其音則同耳。」

〔一二〕師古曰：「族，聚也。聚居而遞奏也。金，鐘也。鐘之與鼓，亦互起也。迭音徒結反。」

〔一三〕師古曰：「鏗鎗，金聲也。闛鞈，鼓音也。洞，徹也。駭，驚也。鏗音口耕反。鎗音切衡反。闛音託郎反。鞈音榻。」

〔一四〕郭璞曰：「皆淫哇之聲。」

〔五〕文穎曰：「韶，舜樂也。濩，湯樂也。武，武王樂也。」張揖曰：「象，周公樂也。南人服象，爲虐於夷，成王命周公以兵追之，至於海南，乃爲三象樂也。」

〔六〕郭璞曰：「流湎曲也。」師古曰：「衍音弋戰反。」

〔七〕李奇曰：「鄢，今宜城縣也。郢，楚都也。繽紛，舞貌也。」郭璞曰：「激楚，歌曲也。」師古曰：「結風，亦曲名也。繽音匹人反。」

〔八〕張揖曰：「狄鞮，西方譯名。」郭璞曰：「西戎樂名也。」師古曰：「俳優侏儒，倡樂可狎玩者也。狄鞮，郭說是也。鞮音丁奚反。」

〔九〕郭璞曰：「言恣所觀也。」

〔一〇〕張揖曰：「靡，細也。曼，澤也。」

「若夫青琴虙妃之徒，〔一〕絕殊離俗，〔二〕妖冶閑都，靚莊刻飾，便嬛綽約，〔三〕柔橈嫚嫚，嫵媚孅弱，〔四〕曳獨繭之褕袣，眇閻易以恤削，〔五〕便姍嫳屑，與世殊服，〔六〕芬芳漚鬱，酷烈淑郁，〔七〕皓齒粲爛，宜笑的皪，〔八〕長眉連娟，微睇緜藐，〔九〕色授魂予，心愉於側。〔一〇〕

〔一〕伏儼曰：「青琴，古神女也。」文穎曰：「虙妃，洛水之神女也。」師古曰：「虙讀與伏字同，字本作虙也。」

〔二〕郭璞曰：「世無雙也。」

〔三〕郭璞曰：「靚莊，粉白黛黑也。刻，刻畫鬋鬢也。便嬛，輕麗也。綽約，婉約也。嬛音翾。靚音淨。」師古曰：「妖冶，美好也。閑都，雅麗也。繛音綽。」

〔四〕師古曰：「橈，動曲也。嫚嫚，柔屈貌也。孅，細也。細弱總謂骨體也。橈音女教反。嫚音於圓反。嫵音武。孅即纖字耳。」

〔五〕張揖曰：「褕，襜褕也。袣，袖也。」郭璞曰：「獨繭，一繭絲也。閻易，衣長貌也。卹削，言如刻畫作之也。」師古曰：「褕音踰。袣音曳。易，弋示反。」

〔六〕師古曰：「言其行步安詳，容服絕異也。便音步千反。姍音先。嫳音步結反。」

〔七〕郭璞曰：「香氣盛也。」師古曰：「漚音一候反。」

〔八〕郭璞曰：「鮮明貌也。」師古曰：「皪音礫。」

〔九〕郭璞曰：「連娟言曲細。緜藐，視遠貌。藐音邈。」師古曰：「微睇，小視也。娟音一全反。睇音大計反。」

〔一〇〕張揖曰：「彼色來授，魂往與接也。」師古曰：「愉，樂也，音踰。」

「於是酒中樂酣，〔一〕天子芒然而思，〔二〕似若有亡，〔三〕曰：『嗟乎，此大奢侈！朕以覽聽餘閒，無事棄日，〔四〕順天道以殺伐，〔五〕時休息(以)於此，〔六〕恐後世靡麗，遂往而不返，非所以爲繼嗣創業垂統也。』〔七〕於是乎乃解酒罷獵，而命有司曰：『地可墾辟，悉爲農郊，以贍氓隸，〔八〕隤牆填塹，〔九〕使山澤之民得至焉。〔一〇〕實陂池而勿禁，虛宮館而勿仞。〔一一〕發倉廩以救貧窮，補不足，恤鰥寡，存孤獨。出德號，省刑罰，〔一二〕改制度，易服色，革正朔，與天下爲始。』

〔一〕師古曰：「酒中，飲酒中半也。樂酣，奏樂洽也。中音竹仲反。」
〔二〕師古曰：「芒然猶罔然也。芒音莫郎反。」
〔三〕師古曰：「如有失也。」
〔四〕師古曰：「言聽政餘暇，不能槩日也。閒讀曰閑。」
〔五〕郭璞曰：「因秋氣也。」
〔六〕郭璞曰：「謂苑囿中也。」
〔七〕郭璞曰：「言不可以示將來也。」師古曰：「爲音于僞反。」
〔八〕師古曰：「辟讀曰闢。闢，開也。邑外謂之郊，郊野之田故曰農郊也。衞風碩人之詩曰『稅于農郊』也。」
〔九〕師古曰：「隤，墜也，音徒回反。」
〔一〇〕師古曰：「恣其芻牧樵采者也。」
〔一一〕師古曰：「實謂人滿其中，言恣其有所取也。仞亦滿也。勿仞，言（發）〔廢〕罷之也。」
〔一二〕師古曰：「德號，德音之號令也。易夬卦曰『孚號有厲』是也。」

「於是歷吉日以齋戒，〔一〕襲朝服，乘法駕，建華旗，鳴玉鸞，〔二〕游于六藝之囿，馳騖乎仁義之塗，〔三〕覽觀春秋之林，〔四〕射貍首，兼騶虞，〔五〕弋玄鶴，舞干戚，〔六〕載雲罕，揜羣雅，〔七〕悲伐檀，〔八〕樂樂胥，〔九〕修容乎禮園，翺翔乎書圃，〔一〇〕述易道，〔一一〕放怪獸，〔一二〕登明堂，坐清廟，恣羣臣，奏得失，四海之內，靡不受獲。〔一三〕於斯之時，天下大說，鄉風而聽，隨流而化，〔一四〕芔然興道而遷義，〔一五〕刑錯而不用，德隆於三皇，功羨於五帝。〔一六〕若此，故獵乃可喜也。

〔一〕張揖曰：「歷猶算也。」
〔二〕郭璞曰：「鸞，鈴也，在軛曰鸞，在軾曰和。」
〔三〕郭璞曰：「六藝，禮、樂、射、御、書、數也。塗，道也。」師古曰：「郭說非也。此六藝謂六經者也。」
〔四〕如淳曰：「春秋義理繁茂，故比之於林藪也。」
〔五〕郭璞曰：「貍首，逸詩篇名，諸侯以爲射節。騶虞，召南之卒章，天子以爲射節也。」
〔六〕郭璞曰：「干，盾；戚，斧也。」
〔七〕張揖曰：「罕，畢也，前有九流雲罕之車。詩小雅之材七十四人，大雅之材三十一人，故曰雲雅也。」
〔八〕師古曰：「伐檀，魏國之詩，刺在位貪鄙也。」
〔九〕鄭氏曰：「詩云『于胥樂兮』。」師古曰：「此說非也。謂取小雅桑扈之篇云『君子樂胥，萬邦之屏』耳。胥，有材知之人也。王者樂得有材知之人使在位也。胥音先呂反。」
〔一〇〕師古曰：「此以上皆取經典之嘉辭，以代游獵之娛樂。」
〔一一〕郭璞曰：「修絜靜精微之術。」
〔一二〕張揖曰：「苑中奇怪之獸，不復獵也。」
〔一三〕師古曰：「言天下之人，皆受恩惠，豈直如田獵得獸而已。」
〔一四〕師古曰：「說讀曰悅。鄉讀曰嚮。」

〔五〕師古曰：「芔然猶欻然也。遷，徙也，徙就於義也。芔音許貴反。」

〔六〕師古曰：「錯，置也。羨，饒也。五帝謂黃帝、顓頊、帝嚳、堯、舜也，一曰少昊、顓頊、高辛、堯、舜也。錯音千故反。羨音弋戰反。」

「若夫終日馳騁，勞神苦形，罷車馬之用，抏士卒之精，〔一〕費府庫之財，而無德厚之恩，務在獨樂，不顧眾庶，忘國家之政，貪雉菟之獲，則仁者不繇也。〔二〕從此觀之，齊楚之事，豈不哀哉！地方不過千里，而囿居九百，是草木不得墾辟，而民無所食也。〔三〕夫以諸侯之細，而樂萬乘之所侈，僕恐百姓被其尤也。」〔四〕

〔一〕師古曰：「罷讀曰疲。抏，挫也，音五官反。」

〔二〕師古曰：「繇讀與由同。由，用也。」

〔三〕師古曰：「辟讀曰闢。」

〔四〕師古曰：「尤，過也；被音皮義反。」

於是二子愀然改容，超若自失，〔一〕逡巡避席，曰：「鄙人固陋，不知忌諱，乃今日見教，謹受命矣。」

〔一〕師古曰：「愀，變色貌，音材小反，又音秋誘反。」

賦奏，天子以為郎。亡是公言上林廣大，山谷水泉萬物，及子虛言雲夢所有甚眾，侈靡多過其實，且非義理所止，故刪取其要，歸正道而論之。〔一〕

〔一〕師古曰：「言不尙其侈靡之論，但取終篇歸於正道耳，非謂削除其辭也，而說者便謂此賦已經史家刊剟，失其意矣。」

校勘記

二五四〇頁一三行　〔決〕眦即決獸之目眦，　王先謙說，「曰」下當有「決」字。

二五四九頁二行　西河（有）穀羅縣有紫澤。　景祐、殿本都無上「有」字。

二五四九頁六行　豐水出鄠南山（澧）〔豐〕谷，　景祐本作「豐」。

二五五一頁五行　（泪）〔汩〕潝然也。　景祐、殿、局本都作「汩」，此誤。

二五五八頁七行　又（言）〔音〕徒可反。　殿、局本都作「音」，此誤。　景祐本無「音」字。

二五五八頁一七行　大者（可）〔樹〕高三尺餘，　景祐、殿本都作「樹」。

二五六〇頁七行　棣音（徙）〔徒〕計反。　景祐、殿本都作「徒」，此誤。

二五六四頁一四行　陆音（怯）〔袪〕。　景祐、殿本都作「袪」。　王先謙說作「袪」是。

二五六五頁一五行　馬金（啄）〔喙〕赤色，　殿、局本都作「喙」。　王先謙說作「喙」是。

二五六六頁一四行　蕃弱，夏后氏之良（工）〔弓〕名。　景祐、殿、局本都作「弓」，此誤。

二五六七頁三行　一發（矢）〔死〕爲殪。　景祐、殿、局本都作「死」，此誤。

二五七二頁三行　時休息（以）於此。　王先謙說史記、文選並無「以」字，則無「以」字者是。

二五七三頁一一行　言（發）〔廢〕罷之也。　景祐、殿本都作「廢」。　王先謙說作「廢」是。

漢書卷五十七下

司馬相如傳第二十七下

相如爲郎數歲，會唐蒙使略通夜郎、僰中，〔一〕發巴蜀吏卒千人，郡又多爲發轉漕萬餘人，用軍興法誅其渠率。〔二〕巴蜀民大驚恐。上聞之，乃遣相如責唐蒙等，因諭告巴蜀民以非上意。檄曰：

〔一〕師古曰：「行取曰略。夜郎、僰中，皆西南夷也。僰音蒲北反。」

〔二〕師古曰：「渠，大也。」

告巴蜀太守：蠻夷自擅，不討之日久矣，時侵犯邊境，勞士大夫。陛下即位，存撫天下，集安中國，然後興師出兵，北征匃奴，單于怖駭，交臂受事，屈膝請和。康居西域，重譯納貢，稽首來享。〔一〕移師東指，閩越相誅；右弔番禺，太子入朝。〔二〕南夷之君，西僰之長，常效貢職，不敢惰怠，延頸舉踵，喁喁然，〔三〕皆鄉風慕義，欲爲臣妾，〔四〕道里遼遠，山川阻深，不能自致。〔五〕夫不順者已誅，而爲善者未賞，故遣中郎將往賓之，發巴蜀之士各五百人以奉幣，衞使者不然，〔六〕靡有兵革之事，戰鬭之患。今聞其乃發軍興制，〔七〕驚懼子弟，憂患長老，郡又擅爲轉粟運輸，皆非陛下之意也。當行者或亡逃自賊殺，〔八〕亦非人臣之節也。

〔一〕師古曰：「來入朝覲，豫享祀也。一曰享，獻也，獻其國珍也。」

〔二〕文穎曰：「弔，至也。番禺，南海郡治也。東伐越，後至番禺，故言右也。」師古曰：「南越爲東越所伐，漢發兵救之，南越蒙天子德惠，故遣太子入朝，所以云弔耳，非訓至也。」

〔三〕師古曰：「喁喁，衆口向上也，音魚龍反。」

〔四〕師古曰：「鄉讀曰嚮。」

〔五〕師古曰：「致，至也。」

〔六〕張揖曰：「不然之變也。」

〔七〕師古曰：「以發軍之法爲興衆之制也。」

〔八〕師古曰：「賊猶害也。」

夫邊郡之士，聞烽舉燧燔，〔一〕皆攝弓而馳，荷兵而走，〔二〕流汗相屬，惟恐居後，〔三〕觸白刃，冒流矢，〔四〕議不反顧，計不旋踵，人懷怒心，如報私讎。彼豈樂死惡生，非編列之民，而與巴蜀異主哉？〔五〕計深慮遠，急國家之難，而樂盡人臣之道也。故有剖符之封，析圭而爵，位爲通侯，〔六〕居列東第。〔七〕終則遺顯號於後世，傳土地於子孫，事行甚忠敬，居位甚安佚，〔八〕名聲施於無窮，功〔業〕〔烈〕著而不滅。是以賢人君子，肝腦塗中原，膏液潤埜屮而不辭也。〔九〕今奉幣使至南夷，即自賊殺，或亡逃抵誅，〔一〇〕身死無名，〔一一〕謚爲至愚，〔一二〕恥及父母，爲天下笑。人之度量相越，豈不遠哉！然此非獨行者之罪也，父兄之教不先，子弟之率不謹，〔一三〕寡廉鮮恥，而俗不長厚也。〔一四〕其被刑戮，不亦宜乎！

〔一〕孟康曰：「烽如覆米䉛，縣著契皋頭，有寇則舉之。燧，積薪，有寇則燔然之也。」

〔二〕師古曰：「攝謂張弓注矢而持之也。攝音女涉反。」

〔三〕師古曰：「屬，逮也，音之欲反。」

〔四〕師古曰：「冒，犯也。」

〔五〕師古曰：「編列，謂編戶也。編音布先反。」

〔六〕如淳曰：「析，中分也。白藏天子，青在諸侯也。」

〔七〕師古曰：「東第，甲宅也。居帝城之東，故曰東第也。」

〔八〕師古曰：「佚，樂也，讀與逸同。」

〔九〕師古曰：「埜與壄同，古野字也。屮，古草字。」

〔一〇〕師古曰：「抵，至也，亡逃而至於誅也。」

〔一一〕師古曰：「無善名也。」

〔三〕師古曰：「謚者，行之迹也。終以愚死，後葉傳稱，故謂之謚。」
〔三〕師古曰：「不先者，謂往日不素教之也。」
〔四〕師古曰：「寡、鮮，皆少也。鮮音息淺反。」

陛下患使者有司之若彼，悼不肖愚民之如此，故遣信使，〔一〕曉諭百姓以發卒之事，〔二〕因數之以不忠死亡之罪，〔三〕讓三老孝弟以不教誨之過。〔四〕方今田時，重煩百姓，〔五〕已親見近縣，〔六〕恐遠所谿谷山澤之民不徧聞，檄到，亟下縣道，〔七〕咸喻陛下意，毋忽！〔八〕

〔一〕師古曰：「誠信之人以爲使也。」
〔二〕師古曰：「諭，告也。」
〔三〕師古曰：「數，責也，音所具反。」
〔四〕師古曰：「讓，責也，責其教誨不備也。」
〔五〕師古曰：「重，難也，不欲召聚之也。」
〔六〕師古曰：「近縣之人，使者以自見而口諭之矣，故爲檄文馳以示遠所也。」
〔七〕師古曰：「亟，急也。縣有蠻夷曰道。」
〔八〕師古曰：「忽，怠忽也。」

相如還報。〔一〕唐蒙已略通夜郎，因通西南夷道，發巴蜀廣漢卒，作者數萬人。治道二歲，道不成，士卒多物故，〔二〕費以億萬計。蜀民及漢用事者多言其不便。是時邛、莋之君長〔三〕聞南夷與漢通，得賞賜多，多欲願爲內臣妾，請吏，比南夷。上問相如，相如曰：「邛、莋、冄、駹者近蜀，道易通，〔四〕異時嘗通爲郡縣矣，〔五〕至漢興而罷。今誠復通，爲置縣，愈於南夷。」〔六〕上以爲然，乃拜相如爲中郎將，建節往使。副使者王然于、壺充國、呂越人，馳四乘之傳，〔七〕因巴蜀吏幣物以賂西南夷。至蜀，太守以下郊迎，〔八〕縣令負弩矢先驅，〔九〕蜀人以爲寵。於是卓王孫、臨邛諸公皆因門下獻牛酒以交驩。卓王孫喟然而歎，自以得使女尙司馬長卿晚，〔一〇〕乃厚分與其女財，與男等。相如使略定西南夷，邛、莋、冄、駹、斯榆之君皆請爲臣妾，除邊關，〔邊關〕益斥，〔一一〕西至沬、若水，〔一二〕南至牂牁爲徼，〔一三〕通靈山道，橋孫水，〔一四〕以通邛、莋。還報，天子大說。〔一五〕

〔一〕師古曰：「使訖還報天子也。」

〔二〕師古曰：「物故，死也。解在蘇武傳。」

〔三〕文穎曰：「邛者，今爲邛都縣。莋者，今爲定莋縣。」師古曰：「莋，才各反。」

〔四〕師古曰：「今夔州、開州等首領姓冄者，皆舊冄種也。駹音尨。」

〔五〕師古曰：「異時猶言往時也。」

〔六〕晉灼曰：「南夷謂犍爲、牂牁也。西夷謂越巂、益州也。」師古曰：「愈，勝也。」

〔七〕師古曰：「傳音張戀反。」

〔八〕師古曰：「迎於郊界之上也。」

〔九〕師古曰：「導路也。」

〔10〕師古曰：「尙猶配也，義與尙公主同。今流俗書本此尙字作當，蓋後人見前云文君恐不得當，故改此文以就之耳。」

〔二〕師古曰：「斥，開廣也。」

〔三〕張揖曰：「沬水出蜀廣平徼外。若水出旄牛徼外。」師古曰：「沬音妹。」

〔三〕張揖曰：「徼謂以木石水爲界者也。」如淳曰：「斯榆之君等自求去邊關，欲與牂牁作徼塞也。」師古曰：「徼音工釣反。」

〔四〕張揖曰：「鑿開靈山道，置靈道縣。孫水出臺登縣，南至會無入若水。」師古曰：「於孫水上作橋也。」

〔五〕師古曰：「說讀曰悅。」

相如使時，蜀長老多言通西南夷之不爲用，大臣亦以爲然。相如欲諫，業已建之，不敢，〔一〕乃著書，藉蜀父老爲辭，而已詰難之，以風天子，〔二〕且因宣其使（諧）〔指〕，令百姓皆知天子意。其辭曰：

〔一〕師古曰：「本由相如立此事，故不敢更諫也。」

〔二〕師古曰：「藉，假也。風讀曰諷。」

漢興七十有八載，德茂存乎六世，威武紛云，湛恩汪濊，〔一〕羣生霑濡，洋溢乎方外。〔二〕於是乃命使西征，隨流而攘，〔三〕風之所被，罔不披靡。〔四〕因朝冉從駹，定莋存邛，略斯榆，舉苞蒲，結軌還轅，東鄉將報，〔五〕至于蜀都。

〔一〕師古曰：「紛云，盛貌。汪濊，深廣也。湛讀曰沈。汪音烏皇反。濊音於喙反。」
〔二〕師古曰：「洋音羊。」
〔三〕師古曰：「攘，卻退也，音人羊反。」
〔四〕師古曰：「被音丕靡反。」
〔五〕師古曰：「結，屈也。軌，車迹也。鄉讀曰嚮。報，報天子也。」

耆老大夫搢紳先生之徒二十有七人，儼然造焉。〔一〕辭畢，進曰：〔二〕「蓋聞天子之於夷狄也，其義羈縻勿絕而已。〔三〕今罷三郡之士，通夜郎之塗，〔四〕三年於茲，而功不竟，士卒勞倦，萬民不贍；今又接之以西夷，百姓力屈，恐不能卒業，〔五〕此亦使者之累也，〔六〕竊爲左右患之。且夫邛、莋、西僰之與中國並也，歷年茲多，不可記已。〔七〕仁者不以德來，强者不以力并，意者殆不可乎！〔八〕今割齊民以附夷狄，弊所恃以事無用，〔九〕鄙人固陋，不識所謂。」

〔一〕師古曰：「造，至也，音千到反。」
〔二〕師古曰：「辭謂初謁見之辭。」
〔三〕師古曰：「羈，馬絡頭也。縻，牛紖也。言牽制之，故取諭也。」

〔四〕師古曰：「罷讀曰疲。」
〔五〕師古曰：「屈，盡也。卒，終也。業，事也。屈音其勿反。」
〔六〕師古曰：「累音力瑞反。」
〔七〕師古曰：「已，(詔)〔語〕終之辭也。」
〔八〕師古曰：「言古往帝王雖有仁德，不能招來之，雖有强力，不能幷吞之，以其險遠，理不可也。」
〔九〕師古曰：「所恃即中國之人也，無用謂西南夷也。」

使者曰：「烏謂此乎？〔一〕必若所云，則是蜀不變服而巴不化俗也，僕尙惡聞若說。〔二〕然斯事體大，固非觀者之所覯也。〔三〕余之行急，其詳不可得聞已。〔四〕請爲大夫粗陳其略：〔五〕

〔一〕師古曰：「烏，於何也。」
〔二〕師古曰：「尙，猶也。若，如也。言僕猶惡聞如此之說，況乎遠識之人也。惡音一故反。」
〔三〕師古曰：「覯，見也，音搆。」
〔四〕師古曰：「言行程急速，不暇爲汝詳言之。」
〔五〕師古曰：「粗猶麤也，音千戶反。」

「蓋世必有非常之人，然後有非常之事；有非常之事，然後有非常之功。非常者，固常人之所異也。〔一〕故曰非常之元，黎民懼焉；〔二〕及臻厥成，天下晏如也。〔三〕

〔一〕師古曰：「常人見之以爲異也。」
〔二〕師古曰：「元，始也。非常之事，其始難知，衆人懼之。」
〔三〕師古曰：「臻，至也。晏，安也。」

「昔者，洪水沸出，氾濫衍溢，民人升降移徙，崎嶇而不安。夏后氏戚之，乃堙洪原，〔一〕決江疏河，灑沈澹災，東歸之於海，〔二〕而天下永寧。當斯之勤，豈惟民哉？心煩於慮，而身親其勞，躬傶骿胝無胈，膚不生毛，〔三〕故休烈顯乎無窮，聲稱浹乎于茲。〔四〕

〔一〕師古曰：「堙，塞也。水本曰原。堙音因。」
〔二〕師古曰：「疏，通也。灑，分也。沈，深也。澹，安也。言分散其深水，以安定其災也。灑音所宜反。澹音徒濫反。」
〔三〕張揖曰：「躬，體也。戚，湊理也。」孟康曰：「胈，毳；膚，皮也。言禹勤，骿胝無有毳毛也。」師古曰：「〔胈音步曷反〕骿音步千反。胝音竹尸反。〔胈音步曷反〕」。
〔四〕師古曰：「休，美也。烈，業也。浹，徹也。于茲猶言今茲也。浹音子牒反。」

「且夫賢君之踐位也，豈特委瑣握躪，拘文牽俗，〔一〕循誦習傳，當世取說云爾哉！〔二〕必將崇論谹議，〔三〕創業垂統，爲萬世規。故馳騖乎兼容并包，而勤思乎參天貳地。〔四〕且詩不云乎？『普天之下，莫非王土；率土之濱，莫非王臣。』〔五〕是以六合之內，八方之外，〔六〕浸淫衍溢，〔七〕懷生之物有不浸潤於澤者，賢君恥之。今封疆之內，冠帶之倫，〔八〕咸獲嘉祉，靡有闕遺矣。而夷狄殊俗之國，遼絕異黨之域，舟車不通，人迹罕至，政教未加，流風猶微，內之則犯義侵禮於邊境，外之則邪行橫作，放殺其上，〔九〕君臣易位，尊卑失序，父兄不辜，幼孤爲奴虜，係纍號泣。〔一〇〕內鄉而怨，〔一一〕曰：『蓋聞中國有至仁焉，德洋恩普，物靡不得其所，〔一二〕今獨曷爲遺己！』〔一三〕舉踵思慕，若枯旱之望雨，盭夫爲之垂涕，〔一四〕況乎上聖，又烏能已？〔一五〕故北出師以討彊胡，南馳使以誚勁越。〔一六〕四面風德，〔一七〕二方之君鱗集仰流，〔一八〕願得受號者以億計。〔一九〕故乃關沫、若，〔二〇〕徼牂柯，鏤靈山，梁孫原，〔二一〕創道德之塗，垂仁義之統，將博恩廣施，遠撫長駕，〔二二〕使疏逖不閉，〔二三〕曶爽闇昧得燿乎光明，〔二四〕以偃甲兵於此，而息討伐於彼。遐邇一體，中外禔福，不亦康乎？〔二五〕夫拯民於沈溺，〔二六〕奉至尊之休德，〔二七〕反衰世之陵夷，繼周氏之絕業，〔二八〕天子之急務也。百姓雖勞，又惡可以已哉？〔二九〕

〔一〕師古曰：「握躖，局陿也。不拘微細之文，不牽流俗之議也。躖音初角反。」

〔二〕師古曰：「說讀曰悅。言非直因循自誦，習所傳聞，取美悅於當時而已。」

〔三〕師古曰：「谹，深也，音宏。」

〔四〕師古曰：「比德於地，是貳地也。地與己并天爲三，是參天也。」

〔五〕師古曰：「小雅北山之詩也。普，大也。濱，涯也。」

〔六〕師古曰：「天地四方謂之六合，四方四維謂之八方也。」

〔七〕師古曰：「浸淫猶漸漬也。衍溢言有餘也。」

〔八〕師古曰：「倫，類也。」

〔九〕師古曰：「內之，謂通其朝獻也。外之，謂棄而絕之也。橫音胡孟反。殺讀曰（試）〔弒〕。」

〔一〇〕師古曰：「為人所獲而纍係之，故號泣也。纍，（音）力追（切）〔反〕。」

〔一一〕師古曰：「鄉讀曰嚮。嚮中國而怨慕也。」

〔一二〕師古曰：「洋，多也。」

〔一三〕師古曰：「曷，何也。已，謂怨者之身也。」

〔一四〕張揖曰：「很戾之夫也。」師古曰：「盭，古戾字。」

〔一五〕師古曰：「烏猶焉也。已，止也。」

〔一六〕師古曰：「誚，責也，音材笑反。」

〔一七〕師古曰：「風，化也。」

〔一八〕師古曰：「二方謂西夷及南夷也。若魚鱗之相次而仰向承流也。」

〔一九〕師古曰：「號謂爵號也，一曰受天子之號令也。」

〔二〇〕張揖曰：「以沬、若水為關也。」

〔二一〕師古曰：「鏤謂疏通之以開道也。梁，橋也。孫原，孫水之原也。」

〔二二〕張揖曰：「駕，行也，使恩遠安長行之也。」

〔二三〕師古曰：「逖，遠也，言疏遠者不被閉絕也。」

〔二四〕師古曰：「曶爽，未明也。曶音忽。」

〔二五〕師古曰：「禔，安也。康，樂也。禔音土支反。」

〔二六〕師古曰：「（沈）〔拯〕，升也，言人在沈溺之中，升而舉之也。」

〔二七〕師古曰：「休，美也。」

〔二八〕師古曰：「陵夷謂弛替也。」

〔二九〕師古曰：「惡讀與烏同。已，止也。」

「且夫王者固未有不始於憂勤，而終於佚樂者也。〔一〕然則受命之符合在於此。〔二〕方將增太山之封，加梁父之事，鳴和鸞，揚樂頌，上咸五，下登三。〔三〕觀者未覩指，聽者未聞音，猶焦朋已翔乎寥廓，〔四〕而羅者猶視乎藪澤，〔五〕悲夫！」

〔一〕師古曰：「言始能憂勤則終獲逸樂也。佚字與逸同。」

〔二〕張揖曰：「合在於憂勤逸樂之中也。」

〔三〕李奇曰：「五帝之德比漢爲減，三王之德漢出其上。」師古曰：「此說非也。咸，皆也，言漢德與五帝皆盛，而登於三王之上也。相如不當言漢減於五帝也。」

〔四〕師古曰：「寥廓，天上寬廣之處。寥音聊。」

〔五〕師古曰：「澤無水曰藪。」

於是諸大夫茫然〔一〕喪其所懷來，失厥所以進，〔二〕喟然並稱曰：「允哉漢德，〔三〕此

鄙人之所願聞也。百姓雖勞，請以身先之。」敞罔靡徙，遷延而辭避。〔四〕

〔一〕師古曰：「茫音莫郎反。」

〔二〕師古曰：「初有所懷而來，欲進而陳之，今並喪失其來意也。」

〔三〕師古曰：「允，信也。小雅車攻之詩曰『允矣君子』。」

〔四〕師古曰：「敞罔，失志貌。靡徙，自抑退也。」

其後人有上書言相如使時受金，失官。居歲餘，復召爲郎。

相如口吃而善著書。常有消渴病。與卓氏婚，饒於財。故其（事）〔仕〕宦，未嘗肯與公卿國家之事，〔一〕常稱疾閒居，不慕官爵。〔二〕嘗從上至長楊獵。〔三〕是時天子方好自擊熊豕，馳逐壄獸，相如因上疏諫。其辭曰：

〔一〕師古曰：「與讀曰豫。」

〔二〕師古曰：「閒讀曰閑也。」

〔三〕師古曰：「長楊宮也，在盩厔。」

臣聞物有同類而殊能者，故力稱烏獲，捷言慶忌，〔一〕勇期賁育。〔二〕臣之愚，竊以爲人誠有之，獸亦宜然。今陛下好陵阻險，射猛獸，卒然遇逸材之獸，駭不存之地，〔三〕犯屬車之清塵，〔四〕輿不及還轅，人不暇施巧，雖有烏獲、逢蒙之技不能用，〔五〕枯木朽株盡爲難矣。是胡越起於轂下，而羌夷接軫也，豈不殆哉！〔六〕雖萬全而無患，然本非天子之所宜近也。

〔一〕師古曰：「烏獲，秦武王力士也。慶忌，吳王僚子也，射能捷矢也。」

〔二〕師古曰：「孟賁，古之勇士也，水行不避蛟龍，陸行不避豺狼，發怒吐氣，聲響動天。夏育，亦猛士也。」

〔三〕師古曰：「卒讀曰猝，音千忽反，謂暴疾也。不存，不可得安存也。」

〔四〕應劭曰：「古者諸侯貳車九乘，秦滅九國，兼其車服，漢依秦制，故大駕屬車八十一乘。」師古曰：「屬者，言相連續不絕也。塵謂行而起塵也。言清者，尊貴之意也。而說者乃以爲清道灑塵謂之清塵，非也。屬音之欲反。」

〔五〕師古曰：「逢蒙，古之善射者也。孟子曰『逢蒙學射於羿也』。」

〔六〕師古曰：「軫，車後橫木。殆，危也。」

且夫清道而後行，中路而馳，猶時有銜橜之變。〔一〕況乎涉豐草，騁丘虛，〔二〕前有利獸之樂，而內無存變之意，其爲害也不〔亦〕難矣！夫輕萬乘之重不以爲安，樂出萬有一危之塗以爲娛，臣竊爲陛下不取。

〔一〕張揖曰：「銜，馬勒銜也。橜，騑馬口長銜也。」師古曰：「橜謂車之鉤心也。銜橜之變，言馬銜或斷，鉤心或出，則致傾敗以傷人也。橜音鉅月反。」

〔二〕師古曰：「豐草，茂草也。虛讀曰墟。」

蓋明者遠見於未萌，而知者避危於無形，〔一〕既固多藏於隱微而發於人之所忽者也。故鄙諺曰：「家絫千金，坐不垂堂。」〔二〕此言雖小，可以諭大。臣願陛下留意幸察。

〔一〕師古曰：「萌謂事始，若草木初生者也。」

〔二〕張揖曰：「畏櫚瓦墮中人也。」師古曰：「垂堂者，近堂邊外，自恐墜墮耳，非畏櫚瓦也。言富人之子則自愛深也。」

上善之。還過宜春宮，相如奏賦以哀二世行失。〔一〕其辭曰：

〔一〕師古曰：「宜春本秦之離宮，胡亥於此爲閻樂所殺，故感其處而哀之。」

登陂陁之長阪兮，坌入曾宮之嵯峩。〔一〕臨曲江之隑州兮，望南山之參差。〔二〕巖巖深山之谾谾兮，通谷豁乎谽谺。〔三〕汩淢靸以永逝兮，注平皋之廣衍。〔四〕觀衆樹之蓊薆兮，覽竹林之榛榛。〔五〕東馳土山兮，北揭石瀨。〔六〕弭節容與兮，歷弔二世。持身不謹兮，亡國失勢；信讒不寤兮，宗廟滅絕。〔七〕烏乎！操行之不得，〔八〕墓蕪穢而不修兮，魂亡歸而不食。

〔一〕蘇林曰：「坌音馬坌叱之坌。」張揖曰：「坌，並也。」師古曰：「曾，重也。嵯峩，高貌也。陂音普何反。陁音徒何反。坌音普頓反，又音步頓反。」

〔二〕張揖曰：「隑，長也。苑中有曲江之象，中有長洲也。」師古曰：「曲岸頭曰隑。隑即碕字耳。言臨曲岸之洲，今猶謂其處曰曲江。隑音鉅依反。」

〔三〕晉灼曰：「谾音籠，古巃字也。」師古曰：「谾谾，深通貌。豁音呼活反。谽，大開貌。谽音呼含反。谺音呼加反。」

〔四〕師古曰：「汩淢，疾貌也。靸然，輕舉意也。皋，水邊地也。汩音于筆反。淢音域。靸音先合反。」

〔五〕師古曰：「蓊薆，蔭蔽貌。榛榛，盛貌。蓊音烏孔反。薆音愛。榛音側巾反。」

〔六〕師古曰：「揭，褰衣而渡也。石而淺水曰瀨，音賴。揭音丘例反。」

〔七〕師古曰：「信讒，謂殺李斯也。」

〔八〕師古曰：「操音千到反。」

相如拜爲孝文園令。上旣美子虛之事，相如見上好僊，因曰：「上林之事未足美也，尙有靡者。〔一〕臣嘗爲大人賦，未就，〔二〕請具而奏之。」相如以爲列僊之儒居山澤閒，〔三〕形容甚臞，〔四〕此非帝王之僊意也，乃遂奏大人賦。其辭曰：

〔一〕師古曰：「靡，麗也。」

〔二〕師古曰：「就，成也。」

〔三〕師古曰：「儒，柔也，術士之稱也，凡有道術皆爲儒。今流俗書本作傳字，非也，後人所改耳。」

〔四〕師古曰：「臞，瘠也，音鉅句反，又音衢。」

世有大人兮，在乎中州。〔一〕宅彌萬里兮，曾不足以少留。〔二〕悲世俗之迫隘兮，朅輕舉而遠游。〔三〕乘絳幡之素蜺兮，載雲氣而上浮。〔四〕建格澤之修竿兮，〔五〕總光燿之采旄。〔六〕垂旬始以爲幓兮，〔七〕曳彗星而爲髾。〔八〕掉指橋以偃蹇兮，〔九〕又猗抳以招搖。〔一〇〕攬攙搶以爲旌兮，靡屈虹而爲綢。〔一一〕紅杳眇以玄湣兮，猋風涌而雲浮。〔一二〕駕應龍象輿之蠖略委麗兮，驂赤螭青虯之蚴蟉宛蜒。〔一三〕低卬夭蟜裾以驕驁兮，詘折隆窮躩以連卷。〔一四〕沛艾赳螑仡以佁儗兮，〔一五〕放散畔岸驤以孱顏。〔一六〕跮踱輵螛容以骫麗兮，〔一七〕蜩蟉偃寋怵㚟以梁倚。〔一八〕糾蓼叫奡踏以艐路兮，〔一九〕蔑蒙踊躍騰而狂趡。〔二〇〕莅颯芔歙焱至電過兮，煥然霧除，霍然雲消。〔二一〕

〔一〕師古曰：「大人，以諭天子也。中州，中國也。」

〔二〕師古曰：「彌，滿也。」

〔三〕師古曰：「揭，去意也，音丘例反。」

〔四〕張揖曰：「乘，用也。赤氣為幡，綴以白氣也。」師古曰：「上音時掌反。」

〔五〕張揖曰：「格澤之氣如炎火狀，黃白色，起地上至天，下大上銳。修，長也。建此氣為長竿也。」師古曰：「格音胡各反。澤音大各反。」

〔六〕張揖曰：「旄，葆也。總，係也。係光耀之氣於長竿以為葆也。」師古曰：「總音揔。葆即今所謂纛頭也。」

〔七〕李奇曰：「旬始，氣如雄雞，見北斗旁。」張揖曰：「幓，旒也。縣旬始於葆下，以為十二旒也。」師古曰：「幓音所銜反。」

〔八〕張揖曰：「髾，燕尾也。枻彗星綴著旒以為燕尾也。」

〔九〕張揖曰：「指橋，隨風指靡也。偃蹇，委曲貌。」師古曰：「掉音徒釣反。蹇音居偃反。」

〔一〇〕晉灼曰：「猗音依倚反。抳音年纚反。」張揖曰：「猗抳，下垂貌。招搖，跳踃也。」師古曰：「招音韶。踃音蕭。」

〔一一〕張揖曰：「彗星為攙搶。注髦首曰旌，今以彗星代之也。靡，順也。綢，韜也。以斷虹為旌杠之韜也。」師古曰：「韜謂（裹）〔裹〕冒旌旗之竿也。攙音初咸反。搶音初衡反。屈音其勿反。綢音直流反。」

〔一二〕蘇林曰：「玄音炫。潛音麵。」晉灼曰：「紅，赤色貌。杳眇，深遠也。玄潛，混合也。言自絳幡以下，衆氣色盛，光采相燿，幽藹炫亂也。」師古曰：「如猋風之涌，如雲之浮，言輕舉也。猋音必遙反。」

〔一三〕文穎曰：「有翼曰應龍，最其神妙者也。」師古曰：「蠖略委麗、蚴蟉宛蜒，皆其行步進止之貌也。蠖音於縛反，麗音力爾反。蚴音一糾反。蟉音力糾反。宛音於元反。蜒音延。」

〔一四〕張揖曰：「裾，直項也。驕驁，縱恣也。詘折，曲委也。隆窮，舉魯也。躩，跳也。連卷，句蹄也。」師古曰：「裾音倨。驕音居召反。驁音五到反。躩音鉅縛反。卷音鉅圓反。」

〔一五〕張揖曰：「沛艾，駊騀也。赳螑，申頸低卬也。仡，舉頭也。佁儗，不前也。」師古曰：「沛音普蓋反。赳音古幼反。螑音火幼反。仡音魚乞反。佁音丑吏反。儗音魚吏反。佁儗又音態礙。」

〔一六〕師古曰：「跘岸，自縱之貌也。驤，舉也。孱顏，不齊也。孱音士顏反。」

〔一七〕張揖曰：「蛭踱，互前卻也。輵螛，搖目吐舌也。容，龍體貌也。觓䴡，左右相隨也。」師古曰：「蛭音丑日反。踱音丑略反。輵音遏。螛音曷。觓，古委字也。䴡音力爾反。」

〔一八〕張揖曰：「蜩蟉，掉頭也。怵㚟，奔走也。梁倚，相著也。」師古曰：「蜩音徒釣反。蟉音盧釣反。怵音黜。㚟音丑若反。倚音於綺反。」

〔一九〕張揖曰：「糾蓼，相引也。叫奡，相呼也。踏，下也。騣，著也。皆下著道也。」師古曰：「叫奡，高舉之貌。蓼音力糾反。奡音五到反。踏音沓。騣音屆。」

〔一〇〕張揖曰：「蔑蒙，飛揚也。踊躍，跳也。騰，馳也。趭，奔走也。」師古曰：「蒙音莫孔反。趭音醮。」

〔一一〕張揖曰：「莅颯，飛相及也。芔歙，走相追也。」師古曰：「莅音利。颯音立。芔音諱。歙音翕。」

邪絕少陽而登太陰兮，與眞人乎相求。〔一〕互折窈窕以右轉兮，橫厲飛泉以正東。〔二〕悉徵靈圉而選之兮，部署衆神於搖光。〔三〕使五帝先導兮，反大壹而從陵陽。〔四〕左玄冥而右黔雷兮，〔五〕前長離而後矞皇。〔六〕廝征伯僑而役羨門兮，詔岐伯使尚方。〔七〕祝融警而蹕御兮，清氣氛而后行。〔八〕屯余車而萬乘兮，綷雲蓋而樹華旗。〔九〕使句芒其將行兮，吾欲往乎南娭。〔一〇〕

〔一〕張揖曰：「少陽，東極。太陰，北極。邪度東極而升北極也。眞人，謂若士也，游於太陰之中。」師古曰：「眞人，至眞之人也，非指謂若士也。」

〔二〕張揖曰：「飛泉，飛谷也，在崑崙山西南。」師古曰：「厲，渡也。」

〔三〕張揖曰：「搖光，北斗杓頭第一星。」

〔四〕應劭曰：「五帝，五時，太皞之屬也。」如淳曰：「天極，大星，一明者，太一常居也。」張揖曰：「陵陽，仙人陵陽子明也。」師古曰：「令太一反其所居，而使陵陽侍從於己。」

〔五〕張揖曰：「玄冥，北方黑帝佐也。黔雷，黔嬴也，天上造化神名也。楚辭曰『召黔嬴而見之』。或曰水神也。」

〔六〕服虔曰：「皆神名也。」師古曰：「長離，靈鳥也，解在禮樂志。矞音以出反。」

〔七〕應劭曰：「廝，役也。」張揖曰：「伯僑，仙人王子僑也。羨門，碣石山上仙人羨門高也。尚，主也。岐伯者，黃帝太醫，屬使主方藥也。」師古曰：「征伯僑者，仙人，姓征，名伯僑，非王子僑也。郊祀志征字作正，其音同耳。或說云征謂役使之，非也。」

〔八〕張揖曰：「祝融，南方炎帝之佐也，獸身人面，乘兩龍。」師古曰：「蹕，止行人也。御，禦也。氛，惡氣也。」

〔九〕師古曰：「綷，合也，合五采雲以爲蓋也。綷音子內反。」

〔一〇〕張揖曰：「句芒，東方青帝之佐也，鳥身人面，乘兩龍。」師古曰：「將行，將領從行也。娭音許其反。」

歷唐堯於崇山兮，過虞舜於九疑。〔一〕紛湛湛其差錯兮，雜遝膠轕以方馳。〔二〕騷擾衝蓯其（相）紛挐兮，滂濞泱軋麗以林離。〔三〕攢羅列聚叢以蘢茸兮，衍曼流爛痑以陸離。〔四〕徑入雷室之砰磷鬱律兮，洞出鬼谷之堀礨崴魁。〔五〕徧覽八紘而觀四海兮，朅度九江越五河。〔六〕經營炎火而浮弱水兮，杭絕浮渚涉流沙。〔七〕奄息葱極氾濫水娭兮，〔八〕使靈媧鼓琴而舞馮夷。〔九〕時若曖曖將混濁兮，召屏翳誅風伯，刑雨師。〔一〇〕西望崑崙之軋沕荒忽兮，〔一一〕直徑馳乎三危。〔一二〕排閶闔而入帝宮兮，載玉女而與之歸。〔一三〕登閬風而遙集兮，亢鳥騰而壹止。〔一四〕低徊陰山翔以紆曲兮，吾乃今日覩西王母。暠然白首戴勝而穴處兮，亦幸有三足烏爲之使。〔一五〕必長生若此而不死兮，雖濟萬世不足以喜。〔一六〕

〔一〕張揖曰：「崇山，狄山也。海外經曰狄山，帝堯葬於其陽。九疑山在零陵營道縣，舜所葬也。」師古曰：「疑，似也。山有九峯，其形相似，故曰九疑。」

〔二〕師古曰：「湛湛，積厚之貌。差錯，交互也。雜遝，重沓也。膠輵猶交加也。湛音徒感反。遝音大合反。輵音葛。」

〔三〕張揖曰：「衝蓯，相入貌。滂濞，衆盛貌。泱軋，不前也。麗，靡也。林離，摻欐也。」師古曰：「衝音尺勇反。蓯音相勇反。拏音女居反。滂音普郎反。濞音普備反。泱音烏朗反。軋音於黠反。摻音所林反。欐音所宜反。」

〔四〕張揖曰：「瘮，衆貌，一曰罷極也。陸離，參差也。」師古曰：「蘢茸，聚貌。流爛，布散也。瘮，自放縱也。蘢音來孔反。茸音而孔反。衍音弋扇反。瘮音式爾反，張云罷極，義則非矣。」

〔五〕張揖曰：「雷室，雷淵也。洞，通也。鬼谷在崑崙北直北辰下，衆鬼之所聚也。堀礨崴魁，不平也。」師古曰：「砰磷鬱律，深峻貌。砰音普萌反。磷音力耕反。堀音口骨反。礨音洛賄反。崴音一廻反。」

〔六〕張揖曰：「九江在廬江尋陽縣南，皆東合爲大江者。」服虔曰：「河有九，今越其五也。」晉灼曰：「五河，五湖，取河之聲合其音耳。」師古曰：「服、晉說五河皆非也。五河，五色之河也。仙經說有紫碧絳青黃之河，非謂九河之內，亦非五（河）〔湖〕也。」

〔七〕應劭曰：「楚辭曰『越炎火之萬里』。弱水出張掖刪丹，西至酒泉合黎餘波入于流沙。」張揖曰：「杭，船也。絕，度也。浮渚，流沙中渚也。流沙，沙與水流行也。」師古曰：「弱水謂西域絕遠之水，乘毛車以度者耳，非張掖弱水也。又流沙但有沙流，本無水也。言絕度浮渚，乃涉流沙也。杭音下郎反。」

〔八〕張揖曰：「奄然休息也。葱極，葱領山也，在西域中。」

〔九〕服虔曰：「靈媧，女媧也。伏犧作琴，使女媧鼓之。馮夷，河伯字也，淮南子曰『馮夷得道以潛大川』。」師古曰：「媧音瓜，又工蛙反。」

〔10〕應劭曰：「屏翳，天神使也。」張揖曰：「風伯字飛廉。」師古曰：「屏音步丁反。」

〔11〕張揖曰：「崑崙去中國五萬里，天帝之下都也。其山廣袤百里，高八萬仞，增城九重，面有九井，以玉爲檻，旁有五門，開明獸守之。軋沕荒忽，不分明之貌。」師古曰：「沕音勿。荒音呼廣反。」

〔12〕張揖曰：「三危山在鳥鼠山之西，與嶓山相近，黑水出其南陂，書曰『導黑水至于三危』也。」

〔13〕張揖曰：「玉女，青要、乘弋等也。」

〔14〕張揖曰：「閬風山在崑崙閶闔之中。遙，遠也。」應劭曰：「亢然高飛，如鳥之騰也。」師古曰：「閬音浪。亢音抗。」

〔15〕張揖曰：「陰山在崑崙西二千七百里。西王母其狀如人，豹尾虎首，蓬髮暠然白首，石城金室，穴居其中。三足烏，三足青鳥也，主爲西王母取食，在崑崙墟之北。」如淳曰：「山海經曰『西王母梯几而戴勝』。」師古曰：「低徊猶徘徊也。勝，婦人首飾也，漢代謂之（革）〔華〕勝。暠音工老反，字或作皜，音學。」

〔16〕師古曰：「昔之談者咸以西王母爲仙靈之最，故相如言大人之仙，娛遊之盛，顧視王母，鄙而陋之，不足羨慕也。」

回車朅來兮，絕道不周，〔1〕會食幽都。呼吸沆瀣兮餐朝霞，〔2〕咀噍芝英兮嘰瓊華。〔3〕僸祲尋而高縱兮，紛鴻溶而上厲。〔4〕貫列缺之倒景兮，〔5〕涉豐隆之滂濞。〔6〕騁游道而脩降兮，騖遺霧而遠逝。〔7〕迫區中之隘陜兮，舒節出乎北垠。〔8〕遺屯騎於玄闕兮，〔9〕軼先驅於寒門。〔10〕下崢嶸而無地兮，〔11〕上嵺廓而無天。〔12〕視眩泯而亡見兮，聽敞怳而亡聞。〔13〕乘虛亡而上遐兮，超無友而獨存。〔14〕

〔1〕張揖曰：「不周山在崑崙東南二千三百里也。」

〔二〕張揖曰：「幽都在北方。」如淳曰：「淮南云八極西北曰幽都之門。」應劭曰：「列仙傳陵陽子言春(朝)〔食〕朝霞，朝霞者，日始欲出赤黃氣也。夏食沆瀣，沆瀣，北方夜半氣也。幷天地玄黃之氣爲六氣。」師古曰：「沆音胡朗反。瀣音韰。」

〔三〕張揖曰：「芝，草蒻也。榮而不實謂之英。嘰，食也。瓊樹生崑崙西流沙濱，大三百圍，高萬仞。華，蘂也，食之長生。」師古曰：「芝英，芝菌之英也。咀音才汝反。噍音才笑反，又音才弱反。嘰音機，又音祈。」

〔四〕張揖曰：「僸，卬也。鴻溶，竦踊也。」師古曰：「僸音角甚反。祲音子禁反。鴻音胡孔反。溶音弋孔反。」

〔五〕服虔曰：「列缺，天閃也。人在天上，下向視日月，故景倒在下也。」張揖曰：「貫，穿也。陵陽子明經曰列缺氣去地二千四百里，倒景氣去地四千里，其景皆倒在下也。」

〔六〕應劭曰：「豐隆，雲師也。楚辭曰『吾令豐隆乘雲兮』。淮南子曰『季春三月，豐隆乃出以將雨』。」師古曰：「豐隆將雨，故言涉也。滂濞，雨水多也。滂音普郎反。濞音匹備反。」

〔七〕張揖曰：「馳疾而遺霧在後也。」師古曰：「游，游車也。道，道車也。脩，長也。降，下也。言周覽天上，然後騁車也，循長路而下馳，棄遺霧而遠逝也。道讀曰導。」

〔八〕師古曰：「舒，緩也。垠，崖也，音銀。」

〔九〕張揖曰：「玄闕，北極之山也。」

〔一〇〕應劭曰：「寒門，北極之門也。」師古曰：「軼，過也，音逸。」

〔一一〕師古曰：「崢嶸，深遠貌。崢音仕耕反。嶸音宏。」

〔一二〕師古曰：「寥廓，廣遠也。寥音遼。」

〔三〕師古曰：「眩泯，目不安也。 敞怳，耳不諦也。 眩音州縣之縣。 泯音眄。」

〔四〕師古曰：「上音時掌反。」

相如既奏大人賦，天子大說，〔一〕飄飄有陵雲氣游天地之閒意。

〔一〕師古曰：「說讀曰悅。」

相如既病免，家居茂陵。 天子曰：「司馬相如病甚，可往從悉取其書，若後之矣。」〔一〕使所忠往，〔二〕而相如已死，家無遺書。 問其妻，對曰：「長卿未嘗有書也。 時時著書，人又取去。 長卿未死時，爲一卷書，曰有使來求書，奏之。」其遺札書言封禪事，〔三〕所忠奏焉，天子異之。 其辭曰：

〔一〕師古曰：「若，汝也。 言汝今去已在他人後也。」

〔二〕師古曰：「使者姓名也，解在食貨志。」

〔三〕師古曰：「書於札而留之，故云遺札。」

伊上古之初肇，自顥穹生民。〔一〕 歷選列辟，以迄乎秦。〔二〕率邇者踵武，聽逖者風聲。〔三〕紛輪威蕤，堙滅而不稱者，不可勝數也。〔四〕繼昭夏，崇號謚，略可道者七十有二君。〔五〕罔若淑而不昌，疇逆失而能存？〔六〕

〔一〕師古曰：「肇，始也。 顥、穹，皆謂天也。 顥言氣顥汗也，穹言形穹隆也。 謂自初始有天地以來也。 顥音胡老反。」

〔二〕師古曰：「選，數也。辟，君也。迄，至也。辟音璧。」

〔三〕文穎曰：「率，循也。邇，近也。踵，蹈也。武，迹也。逖，遠也。言循履近者之遺迹，聽遠者之風聲。風謂著於雅頌者也。」師古曰：「風聲，總謂遺風嘉聲耳，無繫於雅頌也。」

〔四〕張揖曰：「紛輪威蕤，亂貌。」

〔五〕文穎曰：「昭，明也。夏，大也。德明大，相繼封禪於泰山者，七十有二人也。」

〔六〕應劭曰：「罔，無也。若，順也。淑，善也。疇，誰也。」師古曰：「言行順善者無不昌大，爲逆失者誰能久存也。」

軒轅之前，遐哉邈乎，其詳不可得聞已。〔一〕五三六經載籍之傳，維見可觀也。〔二〕書曰：「元首明哉！股肱良哉！」〔三〕因斯以談，君莫盛於堯，臣莫賢於后稷。后稷創業於唐，公劉發迹於西戎，文王改制，爰周郅隆，大行越成，〔四〕而后陵夷衰微，千載亡聲，豈不善始善終哉！〔五〕然無異端，慎所由於前，謹遺教於後耳。〔六〕故軌迹夷易，易遵也；〔七〕湛恩厖洪，易豐也；〔八〕憲度著明，易則也；垂統理順，易繼也。〔九〕是以業隆於繦保而崇冠乎二后。〔一〇〕揆厥所元，終都攸卒，〔一一〕未有殊尤絕迹可考於今者也。〔一二〕然猶躡梁甫，登大山，建顯號，施尊名。大漢之德，逢涌原泉，沕潏曼羨，〔一三〕旁魄四塞，雲布霧散，〔一四〕上暢九垓，下泝八埏。〔一五〕懷生之類，沾濡浸潤，協氣橫流，武節猋逝，〔一六〕爾陜游原，迴闊泳末，〔一七〕首惡鬱沒，闇昧昭晰，〔一八〕昆蟲闓懌，回首面內。〔一九〕然后囿騶虞之珍羣，徼麋鹿之怪獸，〔一〇〕導一莖六穗於庖，〔一一〕犧雙觡共抵之獸，〔一二〕獲周餘放龜于岐，〔一三〕招翠黃乘龍於沼。〔一四〕鬼神接靈圉，賓於閒館。〔一五〕奇物譎詭，俶儻窮變。〔一六〕欽哉，符瑞臻茲，猶以爲薄，不敢道封禪。〔一七〕蓋周躍魚隕杭，休之以燎。〔一八〕微夫斯之爲符也，以登介丘，不亦恧乎！〔一九〕進攘之道，何其爽與？〔二〇〕

〔一〕師古曰：「遐、邈，皆遠也。已，語終之辭。」

〔二〕師古曰：「五，五帝也。三，三(皇)〔王〕也。」

〔三〕師古曰：「此虞書益稷之辭也。元首，君也。股肱，大臣也。」

〔四〕文穎曰：「郅，至也。行，道也。文王始開王業，改正朔服色，太平之道於是成也。」應劭曰：「大行，道德大行也。」師古曰：「郅音質。」

〔五〕鄭氏曰：「無聲，無有惡聲也。」師古曰：「雖後嗣衰微，政教穨替，猶經千載而無惡聲。」

〔六〕師古曰：「言既創業定制，又垂裕後昆也。」

〔七〕師古曰：「夷、易，皆平也。易音弋豉反。」

〔八〕師古曰：「湛讀曰沈。沈，深也。厖、洪，皆大也。厖音尨。」

〔九〕張揖曰：「垂，縣也。統，緒也。理，道也。文王重易六爻，窮理盡性，縣於後世，其道和順，易續而明，孔子得錯其象而彖其辭也。」師古曰：「統業直言所垂之業，其理至順，故令後嗣易繼之耳，非謂演易也。」

〔一〇〕孟康曰：「繈保謂成王也。二后謂文武也。周公負成王以致太平，功德冠於文武者，遵成法易故也。」

〔一〕師古曰：「元，始也。都，於也。攸，所也。卒亦終也。言度其所始，究其所終也。」

〔二〕師古曰：「尤，異也。考，校也。言不得與漢校其德也。」

〔三〕師古曰：「逢讀曰烽。言如烽火之升，原泉之流也。沕潏曼羨，盛大之意也。沕音勿。潏音聿。羨音(戈)〔弋〕扇反。」

〔四〕師古曰：「旁魄，廣被也。魄音步各反。」

〔五〕服虔曰：「暢，達也。垓，重也。天有九重。」如淳曰：「淮南云若士謂盧敖：『吾與汗漫期乎九垓之上。』」孟康曰：「泝，流也。埏，地之八際也。言德上達於九重之天，下流於地之八際。」師古曰：「埏，本音延，合韻音弋戰反。淮南子作八夤也。」

〔六〕師古曰：「言和氣橫被四表，威武如焱之盛。」

〔七〕孟康曰：「爾，近也。原，本也。逈，遠也。闊，廣也。泳，浮也。恩德比之於水，近者游其原，遠者浮其末也。」

〔八〕師古曰：「始爲惡者皆卽湮滅，素暗昧者皆得光明也。晣音之舌反。」

〔九〕文穎曰：「闓，懌，皆樂也。」師古曰：「闓讀曰凱。言四方幽遐，皆懷和樂，回首革面，而內嚮也。」

〔一〇〕師古曰：「言騶虞自擾而充苑囿，怪獸自來若入徼塞。言符瑞之盛也。徼音工釣反。」

〔一一〕鄭氏曰：「導，擇也。一莖六穗，謂嘉禾之米，於庖廚以供祭祀也。」

〔一二〕服虔曰：「犧，牲也。觡，角也。抵，本也。武帝獲白麟，兩角共一本，因以爲牲也。」

〔一三〕文穎曰：「周放畜餘龜於池沼之中，至漢得之於岐山之旁。龜能吐故納新，千歲不死也。」

〔一四〕張揖曰：「乘龍，四龍也。」孟康曰：「翠黃，乘黃也，龍翼馬身，黃帝乘之而仙。言見乘黃而招呼之。禮樂志曰『訾黃其何不來下』。余吾渥(津)〔洼〕水中出神馬，故曰乘龍於沼也。」師古曰：「此說非也。言招致翠黃及乘龍於池沼耳。乘音食證反。春秋傳曰『帝賜之乘龍』。

〔二五〕文穎曰：「是時上求神仙之人，得上郡之巫長陵女子，能與鬼神交接，治病輒愈，置於上林苑中，號曰神君。有似於古之靈圉，禮待之於閒館舍中也。」師古曰：「閒讀曰閑。」

〔二六〕師古曰：「俶音吐歷反。」

〔二七〕應劭曰：「杭，舟也。休，美也。」師古曰：「燎，祭天也。謂武王伐紂，白魚入于王舟，俯取以燎。」

〔二八〕服虔曰：「介，大也。丘，山也。言周以白魚爲瑞，登太山封禪，不亦慙乎？」

〔二九〕張揖曰：「進，周也。攘，漢也。爽，差也。言周未可封禪而封，爲進；漢可封禪而不爲，爲攘也。」師古曰：「攘，古讓字也。」

於是大司馬進曰：〔一〕「陛下仁育羣生，義征不譓，〔二〕諸夏樂貢，百蠻執贄，〔三〕德牟往初，功無與二，〔四〕休烈液洽，符瑞衆變，期應紹至，不特創見。〔五〕意者太山、梁父設壇場望幸，蓋號以況榮，〔六〕上帝垂恩儲祉，將以慶成，〔七〕陛下嗛讓而弗發也。〔八〕挈三神之歡，缺王道之儀，〔九〕羣臣恧焉。〔一〇〕或謂且天爲質闇，示珍符固不可辭；〔一一〕若然辭之，是泰山靡記而梁父罔幾也。〔一二〕亦各並時而榮，咸濟厥世而屈，說者尚何稱於後，而云七十二君哉？〔一三〕夫修德以錫符，奉符以行事，不爲進越也。〔一四〕故聖王弗替，而修禮(以)〔地〕祇，謁款天神，〔一五〕勒功中岳，以章至尊，〔一六〕舒盛德，發號榮，受厚福，以浸黎民。皇皇哉斯事，天下之壯觀，王者之卒業，不可貶也。〔一七〕願陛下全之。〔一八〕而后因雜縉紳先生之略術，使獲曜日月之末光絕炎，以展采錯事。〔一九〕猶兼正列其義，祓飾厥文，作春秋一藝。〔二〇〕將襲舊六爲七，攄之無窮，〔二一〕俾萬世得激淸流，揚微波，蜚英聲，騰茂實。〔二二〕前聖之所以永保鴻名而常爲稱首者用此。〔二三〕宜命掌故悉奏其儀而覽焉。」〔二四〕

〔一〕文穎曰：「大司馬，上公，故先進議也。」

〔二〕文穎曰：「譓，順也。」

〔三〕師古曰：「夏，大也。諸夏謂中國之人，比蠻夷爲大也。」

〔四〕師古曰：「牟，等也。」

〔五〕師古曰：「言符瑞衆多，應期相續而至，不獨初創而見也。」

〔六〕孟康曰：「意者，言太山、梁父設壇場，望聖帝往封禪記號以表榮名也。」師古曰：「幸，臨幸也。蓋，發語辭也。」

〔七〕師古曰：「上帝，天也。言垂恩於下，豫積祉福，用慶告成之禮。」

〔八〕張揖曰：「不肯發意往也。」師古曰：「嗛，古謙字。」

〔九〕應劭曰：「挈，絕也。缺，闕也。」如淳曰：「三神，地祇、天神、山岳也。」師古曰：「挈音口計反。」

〔一〇〕師古曰：「恧，愧也，音女六反。」

〔一一〕師古曰：「言天道質昧，以符瑞見意，不可辭讓也。」

〔二〕張揖曰：「泰山之上無所表記，梁父壇場無所庶幾也。」

〔三〕應劭曰：「屈，絕也。言古帝王若但各一時之榮，畢世而絕者，則說者無從顯稱於後也。」師古曰：「屈音其勿反。」

〔四〕文穎曰：「越，踰也。不爲苟進踰禮也。」

〔五〕文穎曰：「謁，告也。款，誠也。」師古曰：「替，廢也。不廢封禪之事也。」

〔六〕張揖曰：「蓋先禮中岳而幸太山也。」師古曰：「章，明也。」

〔七〕師古曰：「皇皇，盛貌也。卒，終也，字或作本，或作丕，丕，大也。」

〔八〕張揖曰：「願以封禪全其終也。」

〔九〕文穎曰：「采，官也。使諸儒記功著業，得觀日月末光殊絕之明，以展其官職，設錯其事業也。」李奇曰：「炎音火之光炎。」師古曰：「炎音弋贍反。錯音千故反。」

〔一〇〕孟康曰：「猶作春秋者，正天時，列人事也。言諸儒既得展事業，因兼正天時，列人事，敍述大義爲一經也。」師古曰：「祓，除也。祓飾者，言除去舊事，更飾新文也。祓音敷勿反。」

〔一一〕文穎曰：「六經加一爲七也。」師古曰：「攄，布也，音丑居反。」

〔一二〕師古曰：「蜚，古飛字。」

〔一三〕師古曰：「稱音尺孕反。」

〔一四〕師古曰：「掌故，太常官屬，主故事者。」

於是天子沛然改容，曰：「俞乎，朕其試哉！」〔一〕乃遷思回慮，總公卿之議，詢封禪之事，詩大澤之博，廣符瑞之富。〔二〕遂作頌曰：

〔一〕師古曰：「沛然，感動之意也。俞者，然也，然其所請也。沛音普大反。俞音踰。」
〔二〕孟康曰：「詩所以詠功德，謂下四章之頌也。大澤之博，謂『自我天覆，雲之油油』也。廣符瑞之富，謂『斑斑之獸』以下三章，言符應廣大富饒也。」

自我天覆，雲之油油。〔一〕甘露時雨，厥壤可游。〔二〕滋液滲漉，何生不育！〔三〕嘉穀六穗，我穡曷蓄？〔四〕

〔一〕蘇林曰：「油音油麻之油。」李奇曰：「油油，雲行貌。孟子曰『油然作雲，沛然下雨』。」
〔二〕師古曰：「言雨霧滂沛，其澤可以游泳也。」
〔三〕師古曰：「滲漉，謂潤澤下究，故無生而不育也。滲音山禁反。漉音鹿。」
〔四〕李奇曰：「我之稼穡，何等不蓄積？」

匪唯雨之，又潤澤之；匪唯偏我，氾布護之；〔一〕萬物熙熙，懷而慕之。名山顯位，望君之來。君兮君兮，侯不邁哉！〔二〕

〔一〕師古曰：「氾，普也。布護，言遍布也。氾音敷劍反。」
〔二〕師古曰：「侯，何也。邁，行也。言君何不行封禪。」

般般之獸，樂我君圃；白質黑章，其儀可喜；〔一〕旼旼穆穆，君子之態。〔二〕蓋聞其聲，今視其來。〔三〕厥塗靡從，天瑞之徵。〔四〕茲爾於舜，虞氏以興。〔五〕

〔一〕師古曰：「謂騶虞也。般字與斑同耳，從丹青之丹。喜音許記反。」

〔二〕孟康曰：「旼旼，和也。穆穆，敬也。言容態和且敬，有似君子也。」張揖曰：「旼音旻。」

〔三〕師古曰：「言往昔但聞其聲，今親見其來也。來合韻音郎代反。」

〔四〕文穎曰：「其來之道何從乎？此乃天瑞之應也。」

〔五〕文穎曰：「百獸舞，則騶虞在其中也。」

濯濯之麟，游彼靈畤。孟冬十月，君徂郊祀。〔一〕馳我君輿，帝用享祉。〔二〕三代之前，蓋未嘗有。

〔一〕文穎曰：「濯濯，肥也。武帝冬幸雍，祠五畤，獲白麟也。」師古曰：「濯音直角反。大雅靈臺之詩云『麀鹿濯濯』。」

〔二〕文穎曰：「馳我君車之前也。」師古曰：「帝，天帝也。以此祭天，天既享之，答以祉福也。」

宛宛黃龍，興德而升；〔一〕采色玄耀，炳炳煇煌。〔二〕正陽顯見，覺寤黎烝。〔三〕於傳載之，云受命所乘。〔四〕

〔一〕文穎曰：「起至德而見也。」

〔二〕師古曰：「玄讀曰炫。煇煌，光貌。煇音下本反。」

〔三〕文穎曰：「陽，明也。」師古曰：「黎烝，衆庶也。」

〔四〕師古曰：「謂易云『時乘六龍以御天也』。」

厥之有章，不必諄諄。〔一〕依類託寓，諭以封巒。〔二〕

〔一〕文穎曰：「天之所命，表以符瑞，章明其德，不必諄諄然有語言也。」師古曰：「諄諄，告喻之熟也，音之純反。」

〔三〕文穎曰：「寓，寄也。巒，山也。言依事類託寄，以喻封禪。」

披藝觀之，天人之際已交，上下相發允答。聖王之事，兢兢翼翼。〔一〕故曰於興必慮衰，安必思危。是以湯武至尊嚴，不失肅祗，〔二〕舜在假典，顧省厥遺：〔三〕此之謂也。

〔一〕師古曰：「兢兢，戒也。翼翼，敬也。」

〔二〕師古曰：「言居天子之位，猶不忘恭敬也。」

〔三〕師古曰：「在，察也。假，〔天〕〔大〕也。典，則也。言舜察璇璣玉衡，恐己政化有所遺失，不合天心。今漢亦當順天意而封禪也。」

相如既卒五歲，上始祭后土。八年而遂禮中岳，封于太山，至梁甫，禪肅然。

相如它所著，若遺平陵侯書、與五公子相難、屮木書篇，不采，采其尤著公卿者云。

贊曰：司馬遷稱「春秋推見至隱，〔一〕易本隱以之顯，〔二〕大雅言王公大人，而德逮黎庶，〔三〕小雅譏小己之得失，其流及上。〔四〕所言雖殊，其合德一也。相如雖多虛辭濫說，然要其歸引之於節儉，此亦詩之風諫何異？」〔五〕揚雄以爲靡麗之賦，勸百而風一，〔六〕猶騁鄭衛之聲，曲終而奏雅，不已戲乎！〔七〕

〔一〕李奇曰：「隱猶微也。言其義顯而文隱，若隱公見弒死，而經不書，隱諱之也。」

〔二〕張揖曰：「作八卦以通神明之德，是本隱也。有天道焉，有地道焉，有人道焉，以類萬物之情，是之顯也。」師古曰：「之，往也。」

〔三〕張揖曰：「謂文王、公劉在位，大人之德下及衆民者也。」

〔四〕張揖曰：「己，詩人自謂也。己小有得失，不得其所，作詩流言，以諷其上也。」師古曰：「小己者，謂卑少之人，以對上言大人耳。」

〔五〕師古曰：「風讀曰諷，次下亦同。」

〔六〕師古曰：「奢靡之辭多，而節儉之言少也。」

〔七〕張揖曰：「不亦輕戲乎哉！」

校勘記

二五七九頁一行　功〔業〕〔烈〕著而不滅。　景祐、殿本都作「烈」。

二五八一頁八行　除邊關。〔邊關〕益斥，　景祐、殿本都重「邊關」字。

二五八二頁三行　且因宣其使〔詣〕〔指〕，　錢大昭說「詣」當作「指」。按景祐、殿本都作「指」。

二五八四頁四行　已，〔詔〕〔語〕終之辭也。　景祐、殿、局本都作「語」，此誤。

二五八五頁一〇行　（胈音步曷反）　殿本此五字在注末。王先謙說在注末是，此誤。按景祐本亦誤。

二五八七頁三行　殺讀曰〔試〕〔弒〕。　殿本作「弒」。王先謙說作「弒」是。按景祐本亦誤。

二五八七頁四行　絫，（音）力追（切）〔反〕。　景祐、殿本無「音」字，「切」作「反」。
二五八八頁三行　（沈）〔拯〕，升也。　景祐、殿、局本都作「拯」，此誤。
二五八九頁七行　故其（事）〔仕〕宦，未嘗肯與公卿國家之事。　劉奉世說「事」當作「仕」。王先謙說，「仕」「事」音近，又涉下「事」字而譌。　史記作「其進仕宦」。
二五九〇頁一行　其爲害也不〔亦〕難矣！　景祐本有「亦」字。王先謙說史記、文選並有「亦」字。
二五九四頁二行　韜譓（裏）〔褭〕冒旌旗之竿也。　景祐、殿本都作「褭」。王先謙說作「褭」是。
二五九六頁七行　騷擾衝蓯其（相）紛挐兮，　景祐、殿本都無「相」字。
二五九七頁一行　亦非五（河）〔湖〕也。　景祐、殿、局本都作「湖」。王先謙說作「湖」是。
二五九八頁九行　漢代謂之（革）〔華〕勝。　景祐、殿本都作「華」。王先謙說作「華」是。
二五九九頁一行　春（朗）〔食〕朝霞，　景祐、殿、局本都作「食」，此誤。
二六〇二頁六行　三，三（皇）〔王〕也。　王先謙說「皇」當作「王」。按史記索隱作「王」。
二六〇三頁三行　羡音（戈）〔弋〕扇反。　景祐、殿本都作「弋」，此誤。
二六〇四頁一行　余吾渥（津）〔洼〕水中出神馬，　景祐、殿本都作「洼」，此誤。
二六〇四頁一六行　而修禮（以）〔地〕祇，　景祐、殿本都作「地」。史記、文選同，此誤。
二六〇九頁七行　假，（天）〔大〕也。　景祐、殿本都作「大」，此誤。